**JENS MAYER**

*Die partizipative Marktwirtschaft*

 Jens Mayer lebt in Ingolstadt und ist 1988 geboren. Er studierte von 2009 bis 2012 Politik und Gesellschaft an der Katholischen Universität Eichstätt-Ingolstadt und arbeitet als Lektor. Sein politisches Engagement hat einen sozialprogressiven Hintergrund. DIE PARTIZIPATORISCHE MARKTWIRTSCHAFT ist sein erstes Buch.

**IMPRESSUM**

© 2020 Jens Mayer, Ingolstadt
Alle Rechte vorbehalten.

Autor: Jens Mayer

Verlag & Druck: tredition GmbH, Halenreie 40–44, 22359 Hamburg

Das Werk, einschließlich seiner Teile, ist urheberrechtlich geschützt. Jede Verwertung ist ohne Zustimmung des Verlages und des Autors unzulässig. Dies gilt insbesondere für die elektronische oder sonstige Vervielfältigung, Übersetzung, Verbreitung und öffentliche Zugänglichmachung.

Bibliografische Information der Deutschen Nationalbibliothek: Die Deutsche Nationalbibliothek verzeichnet diese Publikation in der Deutschen Nationalbibliografie; detaillierte bibliografische Daten sind im Internet über http://dnb.dnb.de abrufbar.

Satz: Sebastian Gruber, Ingolstadt

Schrift: Chaparral Pro

978-3-347-02151-8 (Paperback)
978-3-347-02152-5 (Hardcover)
978-3-347-02153-2 (e-Book)

*Meiner verstorbenen Mutter.*

VORWORT VON CHRISTIAN FELBER

# Die Marktwirtschaft weiterentwickeln

In Zeiten von Corona, Klimawandel, dreistelligen Milliardären und weltweit 870 Millionen Hungernden ist es höchst an der Zeit, das vorherrschende Wirtschaftsmodell, den Freihandelskapitalismus nach westlichem Zuschnitt, zu hinterfragen und menschlichere, sozialere und vor allem ökologisch nachhaltigere Wirtschaftsmodelle zu entwickeln.

Jens Mayer legt zunächst in der Analyse den Finger in die Wunde der Sozialen Marktwirtschaft, die nur noch zum Teil als Realität existiert, zum Teil aber als Reminiszenz oder Fiktion. Was haben systematische Steuervermeidung durch sämtliche DAX-Konzerne, Wendelin Wiedekings Jahreseinkommen im dreistelligen Millionenbereich, Josef Ackermanns Geburtstagsfeier im Kanzlerinnenamt oder die Legalität von Hochfrequenzhandel, Geierfonds, Schattenbanken oder auch die Abschaffung von Vermögens- und Erbschaftssteuern mit „sozialer Marktwirtschaft" noch zu tun? Gleichzeitig wird diese immer noch angerufen, um tiefergehende Reformen am aktuellen System abzuwehren.

Bei den nötigen Reformen sollte jedoch kein Kind mit dem Bade ausgeschüttet, Märkte oder private Unternehmen nicht samt und sonders verurteilt und abgelehnt werden, sondern ihrer Designschwächen und destruktiven Verknüpfungen – mit Kapitalismus und seinen Werten Gewinnorientierung, Eigennutzmaximierung, Konkurrenz und Wachstum – entledigt werden. Eine partizipative Marktwirtschaft beteiligt mehr Menschen an unternehmerischen Entscheidungen, der zugehörigen Verantwortung, dem Risiko, aber auch am Fruchtgenuss. Das ist ein großes Reformprojekt der Marktwirtschaft, die sich in den größeren Rahmen einer generellen Gemeinwohl-Orientierung einbettet.

Weitere konkrete Vorschläge wie ein Bedingungsloses Grundeinkommen, die Einschränkungen für die Werbung oder die Stärkung der Tierrechte sind das Mindeste, was am derzeitigen Wirtschaftssystem korrigiert, reformiert und weiterentwickelt werden muss. Besonders gut argumentiert ist die Einführung eines „bedingungsfreien" Grundeinkommens, allein die Erinnerung an historisch erfolgreiche Vorläufermodelle wie Mincome in Kanada in den 1970er Jahren, sind wertvolle Debattenbeiträge. Jens Mayer reiht sich in die Stimmen derer, die nicht nur analysieren und kritisieren, sondern konkrete und praktische Alternativen benennen und schmackhaft machen.

Ich wünsche dem Buch viele Leser*innen, und dem Thema der nachhaltigen Transformation der Wirtschaftsordnung viele weitere Bücher.

*Zum Gemeinwohl!*

# Inhalt

| | | |
|---|---|---|
| 1 | Einleitung | 11 |
| 2 | **Die Krise des Kapitalismus** | 19 |
| 2.1 | Neoliberale Märchen und Wirklichkeit | 20 |
| 2.2 | Es war einmal: Soziale Marktwirtschaft | 24 |
| 2.3 | Vegas, Baby! Die wahnwitzige Welt des Kasino-Kapitalismus | 32 |
| 2.4 | Unproduktivität und Ungleichheit | 46 |
| 2.5 | Moral im Zeichen des Profits – das schmutzige Geschäft der Außenpolitik | 57 |
| 2.5.1 | Was Du nicht willst, was man dir tu – das füg einem anderen zu! | 57 |
| 2.5.2 | Die Welt ist nicht genug: Amerikas Griff nach der Weltherrschaft | 62 |
| 2.6 | Das Schweigen der Lämmer | 67 |
| 2.6.1 | Meinungsmanipulation durch Denkfabriken | 67 |
| 2.6.2 | Neoliberaler Neusprech – Wie Sprache Wirklichkeit erschafft | 73 |
| 2.7 | Soziologische und psychologische Implikationen des Neoliberalismus | 78 |
| 2.7.1 | Psychologie des Faschismus | 80 |
| 2.7.2 | Überlegenheit und Konkurrenz | 87 |
| 2.7.3 | Konsumrausch und Konsumzwang | 99 |
| 2.7.4 | Selbstoptimierung, Selbstausbeutung und Selbstüberwachung | 101 |
| 2.7.5 | Verlust von Bindungen und der Siegeszug des Narzissmus | 108 |
| 3 | **Die kommende Digitalisierung und der notwendige Wandel** | 113 |

# INHALT

| | | |
|---|---|---|
| **4** | **Die partizipatorische Marktwirtschaft** | **119** |
| 4.1 | Das bedingungsfreie Grundeinkommen | 125 |
| 4.1.1 | Definition, Modelle und Finanzierung | 125 |
| 4.1.2 | Solidarisches Grundeinkommen | 130 |
| 4.1.3 | Emanzipatorisches Grundeinkommen – Modell der Bundesarbeitsgemeinschaft Grundeinkommen in und bei der Partei die Linke | 130 |
| 4.1.4 | Modell von Matthias Dilthey | 131 |
| 4.1.5 | Implikationen eines bedingungsfreien Grundeinkommens | 132 |
| 4.1.6 | Erfolgreiche Feldversuche | 136 |
| 4.1.7 | Das partizipatorische Grundeinkommen: Bedingungsfreies und erweitertes Grundeinkommen | 140 |
| 4.1.8 | Kritik des BGE | 143 |
| 4.2 | Partizipatorische Betriebe – Ein Modell der Mitarbeiterdemokratie | 156 |
| 4.3 | Bürgerbeteiligung | 171 |
| 4.4 | Werbung | 179 |
| 4.5 | Wachstum, Wachstum über alles: How dare you? | 184 |
| 4.6 | Wirtschaften im Einklang mit der Natur – ein Ausblick | 191 |
| **5** | **Quo vadis, Kapitalismus – Ist das Ende der Geschichte schon erreicht?** | **201** |

## HINFÜHRUNG ZUM THEMA VON PROF. CARLOS WATZKA

Die Sozialwissenschaften wurden in den letzten Jahrzehnten immer wieder dafür kritisiert, zentrale „soziale Probleme" in zu wenig allgemeinverständlicher und kaum öffentlichkeitswirksamer Weise zu debattieren. Leider trifft diese Kritik in erheblichem Umfang tatsächlich zu – auch auf den Verfasser dieser Hinführung, der bisher, wie viele in der „akademischen Laufbahn" vor allem Texte zu „Spezialfragen" verfasst hat. Der „Kapitalismus" und die von ihm reproduzierte, massive soziale Ungleichheit, mit ihren negativen Folgen für die psychische und physische Gesundheit der meisten Menschen, sind darin freilich wichtige Themen. Und auch das Konzept des „bedingungslosen Grundeinkommens" als möglicher „Hebel" einer gesellschaftlichen Transformation beschäftigt mich schon einige Zeit.

Umso erfreuter war ich von der Mitteilung von Jens Mayer – den ich von meiner früheren Lehrtätigkeit als Vertretungsprofessor für Soziologie an der KU Eichstätt-Ingolstadt her kenne –, dass er die genannten, „großen" Themen in einem Buch aufgreifen möchte, dass sich nicht nur an universitäre Spezialistinnen und Spezialisten wendet, sondern an alle, die das humanistische Interesse teilen, die Zukunft möglichst vieler Menschen möglichst lebenswert zu gestalten. Auch der „Turbokapitalismus" der letzten 30 Jahre hat, global gesehen, zweifellos den materiellen Lebensstandard vieler Personen weiter erhöht. Zugleich fielen nicht wenige Menschen ihm, ganz buchstäblich, zum Opfer, indem sie im Zuge des rasanten „Wachstumsweges" unserer „Weltgesellschaft" Gesundheit und Leben verloren.

Für uns Lebende wird es wird es aber darum gehen, die bereits bedrohlich überhitzende „Maschinerie" Weltwirtschaft rasch und radikal umzubauen, sodass nicht bloß der Planet Erde eine langfristige Zukunft hat – sondern auch wir Menschen auf ihm ... Dafür benötigt es einen umfassenden Wechsel in unseren Perspektiven auf Wirtschaft und Gesellschaft, ja auf das menschliche Leben insgesamt. Mit der hier vorliegenden Skizze einer „partizipatorischen Marktwirtschaft" synthetisiert Jens Mayer in gut verständlicher Weise zentrale Debattenbeiträge und liefert innovative Anregungen zu einer solchen Reorientierung.

*Carlos Watzka* ist Soziologe, Sozial-, Kultur- und Mentalitätshistoriker und Assoziierter Professor für Psychotherapiewissenschaft an der Sigmund Freud Privat Universität (Linz–Wien).

# 1 Einleitung

*„Folgende Wahrheiten erachten wir als selbstverständlich: dass alle Menschen gleich geschaffen sind; dass sie von ihrem Schöpfer mit gewissen unveräußerlichen Rechten ausgestattet sind; dass dazu Leben, Freiheit und das Streben nach Glück gehören; dass zur Sicherung dieser Rechte Regierungen unter den Menschen eingesetzt werden, die ihre rechtmäßige Macht aus der Zustimmung der Regierten herleiten; dass, wenn immer irgendeine Regierungsform sich als diesen Zielen abträglich erweist, es Recht des Volkes ist, sie zu ändern oder abzuschaffen und eine neue Regierung einzusetzen und diese auf solchen Grundsätzen aufzubauen und ihre Gewalten in der Form zu organisieren, wie es ihm zur Gewährleistung seiner Sicherheit und seines Glückes geboten zu sein scheint."*[1]

---

[1] Der Text ist zitiert aus der Präambel der amerikanischen Unabhängigkeitserklärung, siehe *https://www.netzwerk-menschenrechte.de/6-die-amerikanische-unabhaengigkeitserklaerung-1276/*.

EINLEITUNG

Diese erste Menschenrechtserklärung der Neuzeit kann uns auch heute noch als Leitbild für gesellschaftliche Ideen dienen. Das Leben sollte das Streben nach Glück ermöglichen. Aus der Erklärung ist zu entnehmen, dass es Recht des Volkes ist, eine Regierungsform zu ändern oder abzuschaffen, wie es zur Gewährleistung der Sicherheit und seines Glückes geboten scheint.

Beliebt war der Kapitalismus eigentlich noch nie. Zu allen Zeiten war die Bezeichnung einer Person als Kapitalist nur selten als Lob gemeint. Der Finanzinvestor Adam Bronstein spielt mit diesem Klischee, indem er seine Biografie TAGEBUCH EINES KAPITALISTEN nennt. Derzeit steckt der Kapitalismus in westlichen Gesellschaften jedoch in einer besonders schweren Krise. Die zwei zentralen Versprechen der sozialen Marktwirtschaft – *„wer sich anstrengt, wird erfolgreich sein"* und *„meinen Kindern wird es einmal besser gehen"* waren die bescheidenere, europäische Version des American Dream. Sie waren auch der Kitt, der die bundesdeutsche Nachkriegsgesellschaft zusammengehalten hat. Dieser Kitt bröckelt. Handfeste Wirtschaftskrisen wie der Bankencrash 2008 und die Krise südeuropäischer Volkswirtschaften, insbesondere Griechenlands, haben das Vertrauen vieler Menschen in die heilsame Wirkung des freien Markts erschüttert. Der Rechtsruck, schwindendes Vertrauen in die demokratischen Institutionen, die Rückkehr von Konservatismus, Nationalismus und Rassismus sind im Grunde Symptome dieser Entwicklung. Es bleibt abzuwarten, wie sich die Corona-Epidemie auf die Weltwirtschaft auswirken wird. Weltweit haben Innovationen und Fortschritt zu einer Verbesserung der Lebenslage vieler Menschen geführt. Während glücklicherweise viele Phänomene wie Kindersterblichkeit, Kriminalitätsrate und Hungerkrisen zurückgehen und viele andere Faktoren wie Bildung sich stetig verbessern, gibt es hinsichtlich der Verteilungsgerechtigkeit keine Verbesserung. Die heutige Wirtschaftsordnung ist weder gerecht noch nachhaltig oder ökonomisch stabil. Viele Experten fürchten einen neuerlichen Bankencrash, der die negativen Auswirkungen des Crashs von 2008 sogar noch in den Schatten stellen wird. Phänomene, die der gegenwärtige Neoliberalismus mit sich bringt – die Reichen werden reicher, die Armen zahlreicher – bringen das Potenzial einer Spaltung der Gesellschaft mit sich. Der Gini-Koeffizient als Maß der Ungleichheit einer Gesellschaft steigt und wird durch Digitalisierung und Industrie 4.0 weiter beschleunigt.[2] Innerhalb der EU ist die Vermögensungleichheit in Deutschland besonders hoch.[3]

Die Schülerstreiks – initiiert von Greta Thunberg, mitgetragen von hunderttausenden Schülerinnen und Schülern in mehr als 100 Ländern – zeigen ein vorrevolutionäres Potenzial unserer Jugend an. Während diese Zeilen geschrieben werden, höre ich im Radio, dass nun die erste Münchner Schule Bußgeldbescheide bis zu 1000 Euro an die Eltern streikender Schüler versenden will. Die Staatsmacht schlägt hart zurück – das zeigt die Angst der Eliten vor der Rebellion der jungen Menschen, die nichts weniger als den Erhalt unserer natürlichen Lebensgrundlagen und die Rettung vor der drohenden Klimakatastrophe fordern. Ich bin mir indes sicher, Greta und ihre Mitstreiter werden noch viel von sich reden machen. Ein neues 1968, ein revolutionärer Wind liegt spürbar in der Luft. Und ich halte es nur für eine Frage der Zeit, bis die Streikenden auch gegen die Ursache der Umweltzerstörung angehen werden: Ein neoliberales Weltwirtschaftssystem, welches einzig und allein auf unbegrenztes Wachstum, stete Profitmaximierung und Erhöhung der Dividendenausschüttung geeicht ist. Alternativen tun Not – während der Realsozialismus nach marxistisch-orthodoxer Lesart oft in Diktatur und Tyrannei endete, beweist der Kapitalismus Tag für Tag, dass er zur Lösung der großen Menschheitsprobleme ebenso wenig geeignet ist. Laut den Modellrechnungen der Klimatologen werden zahlreiche Städte wie Kopenhagen, Stockholm und viele mehr verschwunden sein, wenn die Menschheit ihre Treibhausgas-Emissionen nicht deutlich zurückfährt.[4] Wissenschaftler warnen, dass bereits 2050 die

---

2   Der Gini-Koeffizient oder auch Gini-Index ist ein statistisches Maß, das vom italienischen Statistiker Corrado Gini zur Darstellung von Ungleichverteilungen entwickelt wurde. In der Wirtschaftswissenschaft ist er Maßstab für die Einkommens- und Vermögensverteilung einzelner Länder und zeigt somit auf, wie gleich oder ungleich Einkommen und Vermögen verteilt sind. Der Gini-Koeffizient nimmt einen Wert zwischen 0 (bei einer gleichmäßigen Verteilung) und 1 (wenn nur eine Person das komplette Einkommen erhält, d. h. bei maximaler Ungleichverteilung) an.
3   Vgl. *https://www.gut-leben-in-deutschland.de/static/LB/indikatoren/einkommen/gini-koeffizient-vermoegen/*.
4   Vgl. hierzu den sehenswerten Vortrag von Harald Lesch: Das Kapitolozän! *https://youtu.be/N9wedHA_BNo*.

menschliche Zivilisation zusammenbrechen könnte, wenn die Menschheit nicht sofort radikale Maßnahmen gegen den Klimawandel einleitet.[5] So zynisch es klingen mag – erst ein tödlicher Virus musste über die Menschheit hereinbrechen, damit die Klimaziele noch erreicht werden können.[6] Doch ob im Rahmen eines Wirtschaftssystems, welches ständiges Mangelbewusstsein über den eigenen materiellen Wohlstand fördert und die Ideologie „höher, weiter, schneller" befeuert, die ökologische Kehrtwende noch erreichbar ist, darf bezweifelt werden. Noch immer leben 6 von 100 Erdenbürger in extremer Armut, noch immer zerstören wir Tag für Tag weiter unsere natürlichen Lebensgrundlagen. 42 Personen besitzen laut einer Studie im Jahr 2018 ebenso viel Vermögen wie die ärmere Hälfte der Menschheit, das sind 3,7 Milliarden Menschen.[7]

Ich nenne das Buch die Partizipatorische Marktwirtschaft. Es sollen keine veralteten und überkommenen Modelle zum Einsatz kommen, vielmehr wird auf der Metaebene eine Weiterentwicklung der Sozialen Marktwirtschaft angestrebt, die den Herausforderungen des 21. Jahrhunderts gewachsen sein wird. Viele bereits bestehenden kapitalismuskritischen Alternativen liefern wertvolle Denkanstöße. Zu nennen wäre hier die Gemeinwohlökonomie nach Christian Felber, die Postwachstumsökonomie nach Niko Paech und zahlreiche weitere Konzepte, wie die Solidarische Ökonomie[8], die Kreislaufwirtschaft, die Commons, die Sharing Economy, die Upcycle Economy und viele weitere Ideen. Auch das im Februar 2019 mit dem Titel MARKTWIRTSCHAFT REPARIEREN veröffentlichte Buch von Andreas Siemoneit und Oliver Richter reiht sich hier ein. Mit der *PARTIZIPATORISCHEN MARKTWIRTSCHAFT* (PMW) werfe ich einige andere, zusätzliche und erweiternde Aspekte in den Ring. Welche Modelle in der Zukunft eine politische Rolle spielen mögen, welche Ideen, Ideale und Konzepte angewandt, modifiziert und verändert werden, das kann nur eine aktive

---

5   Vgl. *https://bit.ly/2IxaEe4*.
6   *https://www.fr.de/wirtschaft/klimaziel-2020-doch-sicht-13610515.html*.
7   Zu den methodischen Mängeln dieser Statistik und warum sie dennoch nahe an der Realität liegen dürfte, vgl. Seite 29. Vgl. *https://www.welt.de/wirtschaft/article172684758/Oxfam-42-Milliardaere-besitzen-so-viel-wie-die-halbe-Welt.html*.
8   Vgl. *https://www.akademie-solidarische-oekonomie.de/*.

demokratische Zivilgesellschaft in Aushandlungsprozessen entscheiden. Dass sich etwas ändern muss – dass wir als Menschheit so wie bisher *nicht mehr weitermachen* dürfen – sollte in Anbetracht der drohenden Klimakatastrophe klar sein. Gleichzeitig dürfen wir den häufig vorzutreffenden Pessimismus überwinden und auch erkennen, wie privilegiert die Lebenssituation eines typischen Mitteleuropäers heute ist. Deutsche und Franzosen haben bis vor 73 Jahren regelmäßig Krieg gegeneinander geführt. Ein Krieg mit unserem Nachbarland ist heute so unvorstellbar, dass man sich vor Augen führen muss, dass der letzte Vernichtungskrieg gerade ein Menschenleben her ist. Ich hoffe, mit diesem Buch all denjenigen Menschen Ideen und kreative Denkanstöße zu vermitteln, die an eine bessere Zukunft jenseits von Wachstumszwang und Profitlogik glauben und sich für Veränderungen stark machen.

Der US-Autor Jeremy Riffkin verglich 2004 Europa mit den USA. Er schrieb eine schwärmerische Hymne auf Europa, in der er behauptete, die hiesigen Gesellschaften seien mehr auf das Gemeinwohl ausgerichtet als die amerikanische Gesellschaft. Die Europäer, so behauptet er, würde ihre Freiheit in Beziehungen und Lebensqualität finden, nicht in Autonomie.

Das ist eine überholte Wahrnehmung. Die neoliberale Wende ist ein globales Phänomen, welches besonders stark auch in Europa zugeschlagen hat. Und doch macht Riffkin auf ein Phänomen aufmerksam: Der fortgeschrittene Sozialstaat und die Solidarität untereinander sind Ideen aus dem Geiste der europäischen Aufklärung. In diesem Geiste soll auch dieses Buch gehalten sein. Im konservativen und neoliberalen Spektrum führt immer noch jeder Gedanke daran, dass neue Ideen jenseits des Kapitalismus erdacht werden könnten, zu Schnappatmung und Schreckensbekundungen, in denen Mao Ze-Dong, Pol Phot, Stalin und andere blutrünstige Gestalten der Weltgeschichte aus ihren Gräbern auferstehen, um den finsteren Kommunismus wiederzubringen. Gerade deshalb ist es umso wichtiger, aufzuzeigen: Ein moderner, liberaler und demokratischer Gegenentwurf, eine Wirtschaftsordnung, die dem Menschen dient (und nicht der Mensch der Wirtschaft), ist möglich. Dank Hollywood können wir uns das Ende der Welt vorstellen – doch das Ende des Kapitalismus können wir uns nicht vorstellen. Die neoliberale Ideologie ist eine Hegemonie. Ihre Wirkung zeigt sich auch dadurch, dass sie der Fantasie Schranken auferlegt. In der akademischen Welt macht man sich mit utopischen Entwürfen schnell unseriös, was in den 1970ern durchaus anders war. Forderten in den 1970er Jahren queere und feministische Proteste noch eine andere Gesellschaft, so wollten sie in den 1990ern eine andere Identitätspolitik. In den 2000ern ging es dann um Gleichstellung und das Recht auf Heirat auch für Homosexuelle. Einerseits haben sich linke Ideale in mancherlei Hinsicht durchgesetzt, andererseits haben Progressive ihre wilden Träume beiseitegelegt. Die wünschenswerte Erdung von früheren Fantasten hat uns zugleich der Fähigkeit beraubt, Gedankenexperimente in luftigen Höhen zu wagen und überhaupt daran zu denken, dass das menschliche Zusammenleben auch ganz anders gestaltet werden könnte. Die Utopie gehört zur Conditio Humana, sie findet sich zu allen Zeiten im Spektrum menschlichen Empfindens und menschlicher Affekte, in der Kunst, in der Mode und im Städtebau ebenso wie im Tagtraum. Angesichts der neoliberalen Hegemonie scheint es, als ob jeder Versuch einer Veränderung Tagtraum bliebe. Doch wenn uns die Menschheitsgeschichte eines lehrt, dann, dass keine Zustände ewig andauern, sondern dass alles einem Wandel unterworfen ist.

Wir sollten nicht aus Angst am Status Quo festhalten und Veränderungen zu verhindern suchen. Utopisches Denken bringt uns dazu, ungewöhnliche Fragen zu stellen: Warum ist der Charakter unserer Städte geprägt von Pendelwegen? Warum verbringen wir überhaupt ein Drittel unserer Tageszeit fremdbestimmt? Bregman schreibt:

> *„Die heutige Überzeugung – oder schlimmer, der Glaube – es gebe nichts mehr, an das man glauben kann, macht uns blind für die Unzulänglichkeiten und Ungerechtigkeiten, die uns auch heute noch umgeben. [...] Warum arbeiten wir heute härter als in den achtziger Jahren, obwohl wir reicher sind als je zuvor? Warum leben noch immer Millionen Menschen in Armut, obwohl wir reich genug sind, um der Armut ein für alle Mal ein Ende zu machen?"*[9]

---

9  Bregman (2017), S. 21.

Utopisches Denken negiert die Gegenwart und affirmiert die Zukunft. Es eröffnet den Raum zwischen Gegenwart und Zukunft zu einer Sehnsucht nach dem, was sein könnte. Auch für die Entwicklung von Utopien dürfen die Worte des ersten israelischen Staatspräsidenten zitiert werden:

> *„Wer nicht an Wunder glaubt, ist kein Realist"*
>
> — DAVID BEN GURION

# 2 Die Krise des Kapitalismus

*„Und es herrscht der Erde Gott, das Geld."*[10]

— FRIEDRICH SCHILLER

---

10  Gefunden auf: *https://www.myzitate.de/kapitalismus/*

## 2.1 Neoliberale Märchen und Wirklichkeit

Angela Merkel wird nicht müde zu sagen: *„Uns Deutschen geht es gut wie nie zuvor."*[11] Dem gegenüber stehen 88 % der Bundesbürger, die sich laut einer Umfrage von emnid eine neue Wirtschaftsordnung wünschen. 52 % aller unter 30jährigen und 45 % der Grundgesamtheit stimmten in einer Untersuchung der Universität Jena vom Herbst 2010 der Aussage zu: „Der Kapitalismus richtet die Welt zugrunde."[12]

In einer Studie von Globe Scan wurde im April 2011 veröffentlicht, dass nur 30 % der Deutschen der Aussage zustimmten: „Die freie Marktwirtschaft ist das beste System für die Zukunft der Welt." Damit hatte Deutschland noch den höchsten Zustimmungswert in ganz Europa. In Großbritannien waren es 19 %, in Frankreich gar nur 6 %. Und 62 % der Deutschen stimmten in einer Befragung von infratest dimap von 2014 der Aussage zu: *„Unsere Demokratie ist keine echte Demokratie, da die Wirtschaft und nicht die Wähler das Sagen haben."* Immerhin 42 % stimmten der Aussage zu, dass der *„Sozialismus/Kommunismus [...] eine gute Idee [sei], die bisher nur schlecht ausgeführt wurde."*[13] Selbst im Mutterland des Kapitalismus, wo alle linken Ideen traditionell verteufelt wurden, scheinen die Menschen allmählich genug zu haben. 45 % der US-Amerikaner zwischen 16 und 20 würden für einen Sozialisten stimmen, und nur noch 42 % der jungen Amerikaner sprachen sich für eine kapitalistische Wirtschaftsordnung aus (verglichen mit 64 % der US-Bürger über 65 Jahren).[14]

Die Zahl der Millionäre in Deutschland steigt rapide – ebenso wie die Zahl der Ausgestoßenen und Abgehängten, die Woche für Woche an den Tafeln der Republik anstehen. Die Menschheit hat durch enormen technologischen und kulturellen Fortschritt heute ca. 200mal mehr Wohlstand

---

11 *https://www.tagesspiegel.de/politik/merkel-in-haushaltsdebatte-den-menschen-in-deutschland-ging-es-noch-nie-so-gut/14881374.html.*
12 Wagenknecht (2013), S. 7; *https://www.spiegel.de/wirtschaft/soziales/umfrage-neun-von-zehn-deutschen-fordern-neue-wirtschaftsordnung-a-712524.html.*
13 Ebd.
14 Ebd.

als vor 200 Jahren.[15] Dieser Siegeszug ist dem exponentiellen Wirtschaftswachstum, hervorgerufen letztlich durch die Errungenschaften der Aufklärung, zuzuschreiben. Gleichzeit war der Reichtum auf der Welt einigen Quellen zufolge noch nie, nicht mal im Feudalherrensystem des Mittelalters, so ungleich verteilt wie heute. 2208 offiziell bekannten US-Dollar-Milliardären[16] stehen knapp 700 Millionen Menschen in extremer Armut gegenüber.[17] Doch auch die klassische Mittelschicht kommt zunehmend in arge Bedrängnis. Sahra Wagenknecht fasst zusammen:

> *„Der heutige Kapitalismus lässt nicht allein oben und unten in einer Weise auseinanderklaffen, die jeden Menschen mit normal entwickelten Sozialgefühl entsetzen muss. Er zerstört – systematisch, hartnäckig und brutal – auch die Mitte der Gesellschaft."*[18]

Reguläre Arbeitsverhältnisse sind in meiner Generation der ca. Dreißigjährigen mittlerweile eher die Ausnahme als die Regel. Die sogenannte Verschlankung des Staates, wie die in fast allen europäischen Staaten stattfindende Deregulierung und Privatisierungswelle genannt wird, hat die Grundversorgung massiv verschlechtert, wie die Überlastung der Gesundheitssysteme in der Corona-Pandemie auf tragische Weise. Während tausende Menschen dringend Wohnraum in Großstädten benötigen, kaufen Private-Equity-Haie Wohnungen in großem Maßstab und lassen sie zu Spekulationszwecken leer stehen. Viele Menschen müssen mittlerweile mehr als 50 % ihres Nettoeinkommens nur für die Mietzahlung verwenden, da in Großstädten die Mietpreise immer weiter steigen. Und die Bankenkrise zeigte: Der Kapitalismus kann erstaunlich sozialistisch agieren, solange der Nutznießer die internationale Banken-Lobby ist. Die Banken mussten mit hohen Milliardensummen von den europäischen und amerikanischen Steuerzahlern gerettet werden. Jetzt, wo die Banken wieder fette Gewinne einfahren, verlangt niemand eine Rückzahlung. Stattdessen erhalten die

---

15  Vgl. Pinker (2018), S. 121f.
16  *https://de.wikipedia.org/wiki/Liste_der_L%C3%A4nder_nach_Anzahl_an_Milliard%C3%A4ren.*
17  *http://www.bpb.de/nachschlagen/zahlen-und-fakten/globalisierung/52680/armut.*
18  Wagenknecht (2013), S. 8.

Banken dank der aufgrund der Bankenrettung erhöhten Staats-Verschuldung noch mehr Zinsen aus Staatsanleihen. Der moderne Kapitalismus ist eigentlich ein Sozialismus für das Kapital: Gewinne werden privatisiert, Verluste sozialisiert. Die Kungelei zwischen Spitzenpolitikern und CEOs, zu beobachten etwa in der Zweckfreundschaft zwischen Josef Ackermann und Angela Merkel, erinnert manch einen gar an die Seilschaften der alten SED-Eliten.

Die vielleicht treffendste, wenige Sätze kurze Zusammenfassung dessen, was Neoliberalismus bedeutet, stammt von Sahra Wagenknecht:

> *„Wo jede Lebensregung sich rechnen muss, bleiben Freiheit und Menschenwürde auf der Strecke. Demokratie stirbt, wenn Banken und Wirtschaftskonzerne ganze Staaten erpressen und die Politik kaufen können, die ihnen nützt. Der Kapitalismus ist alt, krank und unproduktiv geworden. Wir sollten unsere Intelligenz nicht länger auf die Frage verschwenden, wie wir ihn wieder jung, gesund und produktiv machen können. Viel dringender ist eine gesellschaftliche Debatte darüber, wie wir eine Zukunft jenseits des Kapitalismus gestalten können."*[19]

Der Neoliberalismus geht in seinen theoretischen Grundlagen u. a. zurück auf die Österreichische Schule und den eben zitierten Ökonomen Friedrich von Hayek. Praktisch entwickelt wurde er von Milton Friedman und der Chicago School, und erstmals umgesetzt vom chilenischen Diktator Pinochet, der die „Chicago Boys", ein Team von Ökonomen, die nach der Methode Friedmans dachten, beauftragte, eine Wirtschaftspolitik für Chile zu entwerfen. Die Folgen waren ein Anstieg der Arbeitslosigkeit, sinkende Reallöhne und allgemein ein sinkender Lebensstandard, vor allem aber massive Kürzungen im Sozialleistungsbereich bis an die Überlebensgrenze.[20]

Das Wort Neoliberalismus ist eine Lüge. Es spiegelt mit dem Anklang des Liberalismus vor, was nicht ist. Vielleicht sollte man einen Begriff für

---

19  Wagenknecht (2013), S. 8.
20  *https://www.spiegel.de/wirtschaft/30-jahre-pinochet-das-maerchen-von-den-chicago-boys-a-264362.html*

das derzeitige Wirtschaftssystem wählen, der die Zustände treffender beschreibt: Marktradikalismus. Dieser darf nicht verwechselt werden mit der Grundidee des politischen Liberalismus, der Freiheit und Gleichheit aller Menschen propagiert. Tatsächlich sehen viele den politischen Liberalismus als mit dem demokratischen Sozialismus wesensverwandt, Sahra Wagenknecht sieht gar den kreativen Sozialismus als zu Ende gedachten politischen Liberalismus.[21] Liberale Werte wie Gedankenfreiheit und daraus resultierend die Meinungsfreiheit und Streitkultur sind es tatsächlich, die uns zum Nachdenken über Ideen außerhalb der neoliberalen Norm anregen sollen. Wir wollen uns hier auf eine intellektuelle Reise begeben, auf der wir von den bekannten Pfaden abweichen und neues, unbekanntes Terrain auf dem Weg zu einer menschlichen Gesellschaft entdecken. Was würde sich zu dieser Reise besser anbieten als der Ausruf eines bekannten neoliberalen Vordenkers und Ökonomen:

> *„Wir müssen es schaffen, die philosophischen Grundlagen einer freien Gesellschaft erneut zu einer spannenden intellektuellen Angelegenheit zu machen, und wir müssen ihre Verwirklichung als Aufgabe benennen, von der sich die fähigsten und kreativsten Köpfe herausgefordert fühlen. Wenn wir diesen Glauben an die Macht der Ideen zurückgewinnen, dann ist der Kampf nicht verloren."*[22]

---

21  Wagenknecht (2013), S. 7ff.
22  Diesen Ausspruch schrieb der Ökonom Friedrich von Hayek seinen Anhängern 1949 ins Stammbuch. Zitiert nach Wagenknecht (2013), S. 12.

## 2.2 Es war einmal: Soziale Marktwirtschaft

*„Die Soziale Marktwirtschaft gibt es nicht mehr."*

— HEINER GEISSLER, *langjähriger CDU-Abgeordneter*

Häufig wird angesichts der neoliberalen Hegemonie vergessen, dass die Volkswirtschaftslehre lange Zeit eine ausgesprochen pluralistische Disziplin war. Insbesondere die Zwischenkriegszeit erlebte Diskussionen zwischen verschiedenen Denkrichtungen. In wissenschaftlichen Zeitschriften wurden Beiträge zur Wirtschaftsplanung oder zu marxistischer Ökonomik publiziert, was heute unvorstellbar wäre.[23] Es wäre wünschenswert, dass an den Universitäten auch heterodoxe volkswirtschaftliche Vorstellungen ebenso wie der Keynesianismus wieder stärker berücksichtigt würden. Besondere Beachtung gilt hierbei der Sozialen Marktwirtschaft. Walter Eucken und Alfred Müller-Armack gelten – natürlich neben dem früheren Bundeskanzler und Wirtschaftsminister Ludwig Erhard – als geistige Väter der sozialen Marktwirtschaft, denen die Wirtschaftspolitik der ersten Nachkriegsjahrzehnte in Deutschland wichtige Konturen verdankte. Walter Eucken war Ökonomieprofessor und verlegte 1938 sein Standardwerk GRUNDLAGEN DER NATIONALÖKONOMIE[24], in der er für eine staatliche Gestaltung der wirtschaftlichen Rahmenbedingungen plädierte. Das erste Fundament der Sozialen Marktwirtschaft wurde in der ökonomischen Lehre durch den Ordoliberalismus repräsentiert. Müller-Armack verdeutlichte, dass der Name Soziale Marktwirtschaft *„eben keine sich selbst überlassene, liberale Marktwirtschaft, sondern eine bewusst gesteuerte, und zwar sozial gesteuerte Marktwirtschaft sein soll."*[25] Ein starker Sozialstaat mit einem Rentenniveau, das im Alter den Lebensstandard absichern sollte und eine menschenwürdige Absicherung bei Arbeitslosigkeit waren Ziel dieser Politik und führten zu großen Errungenschaften. Diese jedoch wurden mit der neoliberalen Wende, final eingeleitet durch Bundeskanz-

---

23 Srnicek (2016), S. 232f.
24 Eucken, Werner (1989): Die Grundlagen der Nationalökonomie.
25 Müller-Armack (1990), S. 96.

ler Gerhard Schröder mit der Agenda 2010, wieder zerschlagen. Wer wie früher Union und FDP die Einführung eines gesetzlichen Mindestlohns ablehnt, darf sich nicht auf die Soziale Marktwirtschaft berufen, denn für Müller-Armack war klar: *„Es ist marktwirtschaftlich durchaus unproblematisch, eine [...] staatliche Mindestlohnhöhe zu normieren."*[26] Und von Ludwig Erhard erfahren wir, dass der Tatbestand der sozialen Marktwirtschaft erst verwirklicht ist, *„wenn entsprechend der wachsenden Produktivität [...] echte Reallohnsteigerungen möglich werden."*[27] Angesichts der Tatsache, dass seit 1990 die Reallöhne der deutschen Arbeitnehmer um bis zu 50 % gesunken sind[28] und das trotz stetig steigender Produktivität[29], ist diese Aussage Erhards bemerkenswert.

Ein weiteres Merkmal gilt als zentral für eine funktionierende soziale Marktwirtschaft: Staatliche Wirtschaftsaktivität in einigen Branchen. So hebt Müller-Armack hervor:

> *„Wenn seitens der Vertreter der freien Wirtschaft die öffentliche Unternehmensführung schlechthin als Gegensatz zur Marktwirtschaft gesehen wurde, so trifft dies keineswegs zu. Man verkennt hierbei [...] gewisse Grenzen der marktwirtschaftlichen Organisation, die dort, wo dauernde Kostendegression vorliegt, wo private Monopole bereits entstanden sind oder zu entstehen drohen, oder zur Sicherung gewisser Lenkungspositionen [...] die staatliche Regie geradezu voraussetzt."*[30]

Mehrere konkurrierende Elektrizitäts- oder Bahnnetze wären angesichts der hohen Investitionskosten Ressourcenverschwendung. Daher gibt es in

---

26  Ebd., S. 119.
27  Erhard (2009), S. 243.
28  https://www.spiegel.de/wirtschaft/soziales/studie-realloehne-sind-seit-1990-um-bis-zu-50-prozent-gesunken-a-670474.html.
29  WISO Diskurs: Expertisen und Dokumentationen zur Wirtschafts- und Sozialpolitik. Zur Produktivitätsentwicklung Deutschlands im internationalen Vergleich. http://library.fes.de/pdf-files/wiso/08997.pdf.
30  Müller-Armack (1990), S. 136.

diesen Bereichen Monopole, und diese, darin waren sich die Erfinder der sozialen Marktwirtschaft einig, gehören nicht in private Hand.[31]

Zur Erinnerung: Im Zuge der Agenda 2010 wurde dereguliert und liberalisiert, was das Zeug hielt. Neben Privatisierung von Krankenhäusern und Pflegeheimen, die heute dazu da sind, um Profit zu erwirtschaften, der Post und der Autobahnen wurden auch die Telekom und Teile der inneren Sicherheit privatisiert. An manchen Orten wurde sogar die Polizei zusammengespart und lieber private Securityfirmen auf Streife geschickt.[32]

Eine weitere Säule der Sozialen Marktwirtschaft ist das Prinzip der persönlichen Haftung. Walter Eucken stellte klar:

> *„Wer den Nutzen hat, muss auch den Schaden tragen. […] Haftung ist nicht nur eine Voraussetzung für die Wirtschaftsordnung des Wettbewerbs, sondern überhaupt für eine Gesellschaftsordnung, in der Freiheit und Selbstverantwortung herrschen. […] Jede Beschränkung der Haftung löst eine Tendenz zur Zentralverwaltungswirtschaft aus."[33]*

Zur Erinnerung: Im Jahr 2008 wurden auf Kosten des Steuerzahlers „Rettungspakete" für Banken vom Bundestag verabschiedet.[34] Zudem durfte einer der Hauptverantwortlichen, der damalige Deutsche-Bank-Chef Josef Ackermann, im Bundeskanzleramt seinen 60. Geburtstag auf Staatskosten feiern, übrigens war es das erste Mal, dass ein Bundeskanzler einen CEO privat im Kanzleramt eine Geburtstagsfeier durchführen ließ.[35] 2100 Euro kostete allein das Servicepersonal, Essen und teurer Wein sicher deutlich mehr. Da er neben seinem Millionengehalt auch noch mit Aktienpaketen bezahlt wird, und im Zuge des Bankencrashs deren Kurse in den Keller fielen, betrachtete der Banker-Boss diese nette Geste der Kanzlerin sicher als

---

31  Vgl. Wagenknecht (2013), S. 55.
32  Vgl. *https://bit.ly/31p20a2*.
33  Eucken (2004), S. 279 und S. 285.
34  *https://www.spiegel.de/politik/deutschland/finanzkrise-bundestag-stimmt-banken-rettungspaket-zu-a-584718.html*.
35  *https://www.spiegel.de/politik/deutschland/party-im-kanzleramt-ackermann-feierte-auf-staatskosten-a-644659.html*.

eine ihm zustehende Sozialleistung. Wer den Film GEHEIMAKTE FINANZ-
KRISE gesehen hat, der erkennt, dass der charmant und gewinnend auftretende Ackermann wahrscheinlich ganz gezielt über Jahre mit der Kanzlerin
auf Tuchfühlung gegangen ist, um seine Ziele auf höchster Regierungs-
ebene durchsetzen zu können. Heute, da die Banken wieder fette Gewinne
machen, kommt niemand in der Bundesregierung auf die Idee, die Banken
haftbar zu machen und etwa wenigstens einen Teilbetrag zurückzufordern.
Damit hat schließlich jede deutsche Familie im Durchschnitt bis zu 3000
Euro an mittlerweile wieder reiche Banken verschenkt (je nach Quellen-
lage zwischen 236 und 500 Milliarden Euro deutsches Steuergeld).[36] Unter-
dessen wird im Bankensektor mit Hedgefonds und Derivaten spekuliert
wie eh und je, und Experten sagen voraus, dass der nächste Crash nur eine
Frage der Zeit ist.

Angst brauchen die Bankenchefs davor nicht zu haben – da als *systemrelevant* eingestuft, wird auch nächstes Mal der deutsche Michel die Zeche
zahlen. Damit ist der Steuerzahler in Geiselhaft genommen worden für
die Risiken, die die Banken eingegangen sind und weiter eingehen. Das
ist genau die Tendenz zur Zentralverwaltungswirtschaft, vor der Eucken
damals fast prophetisch warnte. Selbst der neoliberale Buchautor Rainer
Zitelmann, der mit seinem Buch KAPITALISMUS IST NICHT DAS PROBLEM,
SONDERN DIE LÖSUNG[37] einen Lobgesang auf den Marktradikalismus
schrieb, warnt:

> „Weil der Bankenmarkt, der solches Fehlverhalten normalerweise
> mit dem Untergang eines Marktteilnehmers bestraft, durch solche
> impliziten Staatsgarantien nicht mehr funktioniert, werden zu
> riskante Geschäftsmodelle begünstigt."[38]

Menschlich desaströs ist die Neoliberalisierung des Gesundheitssystems.
In einer Sozialen Marktwirtschaft dienten Krankenhäuser noch dem

---

36  https://www.sueddeutsche.de/wirtschaft/finanzkrise-kosten-deutschland-1.4126273.
37  Zitelmann, Rainer (2018): Kapitalismus ist nicht das Problem, sondern die Lösung: Eine Zeitreise durch 5 Kontinente. FinanzBuch Verlag.
38  Zitelmann (2018), S. 192.

Zweck, kranke Menschen zu heilen. Heute sollen Krankenhäuser Profite erwirtschaften. Sie wünschen eine CT-Untersuchung bei starken Schmerzen im Unterbauch und Symptomen, die auf Darmperforation hindeuten? Viel zu teuer, dem Patienten gehe es ja noch relativ gut, da ist eine solche Untersuchungsmethode nicht notwendig, beruhigen die Klinik-Ärzte. So hat der Autor es selbst erlebt bei einem Familienmitglied. Erst nach ganzen fünf Tagen wurde eine CT-Untersuchung dann doch durchgeführt, die seit mindestens 5 Tagen bestehende Darmperforation wurde festgestellt. *Relativ gut* ist in einigen Krankenhäusern wahrscheinlich die Sammelbezeichnung für alle Zustände des Patienten, bei denen der klinische Tod noch nicht eingetreten ist. Von Seiten der Krankenhausbetreiber hört man oft, die Gewinnorientierung würde den Versorgungsstandard für die Patienten nicht senken. Dabei wissen wir doch: Niemand kann zwei Herren gleichzeitig dienen. Entweder sind Krankenhäuser Orte der Daseinsfürsorge, die das Ziel haben, jedem Patienten die bestmögliche medizinische Behandlung zukommen zu lassen, oder es sind eben profitorientierte Unternehmen, bei denen der Patient gewinnbringend verwertet wird. Beides gleichzeitig geht nicht. Ein Klinikum warb einmal für sich mit dem Slogan: „*Bei uns ist der Mensch Mittelpunkt.*" Wenn Patienten dem Profit dienen, ist die Aussage treffender, wenn man die Satzzeichen anders setzt: „*Bei uns ist der Mensch Mittel. Punkt.*"

Fassen wir also zusammen: Für Ludwig Erhard, Urvater der sozialen Marktwirtschaft, ist diese nur verwirklicht, wenn alle lohnabhängig Beschäftigten von steigender Produktivität profitieren. Das Prinzip, dass die Steuerzahler nicht für Fehler privatwirtschaftlicher Unternehmen oder Banken haften, ist in der sozialen Marktwirtschaft *zentral*. Und bestimmte Wirtschaftsbereiche müssen *ausdrücklich in staatlicher Hand bleiben!*

In der Politshow ANNE WILL vom 5. Mai 2019 schrie der sächsische Ministerpräsident Michael Kretschmer dem Vorsitzenden der Jungsozialisten, Kevin Kühnert, in der Debatte entgegen: „*Wir leben nicht im Kapitalismus, wir haben soziale Marktwirtschaft!*"[39]

---

39  Anne Will vom 5.5.2019.

Zieht man nun aber aus den Worten von Erhard und anderen Gründervätern der sozialen Marktwirtschaft die logische Schlussfolgerung, so ergibt sich nur ein mögliches Resümee: Die stetig wiederholte Behauptung von Politikern fast aller Parteien, Deutschland sei immer noch eine Soziale Marktwirtschaft, ist unwahr! Der Chef des Deutschen Instituts für Wirtschaftsforschung (DIW), Marcel Fratzscher, fordert wegen offensichtlichem Missbrauch mehr Kontrolle und Regulierung der Sozialen Marktwirtschaft und sagte: *„Die Soziale Marktwirtschaft funktioniert nicht so, wie sie sollte."*[40] Und Heiner Geißler bemerkte vor einigen Jahren: *„Die Soziale Marktwirtschaft gibt es nicht mehr."*[41] Etwas, was es nicht mehr gibt, kann auch nicht mehr schlecht funktionieren.

Das heutige Wirtschaftsmodell der Bundesrepublik Deutschland ist charakterisierbar als *primär profitgetriebener, dem Gemeinwohl hochgefährlichen Kapitalismus globalisierter Spielart, meist bezeichnet als Neoliberalismus.*

Nicht unerwähnt bleiben soll, dass einige Autoren auch die Soziale Marktwirtschaft durchaus kritisch sehen und ihnen zufolge die oft als gute alte Zeit benannten Jahrzehnte des Wirtschaftswunders eher eine romantische Verklärung der Vergangenheit seien. Patrick Spät ist der Auffassung, dass die Soziale Marktwirtschaft in einem spezifischen historischen Kontext stand, der sich so nicht mehr wiederholen wird. Die goldenen Jahre der Sozialen Marktwirtschaft, auch Rheinischer Kapitalismus genannt, stünden nicht deshalb so positiv in der Erinnerung, weil dieses Modell grundsätzlich viel sozialer sei, sondern weil eine spezifische historische Konstellation in Westdeutschland zu einem starken Wirtschaftswachstum mit ungewöhnlich hoher sozialer Absicherung geführt hatte. Spät nennt folgende Aspekte:[42]

---

40  *https://www.welt.de/politik/deutschland/article192925401/DIW-Chef-Fratzscher-Die-Soziale-Marktwirtschaft-funktioniert-nicht-so-wie-sie-sollte.html.*
41  *https://www.wz.de/politik/heiner-geissler-der-kapitalismus-ist-gescheitert_aid-31539437*
42  Vgl. Spät (2016), S. 107ff.

1. Der Zweite Weltkrieg hat unfassbare Zerstörung mit sich gebracht. Fabriken, Wohnungen, Kulturgüter, eigentlich alles musste aus Schutt und Asche wieder neu aufgebaut werden. Deswegen ist Krieg auch ein Garant für (im Anschluss) hohes Wirtschaftswachstum. Zudem sind viele arbeitsfähige Menschen im Krieg gefallen, woraus ein Arbeitermangel resultierte, was das Kräfteverhältnis zwischen Arbeiterschaft und Kapital klar zu Gunsten der arbeitenden Menschen verschob.
2. Die USA haben den Aufschwung erheblich mitfinanziert durch das European Recovery Program, besser bekannt als Marshall-Plan, der am 3. April 1948 vom US-Kongress verabschiedet wurde. Auf heutige Kaufkraft umgerechnet bekamen die westeuropäischen Staaten das Äquivalent von 130 Milliarden US-Dollar ausgezahlt, was einen enormen Boom auslöste.
3. Stets zu berücksichtigen ist die Tatsache, dass aus der Sicht des Antikommunismus die osteuropäischen Diktaturen und die Sowjetunion stets als große Gefahr für den Westen gesehen wurden. In Italien haben zeitweise die Kommunisten ⅓ der Parlamentssitze in den Wahlen gewonnen. Die Angst davor, die Bevölkerung könnte des Kapitalismus überdrüssig werden und sich dem Kommunismus zuwenden, führte dazu, dass die westlichen Eliten gar keine andere Wahl hatten, als durch hohe Sozialstandards die Überlegenheit unseres Wirtschaftssystems zu demonstrieren. Jetzt, da die Systemkonkurrenz entfallen ist, entfällt auch die Notwendigkeit, dem Wirtschaftssystem eine soziale Maske überzustülpen. Zunehmend zeigt sich die wahre asoziale Fratze des Kapitals. Der Zusammenbruch der antimenschlichen Diktaturen des Ostblocks war ein Segen für die Menschheit – der parallel erfolgende Abgesang auf die Soziale Marktwirtschaft und globale Siegeszug der neoliberalen Doktrin hingegen ihr Fluch.
4. Auch ein Schuldenschnitt im Jahr 1953 (Londoner Schuldenabkommen), in dessen Zuge Deutschland fast die Hälfte seiner Schulden erlassen wurde, günstiges Erdöl und ein unverantwortlicher Umgang mit den Staatsfinanzen (Aufnahme hoher Schulden) werden von Spät als Gründe für das Wirtschaftswunder angeführt. Zusammenfassend schreibt er:

> „Die ‚altehrwürdige' Soziale Marktwirtschaft, zu der so viele zurückkommen wollen, war ein mit Schulden finanzierter Wirtschaftszyklus, der in dieser Form nie wieder eintreten wird. Das Rad der Geschichte dreht sich immer weiter."[43]

Ich teile Späts Auffassung aber nur teilweise und halte die Soziale Marktwirtschaft für das wohl beste bisher erprobte Wirtschaftssystem. Eine romantische Verklärung des Konzepts und der Versuch, das Modell Erhards 1:1 auf die heutige Weltwirtschaft zu übertragen, dürfte aber in der Tat zu kurz gedacht sein. Zum einen ist der Weltmarkt heute viel stärker ineinander verwoben als in den 1950er Jahren, sodass soziale Verbesserungen immer nur auf mindestens europäischer, kaum auf nationaler Ebene durchgesetzt werden können. Zum anderen wurde das Konzept der Sozialen Marktwirtschaft schon damals in den 1950ern nur teilweise, nie zur Gänze durchgesetzt. Die soziale Marktwirtschaft geht aus von mittelgroßen Firmen, die im Wettbewerb stehen. Schon kurz nach Erhards Tod wurde die gerade begonnene Entflechtung von Großbanken und -konzernen rückgängig gemacht. Bereits in der frühen Bundesrepublik gab es Großkonzerne mit monopolartiger Stellung, die das Konzept der Sozialen Marktwirtschaft konterkarieren. Die Erbauer der sozialen Marktwirtschaft wollten ein Wirtschaftsmodell mit kleinen und mittleren Unternehmen, da Konzerne eine enorme Marktmacht entwickeln und somit ein Wettbewerb nicht mehr zustande kommt. Vor allem aber wussten sie, dass mit der Unternehmensgröße auch der politische Einfluss der Konzerne *„wächst und dieser sich selbst verstärkende Prozess Freiheit, Demokratie und Rechtsstaatlichkeit [...] untergräbt und schließlich zerstören muss."*[44] Die Auswirkungen dieses Prozesses werden im nächsten Kapitel dargestellt.

---

43  Spät (2016), S. 112.
44  Wagenknecht (2013), S.61.

## 2.3 Vegas, Baby! Die wahnwitzige Welt des Kasino-Kapitalismus

*„Jeder Aktienschwindler weiß, dass das Unwetter einmal einschlagen muß. Aber jeder hofft, dass es das Haupt seines Nächsten trifft. Nach uns die Sintflut, ist der Wahlspruch jedes Kapitalisten."*

— KARL MARX[45]

Die Konsequenzen von Spekulationsblasen sind potenziell dramatisch. Ein noch größerer Bankenkollaps als der von 2008 könnte gar die ganze Weltwirtschaft in den Abgrund reißen. Und wirtschaftliche Einbrüche wie aktuell durch die Corona-Pandemie erhöhen das Risiko eines Banken-Crashs. Die Finanzkrise 2007–2009 hat die Weltwirtschaft erschüttert. Doch was war eigentlich passiert?

Am 15. September 2008 meldete die Investmentban Lehman Brothers Konkurs an. Plötzlich drohte die gesamte Weltfinanzindustrie zu kollabieren. Im Ergebnis wurden 10 Billionen Dollar Kapital vernichtet, wie das ZDF in einer Dokumentation berichtet.[46] Im Vorfeld des Ereignisses wurde bereits jahrzehntelang Deregulierung der Finanzmärkte betrieben, und zwar weltweit. Deregulierung bedeutet in der Ordnungspolitik, einem Teilbereich der Wirtschaftspolitik, den Abbau oder die Vereinfachung von Marktregulierung durch staatliche Normen.[47] In Deutschland war es übrigens auch hier die SPD-Regierung unter Schröder, die den Bankensektor liberalisierte und undurchsichtige Options- und Futurekontrakte ermöglichte. Interessanterweise berichtet aber der damalige Bundesfinanzminister Hans Eichel, man habe 2003 bereits über Verstaatlichungen von Banken nachgedacht, da bereits damals ein Bankencrash sich abzeichnete. Eichel erklärt, diese Idee hätte man aber unmöglich äußern können, da

---

45 Zitiert nach dem Film SYSTEM ERROR – WIE ENDET DER KAPITALISMUS?.
46 GEHEIMAKTE FINANZKRISE. DROHT DER NÄCHSTE CRASH? *https://www.zdf.de/dokumentation/zdfzoom/zdfzoom-geheimakte-finanzkrise-110.html.*
47 *https://de.wikipedia.org/wiki/Deregulierung.*

sie nicht „in die Denke der Zeit" passte.⁴⁸ Immer wieder zeigt sich, dass gewählte Politiker offenbar gar keinen Handlungsspielraum besitzen, sondern nur Detailentscheidungen innerhalb enger Grenzen treffen können. Jede Grundsatzidee gilt als *unrealistisch* oder gar *radikal*, wenn sie nicht in die neoliberale Schablone passt. Die Bundesregierung hat damals waghalsige Spekulationskredite mit Derivaten erlaubt und die Banken sogar dazu ermuntert in der Hoffnung, dass diese trotz maroder Bilanzen mehr Kredite an den Mittelstand verleihen und die zum damaligen Zeitpunkt schwächelnde Wirtschaft ankurbeln würden. Das Ergebnis waren noch marodere Finanzen. Hans Eichel erklärt in der Sendung ganz verwundert, er sei von den Bankern bei der Gesetzgebung falsch beraten worden und deshalb habe man falsche Gesetze erlassen – ein schönes Beispiel für die geistige Umnachtung mancher Politiker. Natürlich empfehlen die Bankmanager den Politikern solche Gesetzesvorschläge, von denen sie am meisten profitieren. Es ist so, als würde man sich von einer Räuberbande Tipps für die Installation einer Alarmanlage geben lassen und sich hernach wundern, dass die Alarmanlage beim Einbruch nicht funktionierte.

Auch gesetzliche Schlupflöcher sorgten dafür, dass US-Banken unseriöse Geschäfte mit nichtregulierten Instituten im Ausland tätigten, die hohe Gewinnchancen, aber auch hohes Risiko bedeuteten. Die Banken brauchten dringend Kreditnachschub, wollten ihr Geld als verzinste Kredite loswerden. Es wurden Eigenheimkredite an Personen mit hohem Ausfallrisiko vergeben. Diese kauften davon Häuser, obwohl viele keine Sicherheiten vorweisen konnten, die die Banken bei Zahlungsausfall bekommen würden. Es kam wie es kommen musste: Die US-Notenbank Federal Reserve erhöhte den Leitzins, wodurch auch die Banken ihrerseits die Kredite für die Häuslebauer anheben mussten. Der darauffolgende Zahlungsausfall vieler Kreditnehmer führte in der Folge zu einer Kettenreaktion. Zahlreiche Häuslebauer mussten ihre Häuser verkaufen, um die Kredite bedienen zu können. Da aber so viele Häuser zum Verkauf angeboten wurden, sanken auch die Immobilienpreise dramatisch. Die Banken

---

48   GEHEIMAKTE FINANZKRISE. DROHT DER NÄCHSTE CRASH? *https://www.zdf.de/dokumentation/zdfzoom/ zdfzoomgeheimakte-finanzkrise-110.html*, Minute 10.

bekamen ihr verliehenes Geld von den Kreditnehmern nicht zurück und kamen selbst in erhebliche Schwierigkeiten. Ein Banken-Crash folgte auf den anderen. Am 15. September 2008 meldete die Investmentbank Lehman Brothers, die sich am Geschäft mit den Immobilienkrediten stark beteiligt hatte, Insolvenz an – mit weitreichenden Folgen. Da Banken im sogenannten Interbankengeschäft auch untereinander Geld verleihen, waren zahlreiche Bankhäuser weltweit von unmittelbarem Zahlungsausfall bedroht. Das hätte auch geheißen, dass sämtliche Einlagen von Privatpersonen auf Sparbüchern, Bausparern etc. einfach weg wären. Um dies zu verhindern, wurden weltweit Banken von Staaten mit Milliardensummen gerettet. Allein der deutsche Steuerzahler musste einer Medienquelle zufolge den Banken mit 236 Milliarden Euro unter die Arme greifen.[49] In der ZDF-Doku war sogar von 500 Milliarden die Rede. Zudem haben Zentralbanken neues Geld aus dem Nichts geschaffen – und zwar so viel, wie die Banken haben wollte. Von der US-Notenbank FED haben sich allein deutsche Banken mehr als 576 Milliarden Dollar geliehen. Auch die EZB verlieh Geld in unbegrenzter Höhe.[50] Da Zentralbanken die Instanz sind, die Geld neu erschaffen, heißt das: Sie mussten aufgrund der Krise eine riesige Menge neues Geld auf den Markt werfen. Diese Maßnahme war in der akuten Situation richtig, alles andere hätte des totalen Zusammenbruchs des Weltfinanzsystems bedeutet. Doch das viele neue Geld erhöht langfristig die Inflation, die das Vermögen von Kleinsparern auffrisst. Es lässt sich konstatieren:

> *„Bei der Krise von 2007/2008 handelte es sich um die bis dahin größte Vermögensumverteilung in der Geschichte der Menschheit. Kein Diktator hat seine Untertanen jemals in so kurzer Zeit um so große Beträge erleichtert wie die globale Finanzindustrie die arbeitende Bevölkerung zwischen 2007 und 2008."[51]*

---

49  https://deutsche-wirtschafts-nachrichten.de/2015/04/05/banken-rettung-kostet-deutsche-steuerzahler-236-milliarden-euro/.
50  https://www.zdf.de/dokumentation/zdfzoom/zdfzoom-geheimakte-finanzkrise-110.html, Minute 44.
51  Wolff (2017), S. 150.

Die Willfährigkeit, mit der sich politische Entscheider fast *aller* Parteien dem Diktat der Bankenlobby unterwarfen und leichtfertig Hunderte Milliarden an Steuergeldern den Banken in den Rachen warfen, wirft ein ambivalentes Licht auf die Frage, ob wir überhaupt in einer funktionierenden Demokratie leben. Die meisten Abgeordneten benahmen sich im Angesicht der Bankenkrise nicht wie Volksvertreter, sondern erledigten die Drecksarbeit als Geldeintreiber für die globalisierte Hochfinanz.

Doch egal, wieviel Vermögen sich die Bankenlobby unter den Nagel gerissen hat, eins ist sicher: Es ist niemals genug. Längst wird wieder gezockt und spekuliert, dass sich die Balken biegen, und trotz Milliardengewinnen werden immer noch waghalsigere Derivate entwickelt, um noch mehr Milliarden zu generieren. Es ist doch schwer begreiflich, dass wir fast acht Milliarden Menschen es zulassen, dass eine kleine Clique mit vielleicht ein paar tausend Mitgliedern in den höchsten Rängen über unser wirtschaftliches Schicksal entscheidet. Sogar Angela Merkel hat 2018 zugegeben, dass die Banken Schuld an der Arbeitslosigkeit von Millionen Europäern hatten. Es gibt Prognostiker, die jedes Jahr aufs Neue einen Bankencrash vorhersagen. Wahr ist, dass die Gefahr eines erneuten Crashs real und womöglich sogar wahrscheinlich ist. Und ein erneuter Crash könnte weit verheerendere Auswirkungen haben als der letzte. Um die tieferen Ursachen zu verstehen, müssen wir uns mit dem Geldsystem befassen. Was ist Geld überhaupt? Wie wird Geld eigentlich geschaffen?

Dazu eine interessante Geschichte mit dem Titel DER RÄTSELHAFTE 20-EURO-SCHEIN, die von Helmut Creutz stammt. Wenn Sie nach dem Lesen einen Knoten im Kopf haben, so ist das ganz normal.

> *Ein Clown fand in der Manege einen 20-Euro-Schein. Er ging damit zum Pferdeknecht und sagte: ‚Ich bin dir ja noch 40 Euro schuldig, hier gebe ich dir einstweilen zwanzig zurück, dann schulde ich dir nur noch die Hälfte.' Der Pferdeknecht bedankte sich, ging zum Stallmeister, von dem er ebenfalls 40 Euro geliehen hatte und sagte dasselbe. Der Stallmeister reichte diesen Zwanziger dem Schulreiter, und zahlte auch diesem die Hälfte einer Schuld von vierzig Euro zurück. Der Schulreiter gab den Schein weiter an*

> den Zirkusdirektor, dem er insgesamt 40 Euro schuldete, und der
> Direktor, der sich mal vom Clown vierzig Euro geliehen hatte, tat
> dasselbe bei diesem: ‚Da August, hier hast du schonmal zwanzig
> Euro, den Rest bekommst du später.' Mit dem erhaltenen 20-Euro-
> Schein beglich der Clown nun seine Restschuld beim Pferdeknecht,
> dieser seine beim Stallmeister, der tat dasselbe beim Schulreiter
> und dieser wiederum beim Direktor, der dann erneut den Clown
> beiseite nahm, um bei ihm die restlichen Schulden von zwanzig
> Euro zu tilgen.[52]

Was war passiert? Es wurden Gesamtschulden in Höhe von 200 Euro bei fünf Personen zu je 40 Euro mit nur einem einzigen 20-Euro-Schein getilgt! Man sieht, dass unsere intuitiven Ideen über Geld falsch sind. Geld ist nicht da oder nicht da, die Geldmenge und damit auch Indikatoren wie das Bruttoinlandsprodukt (BIP) hängen von der Umlaufgeschwindigkeit ab. Erhöht sich die Umlaufgeschwindigkeit einer gegebenen Geldmenge $X$, so steigt das Bruttoinlandsprodukt, verringert sich die Geschwindigkeit, so sinkt es. Damit erkennen wir ein grundlegendes Problem: Wird Geld zu Hause gehortet, so wird es dem Kreislauf entzogen und dadurch können Wirtschaftskrisen entstehen. In diesem Mechanismus liegt einer der Gründe dafür, warum der wirtschaftliche Zyklus so instabil ist und es Phasen mit hoher Arbeitslosigkeit und Phasen mit Vollbeschäftigung gibt, analog Phasen mit hohem und mit niedrigem Wachstum, obwohl die Menschen eines Landes nicht mal fleißiger und mal fauler sind. Das Instrument, um das Horten von Geld zu hindern und die Weitergabe von nicht benötigter Liquidität sicherzustellen, ist der Zins. Indem Banken Sparern Zinsen anbieten und dieses Geld dann zu höheren Zinsen weiterverleihen, wird sichergestellt, dass der Großteil der Geldmenge im Umlauf bleibt. Doch mit dem Zins kommt auch der Wachstumszwang in die Welt, der im Geldsystem begründete Zwang nach immer noch mehr Wirtschaftswachstum, da ohne Wachstum unser Geldsystem kollabieren würde.

---

52 Frei nach Creutz (2012), S. 55.

Bis 1971 existierte das Bretton-Woods-System. Es besagte, dass der US-Dollar an Gold gebunden wird, und zwar zum Preis von 35 US-Dollar je Feinunze. Alle anderen Weltwährungen wiederum wurden an den Dollar gebunden. Dieses globale Finanzsystem wurde auf der KONFERENZ VON BRETTON WOODS 1944 ins Leben gerufen und hat den US-Dollar als Leitwährung definiert. Doch vor allem durch den steigenden Warenexport der USA mussten immer mehr Dollars gedruckt werden, sodass schließlich die USA die Dollar-Gold-Bindung nicht mehr garantieren konnte. Seitdem US-Präsident Richard Nixon am 15. August 1971 den Goldstandard aufhob, ist neu geschaffenes Geld nicht mehr an real existierendes Gold oder andere Realwerte gebunden. Mittlerweile sind alle Währungen der großen Industrienationen ungedeckt. Ein solches Geld wird FIAT-Money genannt (lat. *fiat* – es werde).[53] Heute kann neues Geld aus dem Nichts geschaffen werden, einfach, indem eine Bank einem Kunden einen Kredit gewährt. Wenn ich 10 000 Euro aufs Sparbuch lege, kann die Bank etwa 10 000 Euro weiterverleihen. Der Einfachheit halber wird die Mindestreserve hier nicht einbezogen, aber weiter unten erwähnt. Mein Geld auf dem Sparbuch bleibt aber weiter bestehen, es befinden sich also nun 20 000 Euro im System, wovon meine Bank 10 000 Euro neu geschaffen hat. Damit Banken selbst liquide bleiben, betreiben sie das Interbankengeschäft. Es können also mehrfach die 10 000 Euro weiterverliehen werden, so dass aus 10 000 Euro Sparbuchgeld ohne Probleme mehr als 100 000 Euro neu geschaffen werden können. Ist das Vertrauen der Banken untereinander gestört, drohen deswegen Bankenpleiten. Volkswirtschaftlich ist es natürlich nicht wünschenswert, wenn Geld in unbegrenzter Höhe geschaffen wird. Daher gab es früher scharfe gesetzliche Bestimmungen, die die Neuschaffung von Geld bremsten. Im Zuge der Deregulierung des Finanzsektors hat sich hier jedoch alles verändert. Zum Beispiel hatten alle Banken lange Zeit eine Mindestreservepflicht auf Bankguthaben. Wenn eine Bank eine Einzahlung auf einem Girokonto verbuchte, durfte sie diesen Betrag nicht vollständig weiterverleihen, sondern nur einen gewissen Teil davon. Auf europäischer Ebene werden seit den 1990er Jahren Fremdwährungen

---

53  Vgl. Wolff (2017), S.20f.

ohne Reservepflicht gehandelt. Die EZB verlangt nur 2 % Mindestreserve, und selbst diese wurde durch zahlreiche Ausnahmeregelungen unterminiert. Gerade im Investment-Banking gibt es keine Mindestreservepflicht mehr. Man kann konstatieren, dass die Mindestreservepflicht für Banken, die einst in der Sozialen Marktwirtschaft nach Ludwig Erhard ein zentraler Eckpfeiler eines gesunden Finanzsystems darstellte, heute praktisch keine Rolle mehr spielt. Für Anleger bedeutet das: Mit ihrem Geld auf dem Sparbuch wird gezockt.[54]

Während 1945 in den USA nur 10 % aller Profite in der Finanzbranche umgesetzt wurden, waren es 2007 – ein Jahr vor dem Weltfinanzkrise – 41 %. Danach brachen sie enorm ein, liegen aber mittlerweile wieder bei über 30 %. In Deutschland waren es 2008 immerhin nur 18,5 %, dabei sind aber die Gewinne von Fonds und Finanzinvestoren nicht eingerechnet.[55] Der Grund hierfür liegt im Wachstumszwang. Im Finanzsektor werden von wenigen Superreichen irrsinnige Summen verdient – produziert wird aber nichts. Das ist der Unterschied zu jedem Güterproduktions- oder Dienstleistungsbetrieb, der in der einen oder anderen Form einen Mehrwert liefert. Während früher der Hauptverdienst von Banken in der Vergabe von Unternehmenskrediten und somit in der Innovationsfinanzierung lag, sind das Kerngeschäft heute Finanzwetten, Spekulationen und die Kreditvergabe an Hedge-Fonds und vergleichbare Finanzinstrumente. Wenngleich diese Spekulationen und Derivatehandel hoch volatil und bar jeder geschäftlichen Vernunft sind, ist das Risiko der Banken letztlich null. Tatsächlich war die Bankenrettung damals alternativlos, da andernfalls eine extreme Rezession oder gar der totale Zusammenbruch des Weltwirtschaftssystems gedroht hätte. Diese Systemrelevanz wiegt die Hegefond-Spekulanten, Investmentbanker und sonstigen Heuschrecken in der Sicherheit, schon vom Steuerzahler gerettet zu werden, falls sie sich mal wieder verzocken. Tatsächlich ist sogar davon auszugehen, dass die Sicherheit, im Notfall schon gerettet zu werden, die Kasino-Kapitalisten zu immer noch waghalsigeren Wetten und Spekulationen verleitet, was

---

54  Vgl. Wagenknecht, S. 102ff.
55  Ebd., S. 66f.

natürlich in einer selbst verstärkenden Kaskade die Wahrscheinlichkeit eines erneuten Finanz- und Börsencrashs immer weiter erhöht. Dies gibt ein ehemaliger Ökonom der deutschen Bank im ZDF-Interview unverhohlen zu. Die Sicherheit, im Konkursfall schon vom deutschen Staat gerettet zu werden, war Josef Ackermann wohl bewusst und deshalb ist man höchstmögliches Risiko gefahren.[56] So fragen sich die meisten Experten wie Ernst Wolff, Dr. Markus Krall oder Dirk Müller nicht, *ob*, sondern *wann* der nächste Zusammenbruch bevorsteht. *Systemrelevant* müsste man eben sein, dürfte sich jeder Start-Up-Gründer und mittelständige Unternehmer denken, der bei selbstverschuldeter Insolvenz nicht so ohne weiteres vom Staat gerettet wird, sondern schnell seine Existenz verliert. Das sollte allen Konservativen und Liberalen zu denken geben, die stets ein Loblied auf den *freien Wettbewerb und Konkurrenz in der sozialen Marktwirtschaft* anstimmen. Wieder zeigt sich, dass die in einer sozialen Marktwirtschaft dem Bankwesen zugewiesene Aufgabe im neoliberalen Kasino-Kapitalismus nicht erfüllt wird: Statt die Ersparnisse einer Gesellschaft möglichst produktiv weiterzuleiten, sind schlaue Egomanen heute damit beschäftigt, krude Finanzpapiere, Steuervermeidungsmodelle und Wetten auf den Niedergang ganzer Volkswirtschaften zu kreieren. Dies dürfte einer von mehreren Gründen sein, warum in allen westlichen Ländern die Innovationskraft im Vergleich zu früher deutlich abgenommen hat. Es wird in Europa heute so wenig investiert wie seit Jahrzehnten nicht mehr.[57] Der Finanzmarkt ist also eine Branche, in der nichts für die Gemeinschaft produziert wird und im Gegenteil sogar der Gesellschaft schwerer Schaden zugefügt wird.

> *„Dieses Geschäftsmodell [...] ist ein im Zuge der Deregulierung legalisierter Großbetrug, der einer geschlossenen Gesellschaft von Insidern erlaubt, die Welt auszuplündern und steinreich zu werden, ohne jemals für den angerichteten Schaden haften zu müssen."*[58]

---

56  *https://www.zdf.de/dokumentation/zdfzoom/zdfzoom-geheimakte-finanzkrise-110.html*, Minute 19f.
57  Vgl. *http://at.e-fundresearch.com/markets/artikel/22483-rueckgang-der-investitionsquote-als-gefahr*.
58  Wagenknecht (2013), S. 96.

Der Kasino-Kapitalismus führt natürlich auch zu einer Fehlallokation von Talenten. Intelligente Menschen gehen oft lieber in die Finanzwirtschaft als in Wissenschaft und Forschung. Der Wirtschafts-Nobelpreisträger und Fondsmanager Myron Scholes sagte:

> *„Ich halte mich für einen der schlauesten Menschen und es hat sich als eine hervorragende Entscheidung herausgestellt, dass ich in die Finanzbranche gegangen bin."*[59]

Ob es für die Millionen Anleger, deren Geld er Gassi führt, auch eine hervorragende Entscheidung war, ist eine andere Frage. Sein Hedge-Fonds brach 2008 beinahe zusammen und erschütterte die Märkte, wurde aber – da *systemrelevant* – mit den Steuergeldern von ehrlich arbeitenden US-Bürgern gerettet. Für einen egomanen Psychopathen aber trifft Scholes Aussage sicher zu. Als angesehener Wissenschaftler oder Professor würde er wahrscheinlich in einem Monat nicht den Betrag verdienen, den er als Hedgefond-Manager pro Tag verdient.

Um einen Einblick in die Las-Vegas-Welt zu bekommen, folgen nun einige Details zu den Arten und Weisen, wie Finanzhaie ihr Geld verdienen. Ein Irrsinn des Kasinokapitalismus sind z. B. Futures und Kreditausfallversicherungen. Ernst Wolff nennt zum besseren Verständnis ein Beispiel, in dem zwei Parteien einen Future-Kontrakt über ein Gut abschließen.

> *„Zwei Parteien (z. B. Banken oder Hedgefonds), die weder Öl haben noch Öl brauchen, schließen einen Futures-Kontrakt ab. Er sieht vor, dass einer von ihnen dem anderen zu einem bestimmten Zeitpunkt in der Zukunft eine festgelegte Menge Öl verkauft. Liegt der Ölpreis am vereinbarten Datum unter der vereinbarten Summe, gewinnt der Verkäufer, denn er kann die Ware billiger einkaufen als er sie dem Käufer verkauft. Liegt der Preis über der vereinbarten Summe, hat der Käufer Glück: Er kauft dem Verkäufer das Öl unter Marktwert ab und kann es anschließend zu einem höheren Preis weiter veräußern. Das Besondere an dem Deal ist, dass kein*

---

59 FAZ 27.12.2007.

> *Tropfen Öl fließt, sondern – wie in einem Wettbüro – nur Geld seinen Besitzer wechselt."*[60]

Ein weiteres typisches Instrument der Finanzzocker sind Kreditausfallversicherungen. Diese sollen einen Kreditgeber vor Ausfall einer Kreditrückzahlung versichern. Dieses Instrument existiert schon lange und ist zunächst auch sinnvoll, um Geldverleiher vor Zahlungsausfall abzusichern. Ein Team der US-Großbank J.P. Morgan unter Leitung der Wallstreet-Bankerin Blythe Masters hat jedoch dieses Instrument zum Credit Default Swap (CDS) weiterentwickelt.[61] Diese Kreditausfallversicherung kann nun nicht nur von den beiden Vertragsparteien, sondern auch von unbeteiligten Dritten abgeschlossen werden. Wolff erklärt:

> *„Nehmen wir zum Beispiel einen Hausbesitzer, dessen Nachbar eine Brandschutzversicherung aufnimmt und der nun auf die Versicherung des Nachbarn eine Kreditausfallversicherung abschließt. Das scheint auf den ersten Blick ein wenig skurril, aber kaum bedeutungsvoll. Interessant wird es erst, wenn das Haus des Nachbarn tatsächlich abbrennt. Dann erhält unser Hausbesitzer nämlich dieselbe Summe wie sein geschädigter Nachbar."*[62]

Es ist naheliegend, dass der Nachbar nun unruhig schläft. Der Hausbesitzer hat ein finanzielles Interesse daran, dessen Haus abzufackeln. In der Realität wäre dies natürlich Brandstiftung. Und für Privatpersonen gibt es die Möglichkeit eines CDS auch nicht. Sie müssen sich also nicht vor den Nachbarn fürchten. In der kunterbunten Welt des Kasinokapitalismus jedoch sind solche Perversionen längst Alltag. In einem ersten Schritt suchen Investoren gezielt nach wirtschaftlich angeschlagenen Unternehmen (oder auch nach ganzen Volkswirtschaften). Hat man ein geeignetes Opfer gefunden, wettet man mittels eines CDS auf deren Konkurs, um im Falle einer Unternehmenspleite abzukassieren. Wie der im Beispiel

---

60  Wolff (2017), S. 130.
61  Vgl. *https://de.wikipedia.org/wiki/Credit_Default_Swap*; *https://de.wikipedia.org/wiki/Blythe_Masters*; Wolff (2017), S. 131.
62  Wolff (2017), S. 131.

beschriebene Nachbar hat nun auch der entsprechende Investor ein Motiv, „brandzustiften". Nennen wir ein beispielhaftes Unternehmen Firma Huber. Der Banker oder Investor hat herausgefunden, dass Fa. Huber marode ist und schließt nun eine Kreditausfallversicherung auf dieses Unternehmen ab, oder anders: Er schließt eine Wette auf den Konkurs der Fa. Huber ab. Ein entsprechender Hedgefonds könnte auf vielfältige Weisen nachhelfen, um die Wette zu gewinnen. Man könnte z. B. bösartige Gerüchte über Fa. Huber in die Welt setzen, um Kunden abzuschrecken. Ein Hedgefonds-Manager könnte sogar eine gezielte Marketing-Kampagne aufsetzen, etwa ein Video oder Online-Werbung, mit der Fa. Huber Schaden zugefügt wird. Er könnte Konkurrenten der Firma dazu motivieren – etwa in Form geeigneter Kredite oder auch durch legale Bestechung (Übernahme der Marketingkosten, zinsfreie Kredite etc.) – bewusst Dumpingpreise anzubieten, um Fa. Huber Aufträge wegzunehmen oder die Firma in einen ruinösen Preiskampf zu treiben. Oder aber – wenn das Unternehmen börsennotiert und der Hedgefonds finanzkräftig genug ist – könnte er mit einem gezielten „Herzschuss" Fa. Huber zerstören: Der Fonds kauft etwa sämtliche Aktien der Fa. Huber auf und wirft nach einiger Zeit alle Aktien auf einmal auf den Markt, wodurch die Kurse ins Bodenlose fallen. Ein ohnehin schon angeschlagenes Unternehmen wird dadurch gewiss bankrottgehen. Wegen der somit herbeigeführten Zahlungsunfähigkeit kassiert besagter Hedgefonds-Manager nun kräftig ab. Dass dabei Menschen, die Familien zu ernähren haben, ihre Arbeit verlieren und ein immenser volkswirtschaftlicher Schaden herbeigeführt wird, nehmen die Heuschrecken dabei gerne in Kauf. Der US-Großinvestor Warren Buffett nannte Derivate auch *„finanzielle Massenvernichtungswaffen"*.[63] Buffett ist übrigens auch überzeugter Marxist, der an die Lehre des Klassenkampfes glaubt – nur, dass er auf der anderen Seite steht. Er sagte in einem Interview mit der New York Times wörtlich: *„There's class warfare, all right, but it's my class, the rich class, that's making war, and we're winning."* [*„Es gibt einen Klassenkampf, das stimmt, aber es ist meine Klasse, die Klasse der Reichen, die den Krieg führt,*

---

63 Vgl. Wolff (2017), S. 132.

*und wir gewinnen"]*⁶⁴ Natürlich ist es einmal mehr die mittelständische Wirtschaft – die Grundlage einer erfolgreichen Sozialen Marktwirtschaft – die solchen Heuschrecken mehr oder weniger schutzlos ausgeliefert ist. Der ganze Finanzkapitalismus läuft darauf hinaus, dass der Mittelstand langsam, aber sicher zerstört wird und globalisierte, multilaterale Mega-Konzerne die gesamte Wirtschaft dominieren.

Die Macht der Banken zeigt sich auch darin, dass die Staatsmacht sie protegiert.

Die jüngere Geschichte zeigt, dass kapitalismuskritische Bewegungen harsch abgewehrt werden. Ein gutes Beispiel hierfür ist die Occupy Wallstreet Bewegung. Bis 2011 wurden 950 öffentliche Plätze in Städten auf der ganzen Welt besetzt, und an jeden Ort kamen lokale politische und ökonomische Forderungen dazu. Neben regionalen Unterschieden war das Bemerkenswerte an der Bewegung, dass sie Beteiligte aus unterschiedlichen Lagern von kritisch eingestellten Liberalen über Sozialdemokraten bis hin zu Autonomen und Anarchisten in einer Bewegung vereinte, die das Ende des Kasinokapitalismus als gemeinsames Ziel hatte.[65] Occupy WallStreet war eine basisdemokratische Bewegung, die eine demokratischere Welt erschaffen wollte. Eine Zeitlang hatte die Bewegung erstaunliche Aufmerksamkeit in den Medien, doch schließlich scheiterte sie. Einer der Gründe war der erbitterte und undemokratische Widerstand derer, die am Status Quo festhalten wollen. Wolfram Siener, der ein führender Kopf der deutschen Occupy-Bewegung war, erzählt in einem Interview, dass ihm massive Morddrohungen per Telefon zugekommen sind, bis der Druck schließlich so groß war, dass er seine politische Aktivität aufgab. So wurde ihm am Telefon gesagt, dass sein Tod umso länger werde, je länger er sein politisches Engagement fortführt.[66]

Doch Ideen ändern selten in einem allmählichen Prozess die Welt, sondern abrupt. Salomon Asch, ein amerikanischer Psychologe, wies in einem

---

64 *https://www.nytimes.com/2006/11/26/business/yourmoney/26every.html?_r=0.*
65 Snricek, Williams (2016), S. 52.
66 Vgl. Müller (2018), S. 81; *https://bit.ly/2XvzZhV.*

berühmten Experiment nach, welche Auswirkungen der Gruppendruck auf unsere Meinung hat.[67]

Dieselben Mechanismen existieren auch bezüglich der politischen Meinung. Aber Asch machte eine weitere Entdeckung: Nur eine einzige abweichende Meinung kann den Ausschlag geben. Wenn nur ein weiteres Mitglied der Versuchsgruppe an der Wahrheit festhielt, waren die Versuchspersonen eher bereit, ihren Augen zu trauen. Das darf allen Mut machen, die Ideen verfolgen. Noch mögen viele Ideen wie Tierrechte, ein Grundeinkommen oder Bürgerbeteiligung einsamen Rufern in der Wüste entspringen, doch deren Zeit wird kommen.

Die Polizei ging teils mit unverhältnismäßiger und brutaler Gewalt gegen friedliche Demonstrierende vor.[68] DIE WELT stellte Occupy Wallstreet gar insgesamt als antisemitische Bewegung dar. Dort ist zu lesen:

> *„Die Parole ‚Dieses Land gehört uns, nicht den Plutokraten' etwa gemahnt nicht zufällig an einen Jargon, mit dem in der Bewegungsphase des Nationalsozialismus gegen das ‚jüdische Kapital' gehetzt wurde."*[69]

Inzwischen hat es schon eine gewisse Routine, jede unliebsame Bewegung mit der Extremismus-Keule zu erschlagen. Je nach tagespolitischer Stimmungslage wird jede basisdemokratische Bewegung, die den Eliten gefährlich werden kann, als linksextrem, rechtsextrem, oder gern auch beides gleichzeitig tituliert. Die Einteilung in gute Mitte, böse Linke und böse Rechte ist ein beliebtes Instrument, um Veränderungen zu unterminieren. Als Mitte wird dabei nur das bezeichnet, was den neoliberalen Status Quo unangetastet lässt.

Während die letzte Krise in nicht zurückbezahlten Hauskrediten ihren Ursprung hatte, sind nun in den USA die Studentenkredite bei schwindel-

---

67 *https://youtu.be/I4og6U3K7hc.*
68 Srnicek (2016), S. 54.
69 *https://www.welt.de/debatte/kommentare/article13719989/Neid-und-Antisemitismus-in-der-Occupy-Bewegung.html.*

erregenden 1,4 Billionen US-Dollar angekommen.[70] Damit sind die Schulden der Studierenden 2018 fünfmal so hoch wie noch 13 Jahre zuvor.[71] Der Grund liegt im desaströsen Bildungssystem der USA. Ein Biologiestudium in Harvard kostet 160 000 Dollar, Wohnen, Kleidung und Studentenfutter noch nicht eingerechnet. Ein anschließender Master schlägt mit weiteren 120 000 Dollar Studiengebühren zu Buche.[72] Die Automobilkredite liegen ebenfalls bei unglaublichen 1,2 Billionen US-Dollar, während sie 2008 noch bei 800 Milliarden lagen.[73] 2017 hat ein finanzschwacher Autokäufer ein Fahrzeug noch zu einem Kredit von 5,9 % bekommen, Anfang 2018 war dieser Wert bereits auf 16,8 % geklettert. 20 % aller US-Autokäufer gehören zu dieser bonitätsschwachen Gruppe, deren Kredite als erstes ausfallen.[74]

Bereits heute sind von den 22 Millionen Amerikanern, die einen Studentenkredit aufgenommen haben, 43 % mit ihren Zahlungen im Rückstand. 3,6 Millionen haben den Status „Ausfall", da sie seit mehr als einem Jahr nichts mehr zurückbezahlt haben.[75] Welche Konsequenzen es hätte, wenn die Zinsen weiter steigen, kann man sich ausmalen. Joris Luyendijk, ein Journalist des Guardian, der die Londoner Finanzindustrie zwei Jahre lang unter die Lupe nahm, kam 2013 zum Ergebnis: *„Es ist, als hätte in Tschernobyl das alte Management den Reaktor wieder hochgefahren."*[76] Die Finanzkrise war die akute Situation damals. Die Tatsache, dass sich bis heute nichts geändert hat und weiterhin mit unserem Wohlstand gezockt wird, könnte man als komatösen Zustand bezeichnen. Das Wort *Koma* stammt aus dem Griechischen und bedeutet „tiefer, traumloser Schlaf".

---

70 Vgl. *https://www.welt.de/wirtschaft/article164020653/College-Blase-wird-zum-Risiko-fuer-die-Weltwirtschaft.html.*
71 Vgl. Müller (2018), S. 127.
72 Ebd.
73 *https://www.welt.de/finanzen/article164191010/Amerikas-neues-Schreckenswort-heisst-Peak-Auto.html.*
74 *https://bit.ly/2KK10GJ.*
75 *https://www.studentloanborrowerassistance.org/collections/consequences-of-default-federal/.*
76 *https://www.duurzaamnieuws.nl/joris-luyendijk-dit-gaat-helemaal-fout.*

## 2.4 Unproduktivität und Ungleichheit

*„Die Welt hat genug für jedermanns Bedürfnisse, aber nicht für jedermanns Gier."*

— MAHATMA GANDHI

Die Investitionsbereitschaft der Wirtschaft ist im Vergleich zu früheren Jahrzehnten deutlich gesunken, und das, obwohl die Gewinne heute einen größeren Teil der globalen Wertschöpfung abgreifen als jemals vor dem Zweiten Weltkrieg. Die Bruttoinvestitionen hatten 1970 in Deutschland einen Anteil von 25 % am BIP und damit einen Spitzenplatz unter den OECD-Ländern, 2008 noch 18,2 %. Mag dieser Abfall noch verkraftbar erscheinen, so ist der Blick auf die Nettoanlageinvestitionen schockierender: In den 1970ern lag dieser Wert bei ca. 15 %, in den 1990ern noch bei 10 %, 2010 nur noch bei 2,9 % des Bruttoinlandsprodukts. EU-weit waren es im zweiten Quartal 2010 1,6 % des BIP.[77] Doch was ist der Grund für diese Investitionszurückhaltung? Nicht trotz, sondern wegen eines typischen Merkmals der kapitalistischen Wirkungsweise sinkt die Investitionsbereitschaft der Unternehmen immer weiter. Investitionen bedeuten Kosten, und diese gehen zu Lasten des (kurzfristigen) Gewinns. Auch CEOs werden gewinnorientiert bezahlt, und da sie mittlerweile i. d. R. sowieso nur wenige Jahre im Vorstand desselben Unternehmens verweilen, haben sie ein egoistisches Interesse daran, die Forschungs- und Entwicklungskosten weiter zu senken, um den *kurzfristigen* Unternehmensprofit und damit auch ihren persönlichen Gewinn zu maximieren. Die Financial Times Deutschland berichtete, dass sich in den meisten Firmen die Logik des Kasinokapitalismus durchgesetzt hat.[78] Seit den 1990er Jahren sind die Unternehmenssteuersätze beinahe halbiert worden, vor allem auf Wunsch der Firmen hin. Doch anstatt Investitionen in zukunftsfähige Technologien zu tätigen, ging es den Firmen vor allem um kurzfristigen Gewinn,

---

77  Wagenknecht (2013), S. 116.
78  Vgl. Financial Times Deutschland, Ausgabe vom 16.9.2010.

Dividendenausschüttungen und feindliche Übernahmen.[79] Im Ergebnis ist der technologische Fortschritt verringert und die Innovationsfähigkeit der Wirtschaft gebremst. Als Grund für diese Entwicklung ist zu vermuten, dass institutionelle Anleger als Eigentümer von börsennotierten Unternehmen immer mehr Einfluss gewinnen. Diese sind an schneller Rendite, nicht an nachhaltiger volkswirtschaftlicher Entwicklung und der Sicherung von Arbeitsplätzen interessiert. Nicht zu vergessen ist auch die Angst vieler Großunternehmen, im Fall von (kurzfristig) niedrigen Aktienkursen Opfer einer feindlichen Übernahme zu werden. Auch deshalb wird oft der kurzfristige Gewinn über die langfristige Sicherung des Unternehmenserfolgs gestellt.

Hochinteressant ist die Beleuchtung des Themas Währungsunion. Eine breite Mehrheit der politischen Akteure ist dem Euro wohlgesonnen, und die wenigen Rufer in der Wüste, die die Einführung des Euro in vielen verschiedenen Ländern kritisieren, werden gern ins rechte Lager gerückt. Wenn unter den Euroskeptikern tatsächlich viele Parteien und Gruppierungen sind, die zugleich auch durch rassistische und nationalistische Stimmungsmache auffallen, so liegt dies daran, dass die Rückkehr zu einer nationalen Währung wohl auch für das Bedienen nationalistischer Ressentiments gut geeignet ist, nicht aber daran, dass es für die Verteidigung der Euro-Einführung gute Gründe gäbe. Im Buch SHOWDOWN – DER KAMPF UM EUROPA UND UNSER GELD weist Dirk Müller nach, dass es keine gute Idee ist, dieselbe Währung über völlig unterschiedliche Wirtschaftsräume mit ganz unterschiedlicher volkswirtschaftlicher Produktivität zu legen[80]. Haben Sie sich schon einmal die Frage gestellt, warum überhaupt ein Wechselkurssystem zwischen verschiedenen Währungen existiert? Es dient dazu, durch stete Anpassung der Wechselkurse die Produktivitätsdifferenz unterschiedlicher Volkswirtschaften abzufedern. Die Wechselkurse von US-Dollar, chinesischer Währung und dem Euro hängen davon ab, wie sich die Volkswirtschaften hinsichtlich Produktivität und Wachstum entwickeln. Sowohl Auf- und Abwertungen als auch unterschiedliche

---

79  Vgl. Financial Times Deutschland, Ausgabe vom 16.9.2010.
80  Müller, Dirk (2013): Showdown: Der Kampf um Europa und unser Geld.

Zinssätze erfüllen diese Aufgabe. Sofern dieser Puffer nicht existiert, werden andere Mechanismen zur Aufhebung der Ungleichheit erforderlich. In gemeinsamen Währungsräumen geschieht dies durch Transferzahlungen von wirtschaftlich starken an wirtschaftlich schwache Regionen. In Deutschland kommt diese Aufgabe dem Länderfinanzausgleich zu. Je größer die Regionen sich hinsichtlich ihrer wirtschaftlichen Leistungsfähigkeit unterscheiden, desto höhere Transferleistungen werden notwendig.

Die Bundesrepublik Deutschland und elf weitere Mitgliedsstaaten der Europäischen Union führten am 1. Januar 2002 den Euro als Bargeld ein. 320 Millionen Menschen verwenden nun Münzen und Scheine der gemeinsamen europäischen Währung. Sechs weitere Staaten folgten bis 2014. Es war eine politische Entscheidung und keine wirtschaftliche. Wenn man sich oben genannte Zusammenhänge klar macht, war bereits mit der Einführung des Euro klar, dass wirtschaftlich starke Länder wie Deutschland schwächeren wie Griechenland mit Milliardenzahlungen unter die Arme greifen müssen, auch wenn alle Politiker das Gegenteil versprachen und sogar die europäischen Verträge dies verbieten.

Helmut Kohl wusste dies übrigens bereits am 6. November 1991 vor dem Deutschen Bundestag:

> *„Die jüngere Geschichte, und zwar nicht nur die Deutschlands, lehrt uns, dass die Vorstellung, man könne eine Wirtschafts- und Währungsunion ohne politische Union auf Dauer erhalten, abwegig ist."*[81]

Die Einführung des Euro hat zur logischen Konsequenz, dass wir uns an dauerhafte Transferleistungen an schwächere Mitgliedsstaaten gewöhnen müssen. Sinnvoll wäre es, den nächsten Schritt anzupeilen und die Vereinigten Staaten von Europa zu forcieren, so wie es Martin Schulz forderte.[82] Oder man erkennt, dass auf aktueller politischer Basis die Euro-Ein-

---

81 *https://www.faz.net/aktuell/wirtschaft/essay-die-waehrungsunion-auf-dem-weg-zur-fiskalunion-11593620. html.*

82 *https://www.zeit.de/politik/deutschland/2017-12/spd-martin-schulz-parteitag-rede-grosse-koalition.*

führung ein folgenschwerer Fehler war und kehrt zurück zu nationalen Währungen.

Die Ungleichheit bei Einkommen und Vermögen hat global Rekordwerte erreicht. Glücklicherweise sind die extreme Armut und der Hunger massiv zurückgegangen. In der Tat hat die Menschheit große Fortschritte erzielt. So berichtet Steven Pinker in seinem optimistischen Buch AUFKLÄRUNG JETZT!, dass die extreme Armut um mehr als die Hälfte zurückgegangen ist in den vergangenen 20 Jahren.[83] Nichtsdestotrotz ist dieser Erfolg relativ, wenn man bedenkt, dass Hunger und Elend längst überwunden sein müssten. Die Ungleichheit hingegen hat sich nicht entschärft, im Gegenteil. Während laut Pinkers Zahlen die globale Ungleichheit seit 200 Jahren gleich blieb, ist sie laut anderen Quellen sogar heute größer als jemals zuvor in der Menschheitsgeschichte. Innerhalb Deutschlands nimmt die Ungleichheit stetig zu.[84] So wird das reichste Prozent der Deutschen Jahr für Jahr noch reicher, währen die Reallöhne der ärmeren Hälfte der Deutschen seit 1990 gesunken sind.[85] Dr. Dr. Rainer Zitelmann hält die Diskussion um Ungleichheit für unwichtig, er findet es bedenkenlos, wenn Reiche vom wirtschaftlichen Aufschwung besonders profitieren.

> „Ist es für diese Hunderte Millionen Menschen entscheidend, dass sie nicht mehr hungern und der Armut entronnen sind oder dass sich – möglicherweise -im gleichen Zeitraum das Vermögen von Multimillionären und Milliardären noch stärker vermehrt hat als ihr Lebensstandard?"[86]

Bregman beantwortet beide rhetorischen Fragen Zitelmans mit einem klaren Ja. Auch Ungleichheit an sich ist problematisch, weist Bregman nach. In den entwickelten Ländern scheinen Wohlstandsgewinne nur noch sehr

---

83 Pinker (2018).
84 Es gibt unzählige Statistiken zu diesem Zusammenhang, vgl. u.a. *https://bit.ly/2WDoWPx*; *https://bit.ly/2Fe4HBM*.
85 Vgl. *https://bit.ly/2KmKHRM* und WISO Diskurs: Expertisen und Dokumentationen zur Wirtschafts- und Sozialpolitik. Zur Produktivitätsentwicklung Deutschlands im internationalen Vergleich. *http://library.fes.de/pdf-files/wiso/08997.pdf*.
86 Zitelmann (2018), S. 165f.

begrenzt die Lebensqualität zu erhöhen. Eine große Verbesserung kann man dafür mit mehr Gleichheit erlangen. Depressionen, Burnout, Drogenkonsum, Schulabbruch oder Fettleibigkeit zeigen nur eine geringe Häufung bei etwas ärmeren Industrieländern im Vergleich zu den reichsten Industrieländern an. Dafür gibt es deutliche Belege, dass diese Belastungen in jenen Industrieländern am weitesten verbreitet sind, wo auch die Ungleichheit am größten ist.[87]

Ganz offensichtlich macht auch relative Armut Menschen schwer zu schaffen. Der britische Sozialwissenschaftler Richard Wilkinson spricht von der *"psychologischen Konsequenz"*, dass sich Menschen in ungleichen Gesellschaften mehr Sorgen darüber machen, wie sie von anderen eingeschätzt werden. Statusangst, die Beeinträchtigung sozialer Beziehungen, Angst vor Fremden und chronischer Stress können die Folgen sein.[88] Auch Noam Chomsky, einer der führenden US-amerikanischen Linksintellektuellen, meint, dass es um die Gesundheit einer Gesellschaft umso schlechter bestellt ist, je mehr sie von Ungleichheit geprägt ist, egal, ob sie arm oder reich ist. Gewiss mag man sich wundern, warum Menschen sich freiwillig dem sozialen Vergleich aussetzen. Wer viel Geld besitzt und dieses in Statussymbole investiert, wird vielleicht nicht in den USA, aber doch in Europa dafür durchaus auch gelegentlich sozial sanktioniert. Als Angeber steht schnell da, wer Wohlstand in Form eines schnellen Wagens, einer teuren Armbanduhr oder Luxusmarkenklamotten demonstriert. Und ist es nicht Zeichen eines Persönlichkeitsdefizits, wenn man es nötig hat, den eigenen Selbstwert über beruflichen und finanziellen Erfolg zu definieren? Vermutlich ist es das. Es gibt auch Menschen, die sich ganz bewusst dafür entscheiden, den Standardlebenslauf nicht zu wählen und sich stattdessen als Künstler oder Teilzeitjobber zu verdingen. Für diesen Weg nehmen diese Menschen relative Armut als akzeptablen Preis für ein hohes Maß an Freiheit gern in Kauf. Vermutlich hat es auch viel mit Selbstbewusstsein und persönlichen Wertvorstellungen zu tun, ob ein Mensch sich über beruflichen Erfolg definiert und dementsprechend unter *Statusarmut* lei-

---

87 Bregman (2017), S. 69ff.
88 Bregman (2017), S. 72.

det, wenn ebendieser ausbleibt, oder ob man sich aus Statussymbolen, Jobtiteln und Luxusprodukten wenig macht. Menschen mit konservativem Weltbild, in dem Leistung und Erfolg identitätsstiftend sind, sind hiervon vermutlich weit stärker betroffen als solche, die sich selbst als alternativ oder progressiv betrachten. Dafür spricht auch, dass es gerade diejenigen sind, die lange Zeit gutdotierte, statusreiche Jobs ausübten und dann in die Arbeitslosigkeit rutschten, die am stärksten unter diesem Umstand leiden. Doch man darf nicht vergessen: In unserer Gesellschaft werden arme Menschen tatsächlich weniger wertgeschätzt als wohlhabende Menschen. Das Sprichwort *Kleider machen Leute* deutet darauf hin. In Prank-Videos auf YouTube kann man sehen, dass Menschen mit Insignien des Wohlstands mehr Sympathie bekommen. Und Geld scheint bei der Partnersuche kein Nachteil zu sein – zu einiger Berühmtheit haben es die Gold Digger Pranks gebracht.[89] Von neoliberaler Seite wird gern eingewandt, nicht Ergebnisgleichheit, sondern Chancengleichheit (bzw. -gerechtigkeit) müsse das Ziel einer freien Gesellschaft sein. Tatsache ist, dass beides in Zusammenhang steht. Nimmt die Ungleichheit zu, so nimmt die finanzielle Aufwärtsmobilität ab. Das heißt je gleicher eine Gesellschaft, desto besser sind die Chancen eines Kindes einer Unterschichtfamilie, selbst aufzusteigen. Je ungleicher, desto schwerer wird dieser Weg für das Kind. Der amerikanische Traum besagt, dass es ein jeder vom Tellerwäscher zum Millionär schaffen kann, doch tatsächlich sind die Chancen hierfür in wohl keinem Industrieland geringer als in den USA. Wer als Tellerwäscher tatsächlich Millionär werden möchte, sollte sein Glück besser in skandinavischen Ländern versuchen, wo auch Menschen aus armen Herkunftsfamilien gute Aufstiegschancen haben.

Kapitalismusfreundliche Autoren wie Zitelmann und Pinker gehen nicht darauf ein, dass im Jahr 2018 1,87 Billionen US-Dollar für militärische Zwecke ausgegeben wurden, und ein Zehntel dieses Betrages ausreichen würde, um die extreme Armut für immer zu besiegen. Der Kapitalismus erfordert das Erobern immer neuer Märkte, was Staaten grundsätzlich in Konkur-

---

89 Exemplarisch soll hier ein solches Prank-Video verlinkt werden: *https://www.youtube.com/watch?v=6YH-K-cj6TY*.

renz zueinander führt. Manche nennen den modernen Kapitalismus daher gar Wirtschaftsweltkrieg. Unternehmen suchen immer nach dem Land, in dem am günstigsten produziert werden kann. Das führt zu einem Unterbietungswettbewerb der Löhne armer Länder. In einem TV-Bericht wird gezeigt, dass Äthiopien Textilfabrikanten anlockt mit Werbevideos, in denen angepriesen wird, dass die Lohnkosten dort nur halb so hoch wie in Bangladesch sind. Es wird berichtet, dass Näherinnen in Äthiopien nur 26 US-Dollar verdienen pro Monat, das entspricht einem Stundenlohn von 12 Cent. Überstunden werden erzwungen, eine Näherin berichtet, sie müsse auch samstags und sonntags Überstunden machen, weshalb sie ihre Kinder nicht sehen kann. Schon mehrere Näherinnen wurden ohnmächtig wegen der Hitze. Eine Betroffene berichtet, man haben ihr nach der Ohnmacht kaltes Wasser ins Gesicht geschüttet, damit sie wieder zu sich kommt. Danach musste sie weiterarbeiten.[90] Ähnliche Zustände finden sich in Minen in Zentralafrika, auf Mülldeponien in Westafrika, wo der westliche Elektroschrott entsorgt wird und Kinder in giftigen Dämpfen nach Verwertbarem suchen, um sich etwas zu essen kaufen zu können, und in vielen weiteren Regionen der Erde. Die Globalisierung hat einen Verdrängungswettbewerb hervorgerufen, der vormals gut bezahlte Arbeitsplätze von den reichen, westlichen Ländern nach Asien und Afrika exportiert – nicht unbedingt zum Wohle der dortigen Bevölkerung, sondern unter teils brachial-ausbeuterischen Bedingungen.

Doch auch in Industrieländern ist die Ungleichheit kein Luxusproblem, Armut kann bei uns schlimmstenfalls tödlich enden. So haben Länder wie die USA eine marode Gesundheitsversorgung, die lebensbedrohlich werden kann. Die Lebenserwartung in Deutschland hängt vom Wohlstand ab, was ein Skandal ist. Extrem sind die Unterschiede in Bayern: In der reichsten bayerischen Gemeinde Starnberg ist die Lebenserwartung fast 10 Jahre höher als im relativ armen Hof.[91]

Ein Marker unserer Gesellschaft ist der Wunsch nach Leistungsgerechtigkeit. Wer etwas leistet und fleißig ist, soll die Früchte seines Ertrags

---

90 Report Mainz vom 18.6.2019.
91 *https://www.focus.de/gesundheit/news/lebenserwartung-in-dieser-deutschen-stadt-leben-sie-am-laengsten_id_5392409.html.*

ernten. Diese Wertvorstellung wird insbesondere dem bürgerlichen Lager zugeschrieben. Man darf provokant fragen: Müssten dann die Konservativen nicht die schärfsten Kritiker des Neoliberalismus sein? Denn wenn der gegenwärtige Neoliberalismus etwas definitiv nicht ist, dann leistungsgerecht. So gibt es Menschen, die drei Jobs annehmen und weit mehr als 40 Stunden pro Woche arbeiten müssen, nur um über die Runden zu kommen. Andere bekommen ein riesiges Einkommen aus Zinserträgen, ohne dafür irgendeine Arbeit zu verrichten. Die BMW-Mitbesitzer Stefan Quandt und Susanne Klatten haben 2017 mehr als 1 Milliarde Euro an Dividenden erhalten.[92] Diesen Ertrag mussten sie noch versteuern – zu 28 %. Über einen so niedrigen Steuersatz würde sich der Arbeiter bei BMW erfreuen, der Tag für Tag bei BMW den Gewinn erwirtschaftet, von dem die beiden Milliardäre ihren luxuriösen Lebensstil finanzieren. Manche Rentner erhalten heute eine Rente unter Grundsicherungsniveau, darunter Menschen, die Kinder erzogen oder fast 35 Jahre lang gearbeitet haben. Sie müssen zunächst fast alle Ersparnisse aufbrauchen, bevor sie die Grundsicherung beantragen dürfen. Zudem schämen sich viele ältere Leute, beim Sozialamt ob ihrer Bedürftigkeit vorzusprechen. Gerade in der älteren Generation sind viele mit der Wertvorstellung erzogen worden, dass es unanständig sei, Hilfe vom Staat anzunehmen. Ich finde hingegen, schämen müssen sich die Verantwortlichen eines Staates, der Altersarmut zulässt. Wer hingegen reich geerbt hat, muss sich lebenslang um Geld keine Gedanken machen, ohne irgendetwas dafür geleistet zu haben. Leistungsgerechtigkeit im Kapitalismus ist ein Ammenmärchen.

Der Begriff der Leistungsgerechtigkeit ist an sich problematisch. Natürlich, wer viel arbeitet, soll mehr Einkommen generieren als einer, der wenig arbeitet. Konsequent zu Ende gedacht, müssten dann aber alle denselben Stundenlohn bekommen, mit Ausnahme von Bildungszeiten, die verrechnet werden müssten. Man erkennt schnell, dass die neoliberale Realität mit Leistungsgerechtigkeit wenig zu tun hat.

---

92   https://www.manager-magazin.de/finanzen/artikel/bmw-eine-milliarde-euro-fuer-stefan-quandt-und-susanne-klatten-a-1139896.html.

Und was ist mit den sogenannten *Minderleistern*? Jemand, der viele Jahre arbeitslos ist, ist das selten freiwillig. Härtefälle im Jobcenter sind nicht faul, sondern einfach Menschen, die es schwerer im Leben hatten als andere. Ein 43-Jähriger, der nie einen Job lange durchhielt und immer wieder bedürftig wird, ist i. d. R. psychisch krank. Gewalterfahrungen in der Kindheit, keine Förderung und kein Bildungsumfeld, vielleicht Suchtkrankheiten tun ihr Übriges. Der eloquente, fleißig arbeitende und gut situierte Geschäftsmann hatte vielleicht eine glückliche Kindheit, optimale Entwicklungsmöglichkeiten und eine stabile Psyche. Unter diesen Bedingungen wäre der Langzeitarbeitslose heute vielleicht da, wo der eloquente Geschäftsmann steht – und dieser wäre heute vielleicht armer Bettler oder kriminelles Gang-Mitglied, wäre er im Armenviertel von San Salvador aufgewachsen. Würde Gerechtigkeit dann nicht bedeuten, dass beide dasselbe Geld bekommen müssten? Das alles sind freilich philosophische Fragen. Man sieht aber: Der Begriff der Leistungsgerechtigkeit wird von den neoliberalen Ideologen unterkomplex behandelt.

Die leistungslosen Einkommen aus Zinserträgen haben mit Gerechtigkeit definitiv nichts zu tun. Außerdem sollten wir doch bei Debatten über Leistungsgerechtigkeit stets im Blick haben, dass nicht alle Menschen gleich viel leisten *können*. Natürlich muss der Hochbegabte oder der besagte eloquente Geschäftsmann Anreize bekommen, die ihn zu fleißiger Arbeit motivieren. Die Früchte dieser Arbeit kommen im Idealfall der ganzen Gesellschaft zu Gute, und Geld hat sich als idealer Motivator herausgestellt. Daher halte ich es auch für wichtig, am Prinzip der Bezahlung nach Leistung festzuhalten und Leistungsanreize gezielt zu setzen. Eine progressive Gesellschaft sollte den Leistungsgedanken jedoch nur als Mittel zum Zweck sehen und nicht als Selbstzweck. Bedarfsgerechtigkeit ist die ehrlichere Form von Gerechtigkeit als die ohnehin nicht existente Leistungsgerechtigkeit, und bei der Debatte um Leistungsgerechtigkeit sollte uns stets John Rawls Schleier des Nichtwissens als Leitfaden dienen. Einkommensunterschiede sind solange legitim, wie es auch dem am schlechtesten gestellten in dieser Gesellschaftsform besser geht als in jeder anderen. In der neoliberalen Weltwirtschaft sind wir davon weit entfernt.

Die NGO Oxfam veröffentlicht regelmäßig Studien, in denen angegeben wird, wie viele Reiche das Vermögen von der Hälfte der Menschheit besitzen. Aktuell seien 42 Menschen so reich wie die Hälfte der Weltbevölkerung.[93] Das methodische Vorgehen bei Oxfams Studien wird regelmäßig kritisiert und als ideologisch gefärbt betrachtet.[94] Womöglich ist die Schere also nicht ganz so extrem, wie in den Studien angegeben. Zudem muss berücksichtigt werden, dass das Vermögen der reichsten Menschen in vielen Fällen nicht real existierendes Geld auf dem Bankkonto ist, sondern der grob geschätzte Wert von Unternehmensanteilen, welche nicht so einfach in Geldscheine umgewandelt werden können. Auf der anderen Seite ist aber zu betonen, dass Oxfam mit den Daten der offiziellen FORBES-Liste arbeitet. Die FORBES-Liste gibt jährlich Vermögensschätzungen für die 1000 reichsten Dollar-Milliardäre der Welt heraus. Laut eigenen Angaben sind die Schätzungen dabei vorsichtig. Man kann also davon ausgehen, dass die Vermögen der meisten Superreichen in Wahrheit noch höher sind. Vor allem aber sind dort viele superreiche Menschen gar nicht aufgeführt, unter anderem die Vermögen von Diktatoren, Adelshäusern und Drogenbossen. Putins Vermögen wurde schon auf bis zu 200 Milliarden US-Dollar geschätzt.[95] Das saudische Königshaus dürfte mehrere hundert Milliarden US-Dollar sein Eigen nennen. Die vorsichtigste Schätzung des Vermögens der Familie Rothschild geht von 285 Milliarden Euro aus.[96] Andere Schätzungen sprechen von einem Billionen-Vermögen. Es gibt also viel reichere Leute als die reichsten auf der FORBES-Liste, und insgesamt wohl deutlich mehr Dollar-Milliardäre als die offiziellen 2208 Personen.[97] Trotz methodischer Fehler dürften die Zahlen von Oxfam also durchaus im realistischen Bereich liegen.

---

93 *https://www.oxfam.de/presse/pressemitteilungen/2019-01-21-superreiche-gewinnen-25-milliarden-dollar-pro-tag-haelfte; https://www.welt.de/wirtschaft/article172684758/Oxfam-42-Milliardaere-besitzen-so-viel-wie-die-halbe-Welt.html.*

94 *https://www.n-tv.de/politik/Ist-Kritik-an-Oxfam-Studie-gerechtfertigt-article20820228.html.*

95 *https://www.manager-magazin.de/finanzen/artikel/200-milliarden-dollar-vermoegen-wie-reich-ist-putin-wirklich-a-1018696.html.*

96 *https://www.vermoegenmagazin.de/vermoegen-familie-rothschild/.*

97 *https://www.welt.de/wirtschaft/article162642889/Mehr-als-ein-Viertel-aller-Milliardaere-jetzt-Chinesen.html.*

Durch die neoliberale Wende werden seit den 1990ern unentwegt die Geldwerte von den Löhnen hin zum Kapital umverteilt.[98] Dadurch landet der Großteil des gesellschaftlichen Vermögenszuwachses in den Händen der neoliberalen Elite, die Einkommens- und Vermögensungleichheit nimmt zu, und der Ginikoeffizient wächst ebenso weiter wie die Länge der Menschenschlangen, die sich Woche für Woche vor den Tafeln im Land einfinden.

Doch zumindest Familienunternehmen vertreten noch Werte und sichern den langfristigen Unternehmenserfolg, statt auf schnelle Rendite zu setzen. Oder etwa doch nicht? Eine an der Privatuniversität Witten-Herdecke entstandene Studie über große Unternehmen, die sich seit Generationen in Familienbesitz befinden, kam zu einem erstaunlichen Ergebnis.[99] So sinkt die Investitionsrate auch dort, und schneller Gewinn und kurzfristiges Wachstum wird höher bewertet als langfristiger Unternehmenserfolg.

Ein grundlegendes Problem des Neoliberalismus ist es, wenn die Demokratie untergraben wird. So lieferten Energiekonzerne Textstellen für das rot-grüne Energiewirtschaftsgesetz und die Flughafenlobby schrieb an Gesetzen zur Fluglärmbegrenzung mit. Bei allen Gesundheitsreformen diskutiert die Pharmalobby mit und beeinflusst die Entscheider, und das Bankenrettungsgesetz wurde von den Anwälten der Banker mitverfasst.[100]

---

98 Wagenknecht (2013), S. 98.
99 Wagenknecht (2013), S. 141.
100 Vgl. Wagenknecht (2013), S. 190.

## 2.5 Moral im Zeichen des Profits – das schmutzige Geschäft der Außenpolitik

### 2.5.1 Was Du nicht willst, was man dir tu – das füg einem anderen zu!

> „In der internationalen Politik geht es nie um Demokratie oder Menschenrechte. Es geht um die Interessen von Staaten. Merken Sie sich das, egal, was man Ihnen im Geschichtsunterricht erzählt."
>
> — Egon Bahr

Der Treibstoff, der unsere Weltwirtschaft am Laufen hält, ist das Erdöl. Spätestens nach dem Ersten Weltkrieg ist Öl zum entscheidenden Machtfaktor geworden, und für das schwarze Gold wurden unzählige Kriege geführt. Die arabische Welt, die früher kaum eine Rolle auf der Bühne der Weltpolitik innehatte, spielt mittlerweile eine gewichtige Rolle. So schrieb der Spiegel bereits 1974:

> „In der Meinung der Weltöffentlichkeit rückte Saudi-Arabiens König Feisal, Herr über fünf bis acht Millionen meist schreib- und leseunkundiger Wüstenbewohner und zugleich über die größten Ölreserven der Welt, vom pittoresken Beduinenfürsten zum drittmächtigsten Mann der Erde nach Nixon und Breschnew auf."[101]

1973 begann mit dem Jom-Kippur-Krieg auch die Ölblockade von Saudi-Arabien und anderen Ölstaaten der Region, in der diese Länder ihre Erdölproduktion drosselten und damit versuchten, Israel, die USA und ihre Verbündeten zu erpressen. Zunächst hoben sie die Preise um 70 % an, sogar eine Vervierfachung war angedacht, wenn Israel und die USA nicht die Forderungen erfüllten. Ältere Leute erinnern sich noch an die Sonntagsfahrverbote in Deutschland, wo man auf Autobahnen Fahrrad fahren konnte. Die USA überlegten damals, in Saudi-Arabien, Kuwait und

---

[101] http:///www.spiegel.de/spiegel/print/d-41794704.html.

Abu-Dhabi einzumarschieren, um sich das Öl zu sichern.[102] Stattdessen schaffte es US-Außenminister Henry Kissinger, einen anderen, wohl bis heute gültigen Deal auszuhandeln. Der verblüffend einfache Deal bestand darin, dass die USA von ihren Invasionsplänen absahen und stattdessen im Gegenteil Saudi-Arabiens Herrscher uneingeschränkten militärischen Schutz zusprachen. Die Saudis sollten ihr Öl preisgünstig an die USA verkaufen und sämtliche Ölverkäufe ausschließlich in US-Dollar abwickeln sowie einen Teil der Einnahmen in US-Staatsanleihen einlösen. Durch diesen Deal konnte die saudische Herrscherfamilie einen sagenhaften Reichtum erwirtschaften, der Westen bekommt sicher sein Erdöl geliefert und bietet im Gegenzug den Saudis militärischen Schutz. Wenn Sie sich schon einmal gefragt haben, warum der Bundessicherheitsrat deutschen Waffenlieferungen an Saudi-Arabien mehrfach zugestimmt hat, obwohl Saudi-Arabien einen blutigen Krieg im Jemen führt und gegen sämtliche Auflagen für Rüstungsgeschäfte mit Deutschland verstößt, kennen Sie nun die Antwort. Die deutschen Waffenlieferungen an Saudi-Arabien betrugen 2016 etwa 530 Millionen Euro.[103] Die USA vereinbarten unter Präsident Trump 2017 gar einen Rüstungsdeal über 100 Milliarden US-Dollar mit den Saudis.[104] Wenn die Rüstungsindustrie stöhnt, atmet die Menschheit auf. Während die USA im Irak und in Afghanistan, unter anderem mit der Begründung, die dortigen Regime missachteten die Menschenrechte, dort einmarschiert sind, hört man seitens des Westens erstaunlich wenig Kritik an den Zuständen in Saudi-Arabien. Zur Erinnerung: Der Journalist Jamal Khashoggi wurde in der saudi-arabischen Botschaft in der Türkei ermordet. Der saudische Kronprinz steht im Verdacht, den Mord in Auftrag gegeben zu haben.[105] Der Strafenkatalog Saudi-Arabiens ist im Wesentlichen deckungsgleich mit dem des IS. Auf Abwendung vom Islam und Homosexualität steht die Todesstrafe ebenso wie auf Ehebruch und Gottesläs-

---

102 *http:/news.bbc.co.uk//hi/middle_east/3333995.stm*.
103 *https://www.n-tv.de/politik/Berlin-genehmigt-Waffen-an-Saudi-Arabien-article20130877.html*.
104 *https://rp-online.de/politik/ausland/usa-und-saudis-schliessen-gigantischen-waffendeal-ab_aid-19526629*.
105 *https://www.dw.com/de/verdacht-gegen-kronprinzen-im-kashoggi-mord-erh%C3%A4rtet/a-47419973-0*.

terung. Dieben wird die Hand amputiert.[106] Dieses Land ist ein enger Verbündeter des Westens, der sich ach so gerne auf Aufklärung, Demokratie und Menschenrechte beruft und ganz besonders der USA, die mehr als alle anderen Staaten stets andere mit Androhung von Gewalt zu Demokratie und Menschenrechten aufrufen, während sie selbst in Guantanamo folterten. Eine Leseempfehlung ist hier das Buch von Murat Kurnaz: FÜNF JAHRE MEINES LEBENS: EIN BERICHT AUS GUANTANAMO.[107]

Weitere Beispiele demonstrieren, wie genau es die westliche Wertegemeinschaft mit Demokratie und Menschenrechten nimmt. In den 1950ern wurde der demokratisch gewählte Premierminister des Iran, Mohammed Mossadegh, durch die CIA weg geputscht und durch den Shah von Persien, einen tyrannischen Diktator, und dessen Frau Soraya ersetzt. Hintergrund des Ganzen war, dass Mossadegh einen angemessenen Anteil an den erklecklichen Erdöleinnahmen aus seinem Land von den Briten verlangte, die durch die *ANGLO-IRANIAN OIL COMPANY* gefördert wurden (später umbenannt in *BP – BRITISH PETROLEUM COMPANY*). Da die Briten dies verweigerten, verstaatlichte Mossadegh schließlich die Ölindustrie für das iranische Volk. Die Briten drängten die US-Amerikaner zum gemeinsamen militärischen Vorgehen. Truman lehnte noch ab, doch Präsident Eisenhower schließlich ließ sich zum Eingreifen überreden, da er Angst vor einem Erstarken der Kommunisten im Iran hatte. Und so wurde kurzerhand eine der fortschrittlichsten Demokratien ihrer Zeit weg geputscht und eine US-hörige Diktatur errichtet. Dieser Plan ging letztlich schief, da der Ayatollah Khomeini die tiefe Unzufriedenheit im Volk mit dem Shah für seine islamische Revolution nutzte. 1979 übernahmen die Ayatollahs die Macht und gaben sie seitdem nicht mehr her. Eine fortschrittliche Demokratie, wie sie unter Mossadegh bestand, wird also seit mehr als 60 Jahren letztlich durch das Eingreifen des Westens verhindert, der seine billige Ölzufuhr sichern wollte.[108] Dirk Müller versteigt sich sogar zu der Behauptung, die Entfesselung eines Krieges zwischen Saudi-Arabien und

---

106 https://www.spiegel.de/politik/ausland/is-islamischer-staat-saudi-arabien-verhaengt-aehnliche-strafen-a-1014231.html.
107 Kurnaz, Murat (2007): Fünf Jahre meines Lebens: Ein Bericht aus Guantanamo.
108 *http:/www.dw.com/de/1953-irans-gestohlene-demokratie/a-17008768*; vgl. auch Müller (2018), S. 158ff.

Iran sei der Plan der USA, weshalb auch 2015 Sanktionen gegen den Iran gelockert wurden und dieser mehr Waffen kaufen konnte. Gleichzeitig hat man, wie oben erwähnt, enorme Waffenarsenale an die Saudis verkauft.[109] Der saudische Prinz Mohammed sagte 2017: *"Wir werden nicht auf die Schlacht in Saudi-Arabien warten, sondern dafür sorgen, dass sie in Iran stattfinden wird."* Der iranische Verteidigungsminister Dehghan entgegnete mit der Drohung eines Angriffs, der *"keinen Ort außer Mekka und Medina unberührt"* lassen werde, sollten die Saudis etwas *"Ignorantes unternehmen"*.[110] Bereits jetzt kämpft im Libanon Saudi-Arabien gegen die iran-geführte Hisbollah. Im Syrienkrieg, wo eine unübersichtliche Gemengelage unterschiedlicher Gruppierungen gegeneinander kämpft, werden die sunnitischen Gruppierungen aller Farben durch die Saudis unterstützt, während der Iran die Revolutionsgarden von Assad unterstützt.[111] Im Juni 2019 gab es einen weit beachteten Zwischenfall in der Straße von Hormus, im Juli einen weiteren. Ein Tanker wurde angegriffen, am 11. Juli 2019 soll ein britischer Tanker gefährlich bedrängt worden sein, eventuell war eine Kaperung durch den Iran geplant. *Während die Briten von einem aggressiven Akt seitens des Iran sprachen,* sagte der iranische Außenminister Mohammed Dschawad Sarif der Nachrichtenagentur Fars: *"Das Ziel solcher wertlosen Unterstellungen ist es lediglich, Spannungen zu provozieren."*[112] Bereits zuvor drohte der Iran jedoch mit dem Stopp britischer Tanker, da die Briten ihrerseits eine Woche zuvor einen iranischen Tanker an der Meerenge von Gibraltar gekapert haben.[113] Wieder einmal ging die Erstaggression von einem westlichen Land aus. Interessant ist übrigens, dass in den Medien bei der britischen Aggression stets von einem „Stopp" und „Hindern der Weiterfahrt" des iranischen Tankers gesprochen wird, während der Iran versucht haben soll, den britischen Tanker zu „kapern". Über Sprache wird

---

109 Vgl. Müller (2018), S. 160ff.

110 *http:/app.handelsblatt.com/politik/international/verschaerfter-ton-iran-droht-saudi-arabien-/19768482.html*.

111 Vgl. Müller (2018), S. 164.

112 *https://www.dw.com/de/neuer-tanker-zwischenfall-am-persischen-golf/a-49544359-0; https://www.faz.net/ aktuell/politik/ausland/strasse-von-hormus-iran-wollte-britischen-tanker-kapern-16279043.html*.

113 *https://www.faz.net/aktuell/politik/ausland/streit-um-schiffe-iran-droht-mit-kaperung-britischer-tanker-16270233.html*.

der Öffentlichkeit stets subtil erklärt, wer hier gut und wer böse ist. Der Westen zündelt bewusst im Nahen und Mittleren Osten und nimmt eine mögliche militärische Eskalation billigend in Kauf. Zum Hintergrund ist zu sagen: Die Meerenge von Hormus ist ein geopolitisch heikler Punkt, ebenso wie das *Tor der Tränen*, eine Meerenge zwischen Dschibuti und Jemen. Diese beiden Nadelöhre könnten einen Flächenbrand auslösen. Der größte Teil der Öltankeranlagen liegt am Persischen Golf und die dort anlegenden Tanker müssen die Straße von Hormus durchfahren, um die Ozeane und damit die ganze Welt zu erreichen. An ihrer engsten Stelle ist die Straße gerade einmal 55 Kilometer breit. Für eine starke iranische Streitmacht wäre es mitunter möglich, diese Meerenge militärisch zu blockieren. Die Saudis haben deshalb bereits in den 1980er-Jahren eine Ost-West-Pipeline vom Persischen Golf zum Roten Meer gebaut, jedoch können hier maximal fünf Millionen Barrel pro Tag durchfließen, während die Straße von Hormus 17 Millionen Barrel täglich passieren (Stand 2011).[114] Doch auch die fünf Millionen Fass der Pipeline müssen im Roten Meer in Tanker verfrachtet werden und anschließend eine andere Meerenge, das Tor der Tränen, passieren. Dieses wiederum liegt am Jemen, wo derzeit ein blutiger Bürgerkrieg tobt, in dem sowohl die Saudis als auch der Iran mitmischen. Müller schreibt:

> *„Würde es dem Iran gelingen, die militärische Hoheit über diesen Zipfel des Jemen zu erlangen, könnte er den Korken nicht nur in die Straße von Hormus, sondern auch gleich noch in das Tor der Tränen stecken. Der größte Ölexporteur der Welt wäre mit einem Schlag von der Welt getrennt. Wir können uns nur ansatzweise vorstellen, welche Bereiche der Ölpreis daraufhin anpeilen würde."*[115]

Fassen wir zusammen: Die westliche Wertegemeinschaft vertritt die Werte der Aufklärung – Demokratie, Humanismus und Menschenrechte – immer dann, wenn es den eigenen Machtambitionen passt. Das heißt, in

---

114 *https://www.eia.gov* 201.
115 Müller (2018), S. 167.

einem undemokratischen Land, deren Politik unseren Wirtschaftsinteressen widerspricht, werden diese Werte eingefordert und Sanktionen bis hin zum Regime Change verhängt. Wenn z. B. Russland in der Krimkrise das Völkerrecht missachtet, werden massive Sanktionen und eine Aufrüstung der NATO als Antwort erfolgen. Für die USA hingegen gelten andere Regeln. Amerikane Truppen dürfen völkerrechtswidrig in den Irak einmarschieren und bekommen dafür auch noch die deutschen *Überflugrechte zugestanden. Der Iran, der sein Erdöl nicht ausschließlich in US-Dollar, sondern auch in chinesischer Währung handelt und damit den westlichen Finanzmärkten schadet, wird von der „westlichen Wertegemeinschaft" für die Diskriminierung von Christen*, Unterdrückung von Frauen und Andersdenkenden und Ermordung von Homosexuellen angeprangert und sanktioniert. Saudi-Arabien hingegen darf politische Gegner ermorden und Frauen unterdrücken, denn die handeln ihr Öl in US-Dollar und liefern immer zeitnah und günstig. Dafür gibt's sogar noch gute *Rüstungsdeals obendrauf*. Das ist die vielgerühmte Kontinuität deutscher Außenpolitik.

### 2.5.2 Die Welt ist nicht genug: Amerikas Griff nach der Weltherrschaft

*„Denn die USA sind nicht in der Lage, ganz Eurasien zu besetzen. In dem Moment, in dem wir einen Stiefel auf europäischen Boden setzen, sind wir aufgrund der demografischen Unterschiede zahlenmäßig unterlegen."*

— GEORG FRIEDMAN, *Direktor des Think Tanks Stratfor, bedauert die unzureichenden militärischen Kapazitäten der USA für die Weltherrschaft*[116]

Auch auf unserem Kontinent wird geopolitische Machtpolitik seitens der USA betrieben. Insbesondere die Situation mit Russland ist hochbrisant, und die Rolle, die der Westen darin einnimmt, zeigt einmal mehr die Verwerflichkeit des Westens, der humanitäre Werte zu vertreten vorgibt und

---

116 *https://www.nachdenkseiten.de/wp-print.php?p=25444.*

in Wahrheit knallharte Machtinteressen vertritt. Putin ist natürlich ein Autokrat. Auf dem Demokratieindex nimmt Russland 2019 nur Platz 135 ein und ist als autoritäres Regime gekennzeichnet.[117] Für die Mittäterschaft des Kremls an zahlreichen Ermordungen, die der russischen Führung angelastet werden, gibt es zwar Indizien, jedoch wurde bislang kein einziger Beweis erbracht. Gleichzeitig *führe* man sich vor Augen: Die USA brandmarken Russlands Einmischung in den Syrien-Krieg, was rabenschwarzer Humor ist angesichts der zahlreichen völkerrechtswidrigen Kriege und Putsche, die die USA zu verantworten haben.[118] Sie kritisieren, dass die Gleichberechtigung in Russland zu wünschen übrig lässt, und gleichzeitig machen sie Rüstungsdeals über etwa 100 Milliarden US-Dollar mit Saudi-Arabien, wo Ehebrecherinnen und Homosexuelle hingerichtet werden. Ethische Werte sind im Westen selten ernst gemeint, sondern beliebig einsetzbare Alibi-Argumente für die eigene Machtpolitik. Beweis dafür ist auch, dass das angebliche Vorhandensein von Massenvernichtungswaffen Grund für den Einmarsch in den Irak 2003 war, der bewiesene Einsatz von Giftgas gegen die kurdische Bevölkerung 1988 jedoch den Westen nicht störte. Der Westen lieferte sogar die Chemikalien für die Giftgasherstellung, denn damals war der Irak und Saddam Hussein Verbündeter der USA in Saddams Krieg gegen den Iran, wie der Spiegel berichtete:

> *„Auch in der Bundesrepublik gab es viele, die kein Interesse hatten, dass das irakische Giftgas die Öffentlichkeit aufwühlte. Diskrete Firmen wie die Karl Kolb KG und ihre Schwester Pilot Plant aus dem hessischen Dreieich etwa. Oder das Hamburger Unternehmen W.E.T. (Water Engineering Trading). [...] Firmen mit solch harmlosen Namen hatten den Irak seit Anfang der achtziger Jahre Anlagen und Zubehör geliefert, mit denen chemische Kampfstoffe produziert werden konnten. Zwischen 1982 und 1988 lieferten deutsche Firmen einer Studie zufolge Waffen im Wert von 625 Millionen Dollar. Die Unterstützung Husseins war politisch gewollt,*

---

117 *https://www.eiu.com/topic/democracy-index.*
118 *https://taz.de/Voelkerrecht-zu-Militaerschlag-gegen-Syrien/!5498624/; https://de.wikipedia.org/wiki/Liste_der_Milit%C3%A4roperationen_der_Vereinigten_Staaten.*

> *das Außenwirtschaftsgesetz lax formuliert und „im Zweifelsfall zu Gunsten des Freiheitsprinzips" auszulegen. Zudem galt die Dual-use-Regel: Wenn Geräte sowohl zivil als auch militärisch genutzt werden konnten, wurden sie genehmigt."* [119]

Dass nach dem Einmarsch 2003 keine Massenvernichtungswaffen im Irak gefunden wurden, der offizielle Kriegsgrund also auf einer Lüge basierte, ist wenig spektakulär, wenn einem bewusst ist, dass offizielle Kriegsgründe fast immer vorgeschoben sind. Auch der aktuelle Konflikt in der Ukraine entspringt geostrategischen Planungen, die Zbigniew Brzezinski bereits 1997 ausführlich darlegte, und zwar in seinem Buch mit dem unmissverständlichen Titel DIE EINZIGE WELTMACHT: AMERIKAS STRATEGIE DER VORHERRSCHAFT. Bezüglich der Ukraine schreibt er:

> *„Die Ukraine, ein neuer und wichtiger Raum auf dem eurasischen Schachbrett, ist ein geopolitischer Dreh- und Angelpunkt, weil ihre bloße Existenz als unabhängiger Staat zur Umwandlung Russlands beiträgt. Ohne die Ukraine ist Russland kein eurasisches Reich mehr."* [120]

Ein beliebter Ausdruck der Kommentatoren für alle, die ein Minimum an Objektivität in der Beurteilung der westlich-russischen Konfliktzone einfordern, lautet „Putin-Versteher". Die Kenntnis der charakterlichen Veranlagung und der Versuch, die Motive des Präsidenten eines Reichs wie Russland zu verstehen, sollte doch eigentlich wesentlicher Bestandteil einer außenpolitischen Analyse sein, würde man meinen.

Zu beachten ist, dass Russland der Wiedervereinigung Deutschlands zugestimmt hatte unter der Prämisse, dass es keine NATO-Osterweiterung geben soll. Dem Generalsekretär der KPdSU Michail Gorbatschow wurde diese Zusage mündlich gemacht, ein Vertrag wurde aber nicht abgeschlossen.[121] Der Vertragsbruch war nämlich von Anfang an heim-

---

119 *https://www.spiegel.de/einestages/giftgasangriff-auf-halabdscha-1988-a-951065.html.*
120 Vgl. Brzezinski (1997).
121 Scholl-Latour (2017), S. 22.

lich geplant, wie man in Brzezinskis Buch nachlesen kann. Heute steht die NATO mit der größten militärischen Präsenz seit Ende des Kalten Krieges an der russischen Grenze.[122] Die US-amerikanische Politik zielt darauf ab, Putin zu entmachten und in Russland eine US-freundliche Regierung zu installieren, um den riesigen russischen Markt erobern zu können. Bei aller berechtigten Kritik an den Menschenrechtsverletzungen und antidemokratischen Strukturen in Russland sollten medial erhobenen Vorwürfe gegen Russland skeptisch hinterfragt werden, sowohl was den Wahrheitsgehalt der Vorwürfe angeht als auch vor allem, inwieweit wirklich ethische Motive hinter den Wirtschaftssanktionen der EU stecken und inwieweit ausschließlich geopolitische Machtspielchen dahinter stecken. Angesichts der eben beschriebenen Doppelmoral des Westens befürchte ich, es ist ausschließlich Letzteres. Die ständige Angst vor einem angeblich bevorstehenden Einmarsch der Russen ist nichts als Panikmache. Der promovierte Autor Volker Elis Pilgrim, der sich mit tiefenpsychologischen Betrachtungen gesellschaftlicher Phänomene und Männerliteratur einen Namen gemacht hat, erklärt das so:

> *„Ein wesentlicher Unterschied kennzeichnet die Mentalität von Russen und Amerikanern. Die Russen haben keinen Respekt vor sich selbst voreinander, nicht vor dem, der unter ihrer Gewalt steht, aber sie haben Respekt vor dem Fremden, der sie nicht bedroht. Es gibt eine russische Tradition der Achtung vor dem Westlichen – dem Französischen, Deutschen, Englischen. Die Amerikaner haben keinen Respekt vor anderen, es sieht so aus vor niemandem – außer vor sich selbst. [...] Nach ihnen kommt lange nichts und dann erst der Rest der Welt. Die Respektlosigkeit vor allen anderen führte in Amerika zu einer unheimlichen Alltagspraxis des Blut-Fließen-Lassens. [...] Ein riesiges Minderwertigkeitsgefühl zwingt ihn, um sich zu schlagen. Er muss es wettmachen mit einem gigantischen Narzissmus, dem Aufplustern zum Größten."*[123]

---
122 *https://www.zeit.de/news/2018-09/27/nato-bereitet-groesstes-manoever-seit-dem-kalten-krieg-vor-180927-99-135917.*
123 Pilgrim (1988), S. 343f.

Pilgrim erläutert, auch die russische Geschichte ist eine Geschichte brutaler Gewalt – jedoch nach innen gerichtet. Iwan der Schreckliche ließ in Moskau die eigene Bevölkerung abschlachten. Stalin errichtete ein beispielloses Terrorregime, dem 20-40 Millionen Russen zum Opfer gefallen sind. Heute werden in Russland Minderheiten unterdrückt, lässt die liberale Demokratie weiter auf sich warten. Doch die russische Psychostruktur ist so gestrickt, dass russische Staatsgewalt sich tendenziell immer nach innen richtet, während die Psychostruktur der US-Politik auf Expansion, auf gewaltsame Machtübernahme im Außen abzielt. Um sich die Dimensionen der US-Invasionen zu Gemüte zu führen, ist ein Blick auf den Wikipedia-Eintrag LISTE DER MILITÄROPERATIONEN DER VEREINIGTEN STAATEN zu empfehlen.[124]

Ein eigenes Bücherregal füllen allein die Einmischungen in die Länder Lateinamerikas. Eva Golinger listet unzählige Beweise für die Putschversuche gegen Hugo Chávez in ihrem Buch KREUZZUG GEGEN VENEZUELA (2006) auf. 1970 versuchten die USA, die Wahl Salvador Allendes zum chilenischen Präsidenten zu verhindern, indem sie die Opposition mit Geld unterstützten. Als Allende dennoch gewählt wurde, hat man Sabotageakte in Gang gesetzt und gezielt innere Unruhen herbeizuführen versucht.[125] Erst als dies alles nichts nutzte, hat drei Jahre nach Allendes Wahl die CIA einen Militärputsch initiert und den tyrannischen Diktator Pinochet eingesetzt. In Nicaragua wollte Reagan die Sandinisten an der Regierung loswerden. Dazu wurden die „Contras" in den USA mit den Methoden psychologischer Kriegsführung ausgebildet, d.h. sie haben die Menschen entführt, gefoltert und ermordet.[126]

Vielleicht fragen Sie sich gerade, warum all diese Ungeheuerlichkeiten in den Medien nie berichtet werden. Diese Frage kann ich auch nicht beantworten. Dass die Medien einen nicht geringen Einfluss auf die öffentliche Meinungsbildung haben, dürfte unbestritten sein. Inwieweit in Medien oft ein Zerrbild dargestellt wird und dass für diese Behauptung keine obskure

---

124 *https://de.wikipedia.org/wiki/Liste_der_Milit%C3%A4roperationen_der_Vereinigten_Staaten.*
125 Golinger (2006), S. 30.
126 *https://de.wikipedia.org/wiki/Contra_(Organisation)#Vorgeworfene_Menschenrechtsverletzungen.*

Verschwörungstheorie, sondern lediglich der Blick auf sogenannte Think Tanks notwendig ist, wird im folgenden Kapitel erläutert.

## 2.6 Das Schweigen der Lämmer

### 2.6.1 Meinungsmanipulation durch Denkfabriken

*„Was für ein Glück für die Regierenden, dass die Menschen nicht denken!"*

— ADOLF HITLER[127]

Wenig bekannt in der Öffentlichkeit ist nämlich auch, dass es starke und einflussreiche Netzwerke gibt, die die öffentliche Meinung gezielt zu ihren Gunsten zu beeinflussen versuchen. Hierzu zählt die Mont Pèlerin Society. Friedrich Hayek und Milton Friedman gehörten viele Jahre zu einer kleinen Minderheit und nannten sich *neoliberal*. Dieser Neoliberalismus änderte die Welt in einem enormen Ausmaß. Am 1. April 1947 kamen knapp ein Jahr nach dem Tod des Ökonomen John Maynard Keynes 40 Philosophen, Ökonomen und Historiker im Schweizer Dorf Mont Pèlerin zusammen. Hayek hatte dieses Treffen einberufen, auch Friedman war anwesend. 1947 konnte noch niemand ahnen, dass es der MONT PÈLERIN SOCIETY (MPS) gelingen würde, den Neoliberalismus zur zentralen Wirtschaftsdoktrin des frühen 21. Jahrhunderts zu machen. 1970 übernahm Friedman die Gruppe, die sich seit 1947 einmal jährlich trifft. Eine weitere Radikalisierung fand statt. Einfach für jedes menschliche Problem sei der Sozialstaat die Ursache, und die Lösung liege stets im freien Markt. Bregman beschreibt das Ethos der MPS:

*„Arbeitslosigkeit? Schafft den Mindestlohn ab. Naturkatastrophen? Überlasst Privatunternehmen die Organisation der Hilfs-*

---

[127] Am 18./19. Januar 1942 in der Wolfsschanze. Zitiert nach: Monologe im Führer-Hauptquartier 1941–1944.

*einsätze. Schlechte Schulen? Privatisiert die Bildung. Kostenexplosion im Gesundheitswesen? Privatisiert die medizinische Versorgung und beseitigt nebenbei auch gleich die öffentliche Aufsicht. Drogenmissbrauch? Legalisiert die Drogen und lasst den Markt Wunder wirken."*[128]

Ziel der MONT PÈLERIN SOCIETY ist die Verwirklichung des Wirtschaftsliberalismus als absolutes Prinzip sozialer Organisation. Oder wie es der „Professor" aus der Anstalt sagt: *„Privatisierungen, Steuersenkungen und Sozialstaatsabbau."*[129] Die MONT PÈLERIN SOCIETY analysierte den hegemonialen Common Sense der frühen Nachkriegszeit, um seine Argumente zu desartikulieren. Insbesondere die volkswirtschaftliche Lehre des Keynesianismus war dabei scharfer Gegner. Ziel war es von Beginn an, die öffentliche Meinung dahingehend zu beeinflussen, dass die Bevölkerung nicht mehr an das Sozialstaatsprinzip und Solidarität glaubt, und stattdessen unter Verwendung des emotional aufgeladenen Freiheitsbegriffs eine öffentliche Meinung zu etablieren, in der die Prinzipien Eigenverantwortung, Individualismus und Nichteinmischung des Staates in die Wirtschaft vorherrschend sind. In den Jahrzehnten, bis die MPS erfolgreich war, wurde eine intellektuelle Infrastruktur aufgebaut. Vorlesungen, Meinungsartikel, Radiointerviews, TV-Auftritte, Bücher und ein Dokumentarfilm waren die Mittel, die Friedman zur Verbreitung seiner Ideen verwendet hatte. Von 1947 bis heute hat die Society dabei mehr als 500 Denkfabriken in aller Welt gegründet, Lehrstühle gesponsert und ganze Fakultäten übernommen.[130] In Deutschland kam mit dem Lambsdorff-Papier, das von Otto Schlecht geschrieben wurde, die Idee in die politische Debatte. Vollständig umgesetzt wurde die Doktrin aber erst durch den sozialdemokratischen Bundeskanzler Gerhard Schröder mit der Agenda 2010. Eine interessante Rolle übernimmt bei der Untersuchung der Methoden neoliberaler Denkfabriken dabei das Overtone-Fenster des politisch Möglichen. Dieses Fenster bezeichnet die Bandbreite der Vorstellungen und Optionen, die als

---

128 Bregman (2017), S. 243.
129 DIE ANSTALT vom 7. November 2017, *https://youtu.be/vzUNwWpk6CE*.
130 Srnicek (2016), S. 219f.

„realistisch" gelten, weil sie von Politikern, Experten und Medienvertretern als Möglichkeit diskutiert werden.[131] Die MPS hat einen kapitalistischen Realismus erschaffen, in dem alle Meinungen jenseits des Neoliberalismus als „unseriös" abgestempelt und von der Debatte exkludiert werden. Der vorgeworfene angebliche Mangel an Realismus hat oft wenig mit tatsächlichen Argumentationsmängeln zu tun. Wenn jemand eine Idee als unrealistisch bezeichnet, will er einfach sagen, dass sie nicht mit dem Status Quo vereinbar ist. Und das beste Mittel, um jemanden zum Schweigen zu bringen, ist es, ihm das Gefühl zu vermitteln, er sage etwas Dummes.

> *„Der Aufstieg des Neoliberalismus ähnelte einem Staffelrennen, in dem die Denkfabriken den Journalisten den Stab in die Hand drückten, die ihn an die Politiker weiterreichten."*[132]

Mit dem britischen Premier Tony Blair und dem deutschen Bundeskanzler Gerhard Schröder haben schließlich auch die europäischen Sozialdemokraten die neoliberale Weltanschauung übernommen. In weniger als 50 Jahren hat der Neoliberalismus, eine vormals als radikal und gefährlich eingestufte Wirtschaftslehre, die Welt erobert.

Ein elitäres Netzwerk, welches in Deutschland der neoliberalen Indoktrinierung dient, ist die INITIATIVE NEUE SOZIALE MARKTWIRTSCHAFT, kurz INSM. Der Name ist psycholinguistisch geschickt gewählt. Das Wort Initiative hören wir meist im Zusammenhang mit Bürgerinitiativen. Wir denken also beim Namen sofort – bewusst oder unbewusst – an eine Bürgerbewegung von unten, an eine von einfachen Leuten aus dem Volk ins Leben gerufene Bewegung. Das Adjektiv neu klingt generell gut und erzeugt Aufbruchstimmung. Und der Name soziale Marktwirtschaft erinnert an wirtschaftlich erfolgreiche Zeiten, in denen zugleich die Menschen unseres Landes zugleich sozial abgesichert waren. Die Namensgeber der INSM haben also in der Tat gute Arbeit geleistet. Dennoch ist die INSM keine Bürgerbewegung von unten, sondern vielmehr ein Projekt der reichsten

---

131 Das Konzept geht zurück auf Joseph Overtone. Vgl. Nathan J. Russell, „An introduction tot he overtone window of Political Possibilities", 2006, Mackinac Center for Public Policy, online auf *mackinac.org*.
132 Bregman (2017), S. 244.

Eliten im Land. Und um eine Erneuerung der Sozialen Marktwirtschaft geht es der INSM ebenso wenig wie es der bayerischen Volkspartei mit dem „C" im Namen um christliche Nächstenliebe und Barmherzigkeit geht. Gegründet wurde die Lobbygruppe von der Initiative Neue Soziale Marktwirtschaft GmbH (bis 2007 BEROLINO.PR GMBH), einem im Dezember 1999 von den Arbeitgeberverbänden der Metall- und Elektroindustrie gegründeten Unternehmen. Die GmbH hat 8 feste und etwa 40 freie Mitarbeiter.[133] In der Eigenbeschreibung behauptet die INSM:

> *„Wir wollen die Soziale Marktwirtschaft an die aktuellen Herausforderungen der Globalisierung, des demografischen Wandels und die Wissensgesellschaft anpassen. Die Soziale Marktwirtschaft hat sich über Jahrzehnte bewährt – doch auch erfolgreiche Konzepte müssen fortlaufend auf ihre Zukunftsfestigkeit überprüft und modernisiert werden. Daraus ergibt sich für uns dringender Reformbedarf in folgenden Politikfeldern: Arbeitsmarktpolitik, Wirtschaftspolitik, Umwelt- und Energiepolitik, Sozialpolitik und Bildungspolitik."*[134]

Der Politikwissenschaftler Claus Leggewie betont, Ziel der INSM sei nicht soziale Marktwirtschaft, sondern vielmehr *kapitalistische freie Marktwirtschaft*.[135] Horst Friedrich Wünsche, Geschäftsführer der Ludwig-Erhard-Stiftung, wirft der Initiative Neue Soziale Marktwirtschaft vor, zu Unrecht mit einem Porträt Ludwig Erhards für sich zu werben. Die Initiative vereinnahme ihn ebenso für ihre Ziele wie andere Interessengruppen, die Erhard unter umgekehrten Vorzeichen für sich in Anspruch nähmen.[136] Um die Medien auf Linie zu halten, übt die INSM zur Bekämpfung kritischer Journalisten Druck auf Redaktionen aus. Nach Berichten in Fernsehsendungen wie Monitor hat sich die INSM auch direkt an einzelne Mitglieder des Rundfunkrats und ZDF-Fernsehrats gewandt und über „einseitige"

---

133 http://www.insm.de/insm/ueber-die-insm/FAQ.html.
134 http://www.insm.de/insm/ueber-die-insm/FAQ.html.
135 https://www.freitag.de/autoren/sebastianus/was-ist-soziale-marktwirtschaft.
136 Wünsche (2007), S. 82.

Berichterstattung geklagt, wie die Wochenzeitung FREITAG berichtete.[137] In der Öffentlichkeit treten INSM-Vertreter gern inkognito auf. So ist Prof. Michael Hüther in TV-Auftritten mehrfach lediglich als Wirtschaftswissenschaftler ausgewiesen worden, was auch zutrifft. Während aber bei anderen Talk-Gästen stets auch die Partei oder Organisation eingeblendet wird, der diese angehören, wird Hüthers Kurator-Tätigkeit für die INSM meist nicht genannt, um den Anschein eines unabhängigen und neutralen Experten zu wahren.

Auch die Dramatik der globalen Überhitzung wird durch die INSM heruntergespielt. Es wird nicht geleugnet, dass *„der Klimawandel ist die derzeit größte Herausforderung der Menschheit"* ist, doch Anstrengungen auf nationaler Ebene seien nicht wirksam genug, zu teuer, schaden dem Wirtschaftsstandort Deutschland und gefährdeten Arbeitsplätze. Kurz, man solle lieber dem Schicksal seinen Lauf lassen.

Auch in der Corona-Krise zu Beginn des Jahres 2020 spielen die Medien eine fragwürdige Rolle. Im Mai 2020 gibt es in Deutschland zahlreiche Grundrechte-Demonstrationen, die meist als von rechts instrumentalisiert bezeichnet werden. Dass es viele derartige Demos gab, die ausdrücklich betonten, dass AfD-Anhänger nicht erwünscht seien, wird verschwiegen. Erstaunlich ist auch der 180-Grad-Wandel aller Medien im Laufe weniger Monate. Noch im Januar 2020 wurden in einer Satire-Sendung diejenigen als Verschwörungstheoretiker bezeichnet, die vor dem Virus warnten und meinten, die Gefahr würde von offizieller Seite heruntergespielt – zu einer Zeit, als auch Virologen wie Prof. Drosten die Krankheit mit einer Grippe verglichen[138]. Von „Coronoia" und Panikmache als „Erregungsinstrument" wurde gesprochen, wohlgemerkt im seriösen Bayerischen Rundfunk[139]. Es gab im Dezember ein YouTube-Video des Kanals ODYSSEUS, welches mittlerweile leider wieder gelöscht wurde, in dem der Blogger vor dem Virus warnte und meinte, die Gefahr werde heruntergespielt. Das Virus sei „viel, viel schlimmer, als man euch glauben machen möchte". Nach aktueller Ein-

---

137 https://www.freitag.de/autoren/der-freitag/die-medien-einschuchtern.
138 https://www.facebook.com/watch/?v=647830659114867.
139 https://www.br.de/mediathek/video/corona-panik-wie-ein-virus-alle-vernunft-zerstoert-av:5e334c6403c067001
   ad12096?fbclid=IwAR1Xvz8tPpcAo4kBqlMd4-PmOAn_aCvqQQlwoB5woh52IqsQBs1JfHFatrk.

schätzung (Mai 2020) hatte er mit dieser Einschätzung völlig Recht. Ein Ausschnitt ist im verlinkten Video zu sehen und der Blogger wird vom Moderator als Coronoiker lächerlich gemacht. Etwa ab April 2020 haben die deutschen Medien einheitlich die Ausrichtung geändert – nun gelten diejenigen als Verschwörungstheoretiker, die die Grundrechtseinschränkungen für überzogen halten und eine politische Agenda dahinter sehen. Ich verzichte an der Stelle darauf, Stellung über die Maßnahmen zur Eindämmung selbst zu beziehen. Für mich scheint klar, dass das Virus ernst zu nehmen ist und der Schutz von Leben an erster Stelle stehen muss. Es soll dem Leser aber deutlich gemacht werden, wie kurzfristig öffentlich-rechtliche Medien ihre Berichterstattung und ihr Gut-Böse-Schema ins Gegenteil verkehren, ohne, dass der breiten Masse dies auffällt.

Das Erstaunliche ist nicht, dass die Medien ihre Meinung über die Gefährlichkeit des Virus binnen kürzester Zeit komplett verändert haben. Das wirklich Ungeheuerliche ist, dass noch im Januar 2020 diejenigen, die im Virus einer ernste Gefahr sahen, als *Verschwörungstheoretiker* und Rechte verunglimpft wurden und diejenigen, die vor übertriebener Panik warnten, als vernünftig galten, und nur wenige Monate später die Zuschreibung dessen, wer als Verschwörungstheoretiker gilt, sich ins genaue Gegenteil verschob! Das zeigt: Die Medien geben die Meinung vor, an die man glauben muss, will man vernünftig sein. Jeder Andersdenkende wird als Verschwörungstheoriker bezeichnet. So geben die Medien den Meinungskorridor des Sagbaren bzw. den Korridor der Meinungen, die als vernünftig *gelten*, vor.[140]

---

140 *https://www.insm.de/insm/kampagne/klimaschutz/12-fakten-zur-klimapolitik.*

## 2.6.2 Neoliberaler Neusprech – Wie Sprache Wirklichkeit erschafft

*„Die Grenzen meiner Sprache sind die Grenzen meiner Welt."*

— LUDWIG WITTGENSTEIN

Populistische Sprachmanipulation gehört zu den meinungsbildenden Maßnahmen der ThinkTanks. Schon immer wurde versucht, mithilfe der Sprache Wirklichkeiten zu erschaffen. Dieses Kapitel legt dar, dass der Neoliberalismus gezielt populistische Verzerrungen verwendet, um marktradikale Positionen als „bürgerliche Mitte" zu verkaufen. Zur Thematisierung der populistischen Stilmittel ist es zunächst erforderlich, sich einige Grundlagen anzuschauen. Es werden drei Ebenen der sprachlichen Kommunikation unterschieden:

Ein Merkmal populistischer Ansprache sind Vereinfachungen, mit denen komplexe Zusammenhänge auf einfache Begrifflichkeiten reduziert werden. Beispiele für solche Vereinfachungen sind Volk, Ausländer, Elite, Lügenpresse, Nazis, Ausbeutung, Gutmenschen oder Unterdrückung.

Wenn die Vereinfachung einen stark generalisierenden Aspekt hat und sie komplexe Prozesse substantiviert, wird sie zum Gemeinplatz, also einem im Detail weitestgehend unspezifizierten Begriff, dessen semantische Spezifikation fast ganz den Rezipienten überlassen bleibt, nur die generelle Intention wird durch den pragmatischen Kontext vorgegeben. Gute Beispiele hierfür sind Freiheit, Ehre, Sicherheit, Wachstum, aber auch Überfremdung/Umvolkung, Abgehängtsein, „Wir sind das Volk" etc.

Besonders problematisch sind – ebenfalls populistisch übliche – Verzerrungen (der Wirklichkeit). Hierzu gehören vor allem unzulässige Schuldzuweisungen (*„Araber jagen mir Angst ein"*, *„Die Linken sind selbst schuld, dass wir sie jagen müssen"*) und Verantwortlichkeitsverweigerungen (*„Der Klimawandel hat nichts mit unserem Lebensstil zu tun"*, *„Die Asylantenschwemme ist nur auf deren Gier zurückzuführen"*). Auch einzelne Begriffe können Verzerrungen sein, wenn sie z. B. althergebrachte Begriffe (deren Konnotation schon tief im Unbewussten der meisten Menschen verankert ist) neu so kombinieren, dass sich die Konnotation des alten Begriffs/

der alten Begriffe auf den neuen Begriff pragmatisch, aber verfälschend überträgt. Ein besonders deutliches Beispiel hierfür ist der in diesem Buch häufig genannte Begriff neoliberal/Neoliberalismus: Das herkömmliche liberal/Liberalismus bezieht sich auf „Freiheit für alle Menschen" (ist also für die meisten Menschen sehr positiv belegt), in der Wortneuschöpfung aber auf die Freiheit des Handels und der Wirtschaft und folglich auf die kleine Elite der Geschäftsleute. Die griechische Vorsilbe *neo* konnotiert den Gesamtbegriff dabei zusätzlich vorwiegend positiv.

Auch Tilgungen können in diesen Bereich populistisch manipulativer Sprache fallen. Dabei wird ein (eigentlicher) Aussagebestandteil pragmatisch/kontextuell impliziert (zumeist an emotional gefärbte Assoziationen der Rezipienten appellierend), dessen kritische Betrachtung aber durch die Weglassung verhindert. Beispiel: *„Unsere Frauen müssen sich vor Ausländern fürchten"* (getilgt: *„… Vergewaltigungen durch …"*).

Ein ebenfalls in allen Populismen übliches Konstrukt sind Verschwörungstheorien, die – unabhängig vom jeweiligen Wahrheitsgehalt – Ängste und ggf. Wut schüren, die dann wiederum zur Manipulation der Rezipienten instrumentalisiert werden, denn schwer definierbare Ängste, Nöte und Wut sind wegen ihrer besonders starken emotionalen Kraft aus der Verunsicherung heraus ein starker Manipulationshebel, und die angenommenen Verursacher dieser Ängste und Nöte geben ein treffliches Feindbild ab.

Metaphorik spielt gerade in diesem Bereich eine hervorragende Rolle. Im Allgemeinen werden Metaphern so ausgewählt, dass die emotionalassoziativen Beziehungen zu Eigengruppenmitgliedern und zu Feindbildern sich strukturell in der Metapher wieder-finden. Eine eventuelle bewusste Kritik an Aussagen über die lediglich assoziativ unterstellte Wirklichkeit wird auf diese Weise unterlaufen bzw. verhindert.

Die Analyse der verwendeten Sprache zeigt auf, dass rechtspopulistische und -extreme Anschauungen von unempathischen bzw. psychopathischen (egoistischen, faschistoiden, sadistischen) psychischen Parametern geprägt sind. Linkspopulistische Argumentationsweisen können ebenfalls Macht anstrebende, faschistoide und narzisstische Elemente aufweisen, enthalten aber auch empathische (solidarische, menschenfreundliche, Gerechtigkeit anstrebende) psychische Parameter.

Bei den Neologismen für Berufsbezeichnungen handelt es sich – wie oben beschrieben – um eine Verzerrung. Der Begriff Manager stand ursprünglich für leitende Positionen in der Wirtschaft. Damit konnotativ verbunden ist hohes Einkommen, gesellschaftliches Ansehen und hohe Verantwortung. Durch die Bezeichnung von Hausmeistern als Facility Manager wird die berufliche Tätigkeit des Hausmeisters *scheinbar* aufgewertet und dadurch auch Unzufriedenheit der Betroffenen abgemildert oder getilgt. Wenngleich Bezahlung, Ansehen und Arbeitsbedingungen niedrig qualifizierter Jobs sich nicht gebessert, sondern vielfach verschlechtert haben, wird durch die andere Begrifflichkeit die Wirklichkeit neu definiert. Sozialer Protest und Widerstand gegen die herrschen Zustände ist wesentlich schwerer zu artikulieren und zu organisieren. Denselben Hintergrund hat es auch, wenn Putzfrauen *Reinigungsfachkräfte* und Kellner *Servicefachkräfte* genannt werden.

Die Begriffe *Arbeitgeber* und *Arbeitnehmer* unterliegen dem Effekt der Tilgung. Diese Begriffe verschleiern einen Tatbestand, der offensichtlich ist, aber i. d. R. niemanden auffällt: Der sogenannte Arbeitnehmer ist ja eigentlich der, der seine Arbeitskraft *gibt*, der sogenannte Arbeitgeber derjenige, der die Arbeitskraft seiner Mitarbeiter in Anspruch *nimmt*.

Der Begriff *Human Ressources* tilgt die Konnotation des Begriffs, indem man den englischen Begriff wählt. Menschliche Ressourcen oder gar Menschenmaterial würde die kontrahumanistische Bedeutung offenlegen. Dagegen ist die Abteilung HR (Human Ressources) in fast allen Großkonzernen selbstverständlicher Bestandteil der Personalabteilung, und kaum jemand stört sich an diesem Begriff.

Auch der in Talkshows häufig aufgeführte *Sachzwang* ist ein populistischer Begriff. Hilfreich wäre es, wenn in öffentlichen Debatten jeder Teilnehmende, der sich auf *Sachzwänge* beruft, vom Moderator aufgerufen wird, diese naturwissenschaftlich zu begründen. Die derzeitige Torpedierung notwendiger Klimaschutzmaßnahmen wäre nicht mehr so leicht möglich, denn der zunehmende Treibhauseffekt unterliegt in der Tat naturwissenschaftlichen Sachzwängen. Hingegen wären die meisten als Sachzwänge aufgeführten Argumente schnell als *Meinung* enttarnt.

Eine weitere neoliberale Verzerrung ist die *Verschlankung des Staates*, der immer dann gefordert wird, wenn der Abbau von Sozialleistungen aufgrund angeblich *unaufschiebbarer Sachzwänge* erfolgt.

Verschlankung ist für die meisten Menschen ein positiv konnotierter Begriff, entsprechend reagieren wir auf den Vorschlag instinktiv positiv. Da der Staat eine abstrakte Größe ist, der weder dicker noch dünner werden kann, ist der Begriff nicht nur irreführend, sondern unsinnig. Schlanker wird durch solche Maßnahmen meist nur das Portemonnaie der ohnehin schon armen Bevölkerungsteile.

Parallel zur Verschlankung des Staates wird oft die *Ankurbelung der Wirtschaft* gefordert. Diese Metapher wird meist verzerrend oder tilgend verwendet. Gemeint ist manchmal ein Investitionsprogramm, meistens aber Steuererleichterungen für die Wirtschaft.

Interessant ist auch die Pervertierung des Freiheitsbegriffs. Die Freiheit ist zweifelsohne einer der höchsten menschlichen Werte überhaupt. Ist Ihnen schon einmal aufgefallen, wie oft der emotional beladene Freiheitsbegriff von Neoliberalen in Kontexten gebracht wird, die damit nichts zu tun haben? Konrad Adenauer sagte einmal: *„Wenn wir die Wahl haben zwischen Freiheit und Sozialismus, wissen wir, was wir wählen: Wir wählen die Freiheit."*[141] Die Manipulation besteht darin, dass Sozialismus hier automatisch als Gegenteil der Freiheit, als Unfreiheit konnotiert wird. Gleichzeitig wird die Nachkriegsordnung Westdeutschlands als freies System konnotiert. Beim Bürger kommt der Glaubenssatz an: Wir leben in Freiheit. Eine zynische Bemerkung, wenn man bedenkt, dass unter dem „Freiheitskämpfer" Adenauer Liebespaare kein gemeinsames Hotelzimmer buchen durften, Frauen nicht einmal die Freiheit besaßen, ohne Zustimmung ihres Ehemannes einer Arbeit nachzugehen und in eigentlich jeder Hinsicht die 1950er Jahre in Westdeutschland so ziemlich das genaue Gegenteil dessen waren, was Menschen unter einem freien Leben verstehen.

Freiheit bedeutet in Wahrheit, alles tun zu dürfen, solange nicht die Freiheit eines anderen beschränkt wird. Der neoliberale Freiheitsbegriff interessiert sich nicht für die Freiheit z. B. queerer Menschen oder die

---

141 *https://www.konrad-adenauer.de/politikfelder/politische-parteien/wahlkampf.*

Sicherung sozialer Mindeststandards, ohne die ein Leben in Freiheit nämlich undenkbar ist (mit hungrigem Magen fühlt man sich nicht frei). Heute ist mit Freiheit die Freiheit einiger Weniger gemeint, die Freiheiten anderer massiv einzuschränken. Angenommen, ich würde heute einen Sklaven halten. Ein sogenannter „linksgrün versiffter Gutmensch" würde gegen die Sklaverei ankämpfen und versuchen, meinen Sklaven zu befreien. Nun wäre es in der neoliberalen Ideologie ein leichtes, ihn zu diskreditieren und sogar noch mich als den moralisch überlegenen Menschen darzustellen: *„Du bist ein fanatischer Verbotspartei-Vertreter".* Die Gräueltaten an Tieren werden gerechtfertigt mit der Freiheit, essen zu dürfen, was man will. Die Unfreiheit der 800 Millionen Tiere, die jedes Jahr in Deutschland in Massentierhaltungsbetrieben gezüchtet und geschlachtet werden, wird geflissentlich übersehen. Die freie Marktwirtschaft betont stets das freie Unternehmertum. Dass durch den Niedriglohnsektor die Freiheit von Millionen Arbeitnehmern ganz offensichtlich verunmöglicht wird, ist kein Thema, ebenso dass die Freiheit der Berufswahl durch Hartz-IV-Sanktionen längst obsolet wurde. Gern wird auch die Freiheit ins Feld geführt, sich so unökologisch verhalten zu dürfen wie immer man will – und diejenigen, die etwa ein Tempolimit fordern, gelten damit als Feinde der Freiheit. Dass wir mit unserem Lebensstil aber die Zukunft unserer Enkel zerstören, falls wir so weitermachen und damit es zukünftigen Generationen verunmöglichen, ein Dasein in Freiheit führen zu dürfen, stört in der Debatte nicht. Wahrscheinlich gibt es kaum ein Wort, das in den letzten Jahren so sinnentwertet und -verdreht wurde, wie den Freiheitsbegriff.

## 2.7 Soziologische und psychologische Implikationen des Neoliberalismus

> *„Wenn bei allem, was politisch ist oder wirtschaftlich passiert, immer als Allererstes die Frage gestellt wird: ‚Was hab' ich davon?', dann ist kein Staat in keiner Form mehr zu machen. Wir züchten mit einem Milliardenaufwand Egoisten qua Konsumverhalten. Und betrauern dann den Verlust der Werte, der Solidarität, der Gemeinschaft und des sozialen Kitts. Wir sind Kapitalisten geworden bis in die feine Unterwäsche unseres Bewusstseins. Bis in den Liebesmarkt, wo wir fragen: Kriege ich ein gleichwertiges Äquivalent für das, was ich darstelle oder sogar was Besseres? In diesem pausenlosen Gedanken: Kann ich an jedem Tag in allen Belangen das Optimum für mich erwirtschaften? Wenn alle Menschen so denken, kann es keinen Staat mehr geben. Dann geht alles kaputt."*
>
> — RICHARD DAVID PRECHT[142]

Menschen sehnen sich weniger nach Wettbewerb als nach Heimat, Geborgenheit, Sicherheit und Gemeinschaft. Die herausragendste Eigenschaft der menschlichen Spezies ist Kooperation, nicht Konkurrenz. Ohne des Menschen Talent zur Zusammenarbeit hätte es keinen menschlichen Fortschritt gegeben. Konkurrenz und Wettbewerb sind Belastungsfaktoren. Laut Studien bekommt heute jeder vierte Arbeitnehmer und jeder sechste Student irgendwann psychische Probleme aufgrund der Konkurrenz.[143]

Kapital erzeugt eigene Bedürfnisse, die wir fälschlicherweise als unsere eigenen Bedürfnisse wahrnehmen. Eine aufgeklärte Gesellschaft könnte aus sich selbst heraus ihre eigenen Ziele und Wege aufstellen. Beim Verfolgen politischer Diskurse fällt auf, dass allzu oft von Sachzwängen die Rede ist. Das Zwanghafte ist eine psychologische Kategorie, die hier deutlich zur Geltung kommt. Als Sachzwänge werden stets Aspekte genannt,

---

[142] Neues von Richard David Precht - Jung & Naiv: Folge 421, *https://youtu.be/w9oxvF7tPvo*, Minute 1:08:00ff.
[143] Vgl. Scheub (2017), S. 43f.

die für den Profit zwangsläufig erfüllt werden müssen. So wird von der angeblichen Alternativlosigkeit einer Option A gesprochen, wenn andere im Raum stehende und für viele attraktive Alternativen B, C und D das Wirtschaftswachstum schmälern, die Dividendenausschüttung verringern oder gar den Profit reduzieren würden. Die Frage, ob Wirtschaftswachstum, Profit und hohe Dividendenausschüttung ein Sachzwang sind, oder ob eine andere politische Handlungsoption existiert, die vielleicht auf den Markt ungünstig wirken würde, dem menschlichen Glück aber zuträglicher wäre, wird überhaupt nicht gestellt. Sie kann auch gar nicht gestellt werden, weil sie nicht gedacht werden darf. Es ist der blinde Fleck in unserer Gesellschaftsordnung. Der Erfolg des Marktes und ökonomisches Wachstum ist die heilige Kuh einer Gesellschaft, die sich kollektiv dem Markt unterworfen hat. Ein Krankenhaus in einer ländlichen Region *muss* geschlossen werden, weil es keinen Profit abwirft. Eine Autobahn *muss* ebenso wie sozialer Wohnungsbau, Gesundheit und öffentliches Verkehrswesen privatisiert werden, weil der Markt *zwingend* neue Geschäftsfelder für weiteres Wachstum benötigt. Es ist dies weniger eine Frage parteipolitischer Präferenzen, es ist die zwingende Logik des freien Marktes und daher in einer marktkonformen Demokratie[144] alternativlos.

Merkels Ausspruch von der marktkonformen Demokratie beschreibt diesen Zusammenhang recht treffend. Kein regierender Politiker hat interessanterweise je einen demokratiekonformen Markt gefordert. Eine marktkonforme Demokratie aber kann es per definitionem gar nicht geben, sie ist aus ihrer inneren Logik heraus bereits undemokratisch. In einer Demokratie ist der Souverän das Volk. Wenn nun aber die Demokratie marktkonform sein muss, so heißt das, dass die Demokratie sich den Bedürfnissen des Marktes anpassen muss, oder treffender: unterwerfen. Die marktkonforme Demokratie ist also ein System, in dem sich der Souverän der Demokratie, nämlich das Volk, kollektiv dem Markt unterwirft. Nichts hat diesen Zusammenhang deutlicher gemacht als die letzte Finanzkrise, als die Banken mit Steuergeldern gerettet wurden – ohne demokratische Zustimmung des Souveräns natürlich!

---

144 Vgl. *http://www.ard.de/home/radio/Marktkonforme_Demokratie/4729562/index.html*.

## 2.7.1 Psychologie des Faschismus

*Immer wenn Menschen sagen, wir dürfen nicht sentimental werden, kannst du dir sicher sein, dass sie etwas Grausames vorhaben. Und wenn sie hinzufügen: „Wir müssen realistisch sein", meinen sie damit, dass sie dabei Geld verdienen werden."*

— BRIGID BROPHY

Es gibt einen Zusammenhang zwischen einem kapitalistischen Wirtschaftssystem und autoritären Einstellungen von Individuen. In einem sehenswerten Vortrag spricht Erich Fromm über die Psychoanalyse des Faschismus.[145] Solche psychosozialen und psychohistorischen Bedingungen können sich auch heute entwickeln bzw. sind und waren immer latent vorhanden. Erich Fromm spricht von einer pathologischen Neigung des modernen Menschen, seine Selbstverantwortung abzugeben und dem Bedürfnis, sein Leben durch andere leben zu lassen. Solche Menschen neigen zum autoritären Charakter, das ist ein sadistisch-masochistischer Charakter. Sadismus bedeutet laut Fromm im eigentlichen Sinne den Wunsch, ein Lebewesen zu beherrschen. Masochismus bedeutet, dass derjenige, der stärker ist als man selbst, bewundert wird. „Nach oben buckeln, nach unten treten" ist das Spezialgebiet des autoritären Charakters. Man erkennt ihn z. B. darin, dass er sich über angeblich faule Arbeitslose und Flüchtlinge echauffiert, für deren (ja eigentlich nicht vorhandenen) Wohlstand er „jeden Tag hart schuften muss", kein Wort aber verliert über reiche Steuerhinterzieher oder Bankenrettungspakete, die ja sehr viel mehr Steuergeld verschlingen als die Gewährleistung des Grundrechts auf menschenwürdige Existenzsicherung.

Doch um logische Berechnungen geht es dem autoritären Charakter nicht. Das Treten auf den Schwächeren und die Bewunderung des Stärkeren ist das Wesen des autoritären Charakters. Nur der Unterlegene reizt den Sadisten, denn nur den kann er zu seinem Geschöpf machen. Der Starke, der, der sich wehren kann, reizt den Sadisten nicht, den betet er an, den

---

145 *https://youtu.be/_BsPsjGMYbc.*

## DIE KRISE DES KAPITALISMUS

bewundert er. Damit kommt man zur anderen Seite, zur masochistischen Seite. Lust an der Unterwerfung unter jemanden oder etwas, das stärker ist – das ist die absolute Abhängigkeit und damit verbunden ist auch die Lust daran, die Verantwortung für das eigene Leben und das eigene Handeln abzugeben. Der Masochist, der sich unterwirft, braucht nicht mehr zu entscheiden. Er wird gelebt – durch eine höhere Macht. Da Verantwortung fürs eigene Leben sehr schwer ist, ist der Wunsch nach dieser Unterwerfung ein sehr weit verbreiteter und man kann laut Fromm sagen, dass dieser Wunsch in der Natur des Menschen selbst, in seiner Hilflosigkeit in der Natur selbst verankert ist. Bestimmte soziologische und psychologische Faktoren können die Ohnmacht des Menschen, seine Unfähigkeit zu handeln, seine Unfähigkeit kritisch zu denken, verstärken. Dieser Mensch verspürt einen Genuss daran, die in der Hierarchie unter ihm stehenden zu drücken und die über ihn stehenden nicht nur anzuerkennen, sondern sie anzubeten, sich von ihnen beschützt zu fühlen und sich letztlich mit ihnen zu identifizieren. Wenn wir nun an typische Zustände im beruflichen Miteinander z. B. in großen Automobilkonzernen denken, so ist dies weder Absicht noch Zufall, sondern unvermeidlich. Ein einfaches Beispiel ist der Radfahrer, der Kollegen beim Vorgesetzten anschwärzt und dadurch zugleich seine Bewunderung für den Höherstehenden ausdrückt. Zu den Bedingungen, die faschistoide Tendenzen in der Bevölkerung begünstigen, sagt Erich Fromm: Die gesellschaftliche Klasse, die im Untergang begriffen ist, die Einfluss und Macht verliert, ist am empfänglichsten für die Ideologie eines starken Mannes, der die Geschicke eines Landes leiten soll. Tiefenpsychologisch aber ist natürlich diese Charakterform bereits in der Kindheit angelegt.

Fromm begründet in einem seiner Werke, dass am Vorabend des Ersten Weltkrieges ein gesellschaftlicher Drang zum Krieg herrschte. Dieser Drang wirkt dann als schrecklicher, aber unvermeidbarer Zwang.[146]

Weiter meint Fromm, der moderne Mensch habe das Gefühl, dass sein Leben wenig Sinn habe.[147] Das, was er tut, langweile ihn und es stehe ihm

---

146 Vgl. S. 28ff., JENSEITS DER ILLUSIONEN.
147 Vgl. S. 110, ebd.

kaum frei, das zu tun und zu denken, was ihm angebracht erscheint. So jagt der moderne Mensch einer Illusion des Glücks hinterher, die sich nie erfüllt. Wäre er sich jedoch dieser Gefühle bewusst, so würde ihn das bei seinen gesellschaftlichen Funktionen stark behindern, ja es wäre dies für unsere Wirtschaftsordnung eine Gefahr, denn ein solcher Mensch wird kaum sein halbes Leben in einer Fabrikhalle oder einem Großraumbüro verbringen wollen, ja gar nicht können – zu stark seine Gefühle der tiefen Abneigung gegen das, was er da tun muss. Folglich müssen solche Gefühle verdrängt werden. Der Grund für die Verdrängung ist immer Angst. Die Unbewusstheit der Gefühle ist laut Fromm der Grund, warum Menschen gegen ihre Gefühle handeln. Die Verdrängung ins Unterbewusste ist ein kräfteraubender Prozess. Je größer der Konflikt zwischen den Zielen der Gemeinschaft und den humanen Zielen, das heißt dem, was der Mensch wirklich im Innersten will, dem was ihn erst zum Menschen macht, desto stärkere Verdrängungsenergie muss der Einzelne aufwenden. Destruktivität, Hass und Gewalt gegen Andere kann in diesem Kontext als unbewusste Rache verstanden werden – eine Rache dafür, sein eigenes Leben nicht leben zu dürfen. Nur, dass diese Rache meist nicht gegen diejenigen gewandt wird, die ursächlich für diesen Zustand sind – dieser Hass wird aus Angst wieder verdrängt – sondern sich ein Ablassventil im Schwächeren sucht – der Schwächere wird zur Zielscheibe des Hasses. Das kann wahlweise der Ausländer, der Flüchtling, der linksgrün-versiffte Gutmensch oder aber im progressiv-neoliberalen Milieu auch der alte, weiße Mann oder die Oma als alte Umweltsau sein.

Ein interessanter Gedanke von Fromm ist, dass nur der psychisch Kranke erkennen könne, wie kontrahumanistisch die Zwänge sind, die uns von der Gesellschaft auferlegt werden und allgemein als normal gelten. Der Normale, der, der in unserer Gesellschaft unauffällig funktioniert, ist blind für die Perversion des sogenannten Normalen! Fromm bestätigt hier das, was viele Menschen schon immer ahnten: *„Die normalsten sind die Kränkesten und die Kranken sind die Gesündesten."* Der Weg zur Heilung führt für den Psychoanalytiker Fromm immer über das Unterbewusstsein. Sich seines Unterbewussten bewusst zu werden, heißt, mit seiner vollen Humanität in Berührung zu kommen.

Herbert Renz-Polster erläutert in ERZIEHUNG PRÄGT GESINNUNG[148], dass eine strenge, nicht die kindlichen Gefühle achtende, auf Gehorsam und Regeln aufbauende Erziehung das Entstehen autoritärer Charaktermerkmale verursacht. Die autoritäre Persönlichkeit entsteht laut Renz-Polster in der Kindheit – durch Liebesentzug, strenge, nicht-responsive Erziehung, ganz besonders durch Gewalt. Der Autor stellt in seinem genannten Werk fest, dass Donald Trump überall dort hohe Zustimmungswerte erreichte, wo relativ viele Erwachsene Gewalt als Erziehungsmittel erlebten. In Bundesstaaten hingegen, wo Gewalt gegen Kinder verpönt ist und eher selten Anwendung findet, da findet auch Trump wenig Anhängerschaft. Die Biografien *aller* Diktatoren und Rechtsradikalen zeigt, dass es sich um Menschen handelt, die eine Kindheit ohne Liebe, dafür mit Gewalt und Unterdrückung erlebten. Passend dazu sagt Alice Miller, eine polnisch-schweizerische Autorin und Psychologin, die sich u. a. mit den Kindheitserfahrungen von Tyrannen wie Hitler befasste: *„Ein Mensch denkt sich kaum etwas Ungeheuerliches aus, wenn er es nicht aus Erfahrung kennt."* Hitler hat KZs erschaffen, in denen Menschen so behandelt wurden, wie er selbst behandelt wurde. In ihrem Werk DAS DRAMA DES BEGABTEN KINDES, welches sich mit der Kindheit Hitlers befasst, der von seinem Vater als kleiner Junge furchtbar misshandelt wurde, beschreibt Alice Miller die hier psychologischen Mechanismen sehr anschaulich. Wer sein eigenes Opferdasein nie an die Oberfläche des Bewusstseins holt, wer es ins Unterbewusstsein verdrängt und es scheinbar überwunden glaubt, der ist leicht in Gefahr, als Erwachsener für sein unbewusst gebliebenes Opferdasein Rache zu nehmen. Die psychodynamische Sichtweise geht davon aus, dass hinter destruktiven Verhaltensweisen von Menschen immer Triebkräfte am Werk sind, die aus Kindheitstraumata stammen.

Miller spricht vom Wiederholungszwang, d. h., Kinder, denen Gewalt angetan wurde, werden unter bestimmten Umständen diese Gewalt wiederholen. Alice Miller schreibt:

---

148 Vgl. Renz-Polster (2019).

> *„Wem sein Opferdasein nie zum Erlebnis wurde, ist leicht in Gefahr, an der nächsten Generation für sein unbewusst gebliebenes Opferdasein Rache zu nehmen."*[149]

Vermeiden lässt sich dies, wenn der Erwachsene den erlebten Schmerz als Erwachsener zulässt, auch die Gefühle von Wut und Hass, die sich dabei entladen müssen.

Es gibt so viele Erwachsene, denen als Kind Gewalt angetan wurde, physisch oder psychisch – durch die eigene Familie, Lehrer oder Mitschüler. Diese Leute sind oftmals überzeugt, ihre Peiniger von damals zu lieben, an die Gewalt erinnern sie sich höchstens spärlich, und sie sind überzeugt, dass es „ihnen nicht geschadet hat." Diese Haltung ist gefährlich. Sie ist gefährlich, weil sie doch so völlig offensichtlich eine Lüge sein muss! Wie kann man bar irgendwelcher Gefühle wie Hass und Wut sein gegen Menschen, die einen, als man selbst klein, schutz- und wehrlos war, Böses angetan haben? Diese Gefühle sind wohl auch da – nur eben latent, tief ins Unterbewusstsein eingegraben. Das Bewusstsein ist nur die Schaumkrone der Seele – alles in unserem Unterbewussten wirkt in unsere Realität hinein, und manifestiert sich – vielleicht auf verschlungenen Pfaden, dafür umso zerstörerischer! Der Hass gegen die Peiniger aus der Kindheit, der nicht gefühlt werden darf, entlädt sich dann da, wo es sich anbietet – manchmal gegen die eigenen Kinder, die dann schlimmstenfalls geschlagen oder zumindest manchmal ungerecht behandelt werden – oder gegen andere Geschöpfe, die sich als Projektionsfläche für den eigenen Hass anbieten. Die lebensrettende Funktion der Verdrängung in der Kindheit verwandelt sich später beim Erwachsenen in eine lebenszerstörende Macht.

Kinder lernen durch Nachahmung. Werden sie geschlagen und gedemütigt, lernen sie, zu schlagen und zu demütigen. Werden sie geliebt und beschützt, lernen sie, Schwächere zu lieben und zu beschützen.

Zu diesen Ergebnissen passt auch ins Bild, dass Anhänger der autoritären Rechten eine geringere Offenheit zeigen, darunter verstehen Psychologen die Bereitschaft, sich auf Neues einzulassen. Sie haben ein deutlich

---
149 Miller (1983): Am Anfang war Erziehung. Frankfurt am Main: Suhrkamp.

höheres Bedürfnis nach Vorhersehbarkeit und Struktur und leiden unter höherer Ängstlichkeit. Anhänger rechter Gesinnungen haben ein stärker aktiviertes Stresssystem – Experimente zeigten, dass sie auch auf plötzliche, laute Geräusche und bedrohliche Bilder mit höherem Stress reagierten als Vergleichsprobanden.[150] Psychologische Tests zeigen, dass rechts eingestellte Menschen stärker Ekel empfinden Das ist der Grund, warum Trump, die AfD und alle Rechtsradikalen so gerne Wörter wie „widerlich", „ekelhaft" verwenden. Auch haben autoritäre Charakter mehr Angst vor Krankheiten und Schmutz. Nicht zufällig sind für die AfD alle Demokraten linksgrün *versifft*, also krank. Besonders empathische Menschen reagieren stärker emotional auf moralisierende Zuschreibungen, Menschen mit autoritären Tendenzen reagieren emotional stärker auf Wörter, die Ekel und Krankheit beschreiben. Für alle Demokraten kann hieraus ein wertvoller sprachlicher Tipp abgeleitet werden: Wollen wir Menschen, die autoritäre Einstellungen haben, aber noch für die Demokratie erreichbar sind, zurückgewinnen, dann können wir die *Widerwärtigkeit* von Rassismus und Nationalismus verdeutlichen, indem wir anstelle moralischer Adjektive wie *menschenverachtend, unanständig* oder *boshaft* als Zuschreibung für Nazi-Positionen deren gruppenbezogene Menschenfeindlichkeit lieber als ekelhaft oder degoutant bezeichnen. Generell sprechen rechtsgeneigte Menschen in ihrer Wahrnehmung stärker auf negative als auf positive Reize an. Die meisten Menschen sind verwundert, wenn die AfD unser Land als einziges Katastrophengebiet darstellt, in dem es nichts, aber auch gar nichts Lebenswertes mehr gäbe, so als könnte man sich hierzulande nicht mehr auf die Straße wagen und müsste jeden Tag ums Überleben kämpfen. Menschen mit autoritärem Charakter springen aber auf solche ultranegativen Bilder an – und wie die Wut dann aufschäumt!

Ein typisches Merkmal des autoritären Charakters ist ein ausgeprägter Hang zu Ordentlichkeit und Reinheit. Italiens ehemaliger Innenminister Matteo Salvini will sein Land durchreinigen, *„Haus für Haus, Straße für Straße"*. Der Faschist Bernd Höcke will in Deutschland *„aufräumen und aus-*

---

150 Vgl. Sibley (2008), in: Science 19 (Vol. 321), S. 1667–1670.

*misten"* und am liebsten will die AfD andersdenkende Journalisten *„aussieben"*.[151] Renz-Polster schreibt:

> *„Tatsächlich könnten Ordentlichkeit und Reinheit geradezu als Teststreifen für den autoritären Populismus verstanden werden. Die Juden und die ‚Zigeuner' wurden im Nationalsozialismus zu Sündenböcken gemacht, indem sie als unrein, verlaust und verdreckt dargestellt wurden. Franz Josef Strauß sprach im selben Geist als Minister der Bundesrepublik Deutschland von den ‚Ungewaschenen und Verdreckten', wenn er von den protestierenden Studenten der 1968er Jahre sprach (wie man sieht war eine Partei wie die AfD damals schlichtweg überflüssig)."*[152]

Ein Bekannter erzählte mir, sein Vater habe ihm zum 15. Geburtstag zwei Bücher geschenkt mit der Aufforderung, beide parallel und vergleichend zu lesen: DIE GESCHICHTE DER KPDSU und Hitlers MEIN KAMPF. Das Ergebnis seiner Studien war, dass die Ideologien eigentlich austauschbar sind. Beide – der Stalinismus und der Nationalsozialismus – haben das selbe unheilvolle Gerüst: Verachtung aller Schwächeren; Kontrolle und Unterdrückung eigentlich aller menschlichen Lebensregungen; Deklarierung Andersdenkender zum Feind und Entmenschlichung des Feindes, gleich ob nun *Volksschädling* oder *Klassenfeind*; Heraufbeschwören einer Apokalypse, falls andersdenkende Ideen sich durchsetzen und damit einhergehend die Rechtfertigung von Gewalt. Das ist die Definition von Faschismus.

---

151 *https://www.weser-kurier.de/bremen/bremen-stadt_artikel,-afdjugend-bei-rechter-demo-_arid,1616527.html.*
152 Renz-Polster (2019), S. 62.

## 2.7.2 Überlegenheit und Konkurrenz

*„Wenn die meisten sich schon armseliger Kleider und Möbel schämen, wieviel mehr sollten wir uns da erst armseliger Ideen und Weltanschauungen schämen."*

— ALBERT EINSTEIN

Ein typisches Merkmal der Rechten ist auch: Sie sind unfähig zur Kooperation. Wohl fühlen sie sich in sozialen Gemeinschaften, in denen es ein Oben und Unten mit strengen Hierarchien gibt. Egalitäre Gemeinschaften, in denen alle gleichberechtigt sind, sind ihnen ein Gräuel. Daher auch die kaum vorhandene Kreativität der Rechtsaußen-Leute, denn in einem Umfeld, wo man nicht selbst denken darf, sondern Anordnungen von oben befolgen und an Untergebene seinerseits Befehle weitergeben muss, kann sich der kreative Spieltrieb des Menschen nicht entwickeln. Wohl fühlt sich der autoritäre Charakter immer dann, wenn er im Wettbewerb steht. Wenig überraschend steht im AfD-Parteiprogramm: *„Je mehr Wettbewerb, desto besser für alle"*. Wie in einem Wettkampf, wo jeder Erster werden will, *alle* gewinnen können, diese Erklärung bleibt die AfD ihren Wählern schuldig. Danach fragt aber auch keiner. Hauptsache, die Ellenbogen werden ausgefahren: Die Deutschen müssen sich gegen den Rest der Welt durchsetzen, stärker sein, härter sein. Auch CSU-Ministerpräsident Markus Söder spricht davon, dass wir in Deutschland dringend mehr Wettbewerb und Leistungsdenken bräuchten und im Wettbewerb *gegen* die globalen Mitbewerber besser *aufgestellt* sein müssen.[153] Es gibt kein Mit-, sondern nur ein globales Gegeneinander. *Gut aufgestellt* war früher ein Begriff aus dem Militär, heute Standardphrase in der Wirtschaft, in der die Heere für den *Wirtschaftsweltkrieg* besungen werden. In den USA geht das Streben nach Härte und Dominanz so weit, dass Fußball als Sport für Weicheier betrachtet wird, weil er zu wenig Verletzungen hervorbringe:

---

153 Anne Will vom 18.11.2019.

> „Vor ein paar Tagen, als die amerikanische Fußballnationalmannschaft bei der Weltmeisterschaft in Brasilien noch im Rennen war, platzte der ultrakonservativen Kommentatorin Ann Coulter der Kragen. Die neue Fußballbegeisterung der US-Amerikaner – nur Brasilianer kauften bislang mehr Tickets für die WM-Stadien – deutete sie in einer ihrer wüsten Kolumnen als untrügliches Zeichen des moralischen Verfalls des Landes. Es gebe in diesem ‚Sport' schließlich weder echte Helden noch echte Verlierer, nirgends endeten so viele Partien 0:0, und keinem Spieler drohe persönliche Schande oder wenigstens eine ernsthafte Verwundung. Im Gegenteil, so Coulter: ‚Nach einem Fußballspiel bekommt jeder Spieler eine Schleife und einen Saft.' Das war natürlich schon vor dem Wirbelbruch des brasilianischen Superstars Neymar im Viertelfinale ziemlicher Unsinn – aber in seinem ideologischen Kern doch nicht ganz so abwegig, wie es im ersten Moment zu sein schien."[154]

Übrigens können tatsächlich auch beliebte Sportarten ein Indiz dafür sein, ob die Charakterstruktur eines Menschen eher auf egalitäre Kooperation oder autoritäre Konkurrenz setzt. Rugby, Football und Eishockey sind aggressive, auf harten Körpereinsatz geeichte Sportarten, die oft Verletzungen hervorrufen – und im Mutterland von Konkurrenz und Wettbewerb, den USA, am beliebtesten. Im europäischen Fußball wird der Mannschaftsgeist schon viel stärker betont – elf Freunde müsst ihr sein! – aber man muss verhindern, dass die gegnerische Mannschaft den Ball bekommt, um zu siegen. Im Volleyball gibt es Strafpunkte, wenn man nicht schnell genug den Ball ins gegnerische Spielfeld zurückschlägt. Um zu gewinnen, muss man im Volleyball den Gegner also ins Spiel mit einbeziehen, im Fußball ihn vom Ballbesitz abwehren. Im Volleyball muss man den Gegner zum Zug kommen lassen; im Fußball muss man gezielt den Gegner schwächen, durch gute Abwehr nicht zum Zug kommen lassen, um zu siegen. Diese Spielweise kommt etwas mehr dem autoritären Modell entgegen, und tatsächlich fällt auf, dass man unter konservativ eingestellten Leuten pro-

---

154 https://www.sueddeutsche.de/kultur/fussball-vs-us-nationalsportarten-beste-bedingungen-fuer-den-zufall-1.2034622

zentual mehr begeisterte Fußballfans findet als unter grün-alternativen, die wiederum auffällig oft volleyball-begeistert sind. Das heißt natürlich nicht, dass unter begeisterten Fußball- und Eishockeyfans, die jubelnd und enthusiastisch mit ihren Vereinen mitfiebern, keine kooperativ-empathischen Leute sind. Man hüte sich vor voreiligen Schlüssen.

Eine typische Angst von Rassisten ist auch, die Flüchtlinge mit ihrem südländischen Temperament würden den deutschen Männern die blonden, blauäugigen Mädchen klauen (tatsächlich sind die meisten jungen Flüchtlingsmänner Single und haben kulturelle und soziale Schwierigkeiten, hier eine Freundin zu finden; die hohe Singlerate unter jungen deutschen Männern, gerade in Ostdeutschland ist in der Tat enorm, hat aber ganz andere soziologische Ursachen). Sexualkundeunterricht wird als kindliche Frühsexualisierung verstanden und die Angst wird bekundet, die geschlechtliche Identität des Kindes könne sich dadurch nicht entwickeln.[155] Tiefenpsychologisch scheint der Irrsinn eine tiefe Sexualangst preiszugeben. In der Pubertät entwickelt sich parallel zur sexuellen Reife auch die spirituelle Reife. Spirituelle Reife ist jedoch der Feind jeder autoritären Bewegung.

Ein weiteres Merkmal, dass Rechtsradikale allerorten vereinigt, ist die Leugnung des Klimawandels. Angst haben Rechte vor konkreten Dingen und Menschen, die man sehen und anfassen kann – Flüchtlinge, Schwarze, Journalisten – oder auch vor abstrakten Dingen, die (angeblich) unmittelbar bevorstehen – die Ökodiktatur, die Wiederkehr des Kommunismus, die Ausrottung des deutschen Volkes – nicht aber vor abstrakten Größen, die langsam passieren und erst in ein bis zwei Jahrzehnten in voller Härter zuschlagen. Auffällig ist die Begeisterung der Autoritären für fossile Brennstoffe und Atomenergie – alles was Feuer verursacht und Hitze erzeugt. Franz Josef Strauß und Adenauer waren atombegeistert, wollten Nuklearwaffen für die deutsche Bundeswehr einführen (die USA haben das glücklicherweise verhindert), und die Abwehr gegen erneuerbare Energien und Elektromobilität ist nicht rational begründbar (die Technologien sind mittlerweile serienreif). Neben den offensichtlichen Gründen für das Festhalten am Öl (allein die saudische Erdölindustrie wird auf einen Wert von 1,6

---

155 https://uebermedien.de/9881/der-kampf-der-afd-gegen-das-kindeswohl/.

Billionen US-Dollar geschätzt, macht aber nur 6 % des globalen Ölmarktes aus) kann es auch hier psychoemotionale Gründe für die Bevorzugung der mittlerweile über 130 Jahre alte Technologie der Verbrennungsmotoren gegenüber modernen, ökologischen Antrieben geben. Ist es zu abgefahren, zu weit hergeholt, im fanatischen Festhalten nach der feuererzeugenden fossilen Verbrennungstechnologie hier tiefenpsychologisch die Sehnsucht nach dem Feuer im Inneren zu erkennen, die die erkaltete Seele erwärmen soll? Einige Psychoanalytiker stellen jedenfalls genau diesen Zusammenhang her, Volker Elis Pilgrim sieht hier die selbe pyromanische Lust an der Zerstörung durch Feuer, die die Inquisitoren zur Hexenverbrennung getrieben haben.[156]

Vielleicht ist es auch der Freud'sche Todestrieb, der hier aus den Klimaleugnern spricht: Es ist nun wirklich nicht schwer, mit etwas Grundwissen in Chemie und Physik den Treibhauseffekt zu verstehen. Die Dürren der letzten Jahre haben es uns auch plastisch vor Augen geführt, dass mit unserem Wetter etwas passiert. Vielleicht wollen Rechtsautoritäre unterbewusst die Klimakatastrophe herbeiführen, in einem innerseelischen Anflug von Vernichtungs- und Zerstörungsfantasien. So wie Nero Rom angezündet hat, so wie Hitler den Befehl „Verbrannte Erde" ausgab, so soll jetzt durch die Klimakatastrophe die Welt entflammen.

Eine gute gesellschaftliche Stellung, Machtausübung durch einen (vermeintlich) wichtigen Beruf, eine Führungsposition und Statussymbole („Insignien der Macht") kann aber durch Prägung vorhandene faschistoide Tendenzen im Einzelnen abwehren und auch ihm liberale und demokratische Einstellungen näherbringen. Wenn nun aber dies verlustig geht, werden diese Menschen wieder stärker autoritär und rennen Führern hinterher. Die Lust an der Beherrschung eines anderen Lebewesens, wie Erich Fromm den Sadisten skizziert, kann sich in vielen Formen ausdrücken. Der grausame Umgang, den wir gegenüber unseren vierbeinigen Mitgeschöpfen pflegen in den Tierfabriken und Versuchslaboratorien ist ein klares Zeichen für weit verbreiteten Sadismus in der Gesellschaft, der Hass auf Neuzugewanderte und gar die Freude in manchen Kreisen darüber,

---

156 Vgl. Pilgrim (1988).

wenn wieder Geflüchtete im Mittelmeer ertrinken, sind ein ebenso deutlicher Beleg. Erkennbar war dies beim Unglück des norwegischen Kreuzfahrtschiffes VIKING SKY im März 2019. Die Medien berichteten tagelang von der Seenotrettung und feierten die Lebensretter zurecht als Helden.[157] Auch die Politiker in ganz Europa zeigten sich erleichtert ob der geglückten Rettung der Passagiere. Das genaue Gegenteil erleben wir, wenn Freiwillige Menschen im Mittelmeer vor dem Ertrinken retten, die keine solventen Touristen, sondern aus einer Position der Schwäche heraus sich auf dem Meer befinden – als Flüchtlinge nämlich. Flüchtlingsboote müssen oft tage- und wochenlang im Mittelmeer umherirren, da kein Land in Europa sich genötigt sieht, Menschen aus Seenot zu retten. Die Kapitänin Carola Rackete sollte laut Italiens Neofaschisten Salvini gar jahrelang eingesperrt werden, ebenso wie andere, vom neoliberalen Mainstream als Schlepper gebrandmarkte ehrenamtliche Seenotretter.[158] Die erschreckende Entwicklung, dass es heute zwei sagbare Meinungen darüber gibt, ob man Menschen in Seenot retten oder einfach ihrem Schicksal überlassen soll, kann als Vorbote eines neuen Faschismus erkannt werden. Erich Fromm prognostizierte bereits in den 1960ern, dass sich die Bedingungen wiederholen. Sie sind keineswegs auf 1933 beschränkt, keineswegs auf Deutschland beschränkt, sondern sie werden zu Problemen überall da, wo der Mensch sich ganz ohnmächtig und ganz gelangweilt fühlt.

Auch auf der Führerebene sind solche Persönlichkeiten abhängig. Erich Fromm erklärt, man habe das bei Hitler gesehen – Rasse, Sozialdarwinismus und Schicksal seien die höheren Mächte gewesen, an die er geglaubt, denen er sich unterworfen habe. In vielen großen Konzernen werden selbst Top-Manager und Vorstandsmitglieder, also Menschen mit Millionengehalt, zu unterwürfigen Lämmern, sobald der Vorstandsvorsitzende den Raum betritt. Dieses Verhalten führt gerade unter einfachen Arbeitern nicht selten zur Belustigung, wobei im psychoanalytischen Sinn hier eine Übertragung stattfindet: Der gewöhnliche Mitarbeiter, sofern selbst autoritäre Elemente in seiner Psychostruktur vorhanden, sieht in dem

---

157 https://www.bild.de/news/ausland/news-ausland/norwegen-kreuzfahrtschiff-viking-sky-mit-1300-passagieren-in-seenot-60840182.bild.html.

158 https://www.nau.ch/news/europa/nicht-carola-rackete-das-problem-fur-salvini-sind-die-schlepper-65548034.

von ihm bewunderten, weil statushöheren Manager auf einmal sich selbst, gespiegelt.

Sehr oft dienen Ideologien Führerpersönlichkeiten als Konzept, an das sie sich klammern, dem sie sich unterwerfen können. Auch die sklavische Ergebenheit unter der Doktrin des Marxismus-Leninismus bei Stalin, der in seinen Reden oft Lenins Schriften und damit die große unantastbare Führerperson der Revolution zitierte, um politische Maßnahmen zu begründen, zeigt das. Die Ayatollahs im Iran, die einerseits enorme Macht haben und andererseits sich selbst recht willkürlich gesetzten Dogmen unterwerfen, wären ein weiteres Beispiel. In der westlichen Welt haben CEOs und Großaktionäre enorme Machtfülle, unterwerfen sich aber selbst der *unsichtbaren Hand des Marktes*, lassen sich in ihren unternehmerischen Entscheidungen von Aktienkursen und Dividendenvorhersagen oder von Wachstumsprognosen vor sich hertreiben. So erfüllen Markt und Profit die Funktion einer Ersatzreligion, die gerade den Statushohen innerhalb unseres Wirtschaftssystems als masochistische Projektionsfläche dient – und ganz nebenbei natürlich deren Machterhalt sichert. Man würde meinen, der Wirtschaftscrash 2008, immer wieder auftretende Krisen der freien Marktwirtschaft (man vergesse nicht den Schwarzen Freitag 1929, an dem ein Börsenzusammenbruch zu Massenarbeitslosigkeit und Elend führte und letztlich auch Hitler den Aufstieg zur Macht ermöglichte) würde den Glauben an die Allheilkraft des Marktes allmählich schmälern. Doch dem ist mitnichten so. Auch die Tatsache, dass die globale Vermögensungleichheit heute genauso groß ist wie vor 200 Jahren[159] oder dass die Menschheit durch den Wachstumszwang allmählich auf eine selbstgemachte Klimakatastrophe zusteuert, hat den Glauben an den freien Markt nicht erschüttert. Trotz Gegenbeweisen halten die Eliten am unverrückbaren Dogma fest – das ist ein typisches Verhalten von Ideologen und Fanatikern.

Betrachtet man die Entstehungsbedingungen des autoritären Charakters, so lässt sich sagen: Immer dann, wenn ein Mensch scheitert, keinen positiveren Weg hat, sich selbst als stark zu fühlen, stärkt das seine autoritäre Seite. Hitlers Leben war ein vielfaches Scheitern. Statt Ohnmacht

---

159 Vgl. Pinker (2018), S. 130ff.

strebte er nun nach Omnipotenz, nach Allmacht. Der Nationalsozialismus erstarkte zu Beginn im Kleinbürgertum, nicht beim Großbürgertum, auch nicht bei den Arbeitern. Das Kleinbürgertum, das war die abstiegsgefährdete soziale Schicht. Fromm nennt sie die *„Klasse, die ökonomisch gesehen zum Tode verurteilt war, eine untergehende Schicht"*.[160] Sie sahen und sie fühlten das. Genau diese Schicht aber wählte Hitler. Die Angst vor Abstieg machte sie anfällig für die Unterwerfung unter einen totalitären Führer, der mit Machtgelüsten die Abstiegsängste übertüncht. Die Ängstlichen wollen Ohnmacht kompensieren durch Allmacht. Minderheiten sind hierfür perfekte Sündenböcke – damals waren es die Juden und zudem auch Sozialdemokraten und Kommunisten. Die Parallelen zum heutigen Diskurs der AfD sind augenscheinlich: Als Sündenböcke dienen die Flüchtlinge, die EU und die *linksgrün versifften Gutmenschen.*

Rechtspopulisten appellieren an eine sich ohnmächtig fühlende Masse mit dem Versprechen: Euch wird die ganze Macht gehören. Dass dies nicht stimmt, dass es eine Lüge ist, ist eine andere Frage. Aber das ist es, was die Massen zunächst glauben. Ob *„Make America Great again"*, *„Konsequent abschieben!"* oder *„Trau dich Deutschland!"* – die Erkenntnisse, die Erich Fromm aus der Analyse der NS-Zeit gezogen hat, sind mit erschreckender Genauigkeit auf die Rechtsradikalen heutiger Zeit anwendbar. Die Charakterstruktur derer, die einem bestimmten Führer oder einer Ideologie folgen, muss ähnlich derer der Ideologen selbst sein. Donald Trumps Narzissmus und Größenwahn scheint also der Charakterstruktur weiter Teile der US-Amerikaner zu entsprechen. In der deutschen AfD wurde der Merkelhass mit dem Schlachtruf „Merkel muss weg" stilisiert. Betrachtet man den soziopsychologischen Ansatz Fromms, ist das erklärbar. Merkel galt gemeinhin eher als rational und dröge. Mit der Entscheidung zur Grenzöffnung 2015 hatte sie Empathie und Herz gezeigt. Für den autoritären Charakter jedoch ist Mitgefühl Schwäche. Die Führungsperson wurde aus ihrer Sicht schwach und kann damit nicht mehr zur Projektion von Stärke dienen. Damit wird die hierarchisch übergeordnete Bundeskanzlerin selbst zur Untergeordneten, zum Objekt des Zorns und des Hasses. Faschisten

---

160 Ebd.

wie Björn Höcke alias Landolf Ladig wussten und wissen dies zur eigenen Profilierung zu nutzen.[161]

Die Grenzöffnung führte auch zu einer ungewohnten Emotionalisierung der politischen Debatte. Politiker, die sonst nur fachsimpeln, sprachen von Werten wie Nächstenliebe; viele Zeitungen begrüßten die Aufnahme und schrieben ungewohnt emotional über die deutsche Solidarität für Menschen, die aus ihrer Heimat vertrieben wurden. Die Presse und Merkel gelten aus Sicht des autoritären Charakters gemeinhin als die Starken, weil sie gesellschaftliche Macht innehaben – doch jetzt haben sie aus Sicht des autoritären Charakters Schwäche gezeigt. Die Untergeordneten haben sich von ihren bisherigen Angebeteten verabschiedet und ihren Hass gegen diese projiziert. Ein neuer Führer musste her. Und dieser bot sich an – die AfD hat es geschickt verstanden, sich den autoritären Charakteren als der Angebetete und Bewunderte zu präsentieren. Vor allem der Demagoge Höcke weiß sich als starker Führer für die Massen zu präsentieren, wie man an der fanatischen Reaktion einer Anhängerin in einem Kurzausschnitt aus der HEUTE SHOW vom 8. Juli 2017 sehen kann.[162] Diese psychotische Projektion ermöglicht es auch zu verstehen, warum auch manche Arbeitslose und Geringverdiener sich von der AfD angezogen fühlen, obwohl gerade diese Partei den Sozialstaat weiter erodieren lassen möchte zugunsten von neoliberal geprägtem Sozialdarwinismus. Es erklärt ferner, warum manche AfD-Anhänger von Argumenten auf Sachebene nicht zu überzeugen sind.

Viele sozialwissenschaftliche Erklärungsansätze dafür, warum Menschen rechts wählen, greifen wohl zu kurz. Betrachten wir hierzu eine Analyse der Bundeszentrale für politische Bildung:

> *„Bezogen auf die Sozialstruktur der AfD-Wählerschaft kommen die vorliegenden Untersuchungen zu teilweise disparaten Befunden, was darauf hindeutet, dass monokausale Erklärungsversuche hier zu kurz greifen. So führen z. B. weder eine hohe Arbeitslosenquote noch ein höherer Ausländeranteil per se zu einer größeren*

---

161 https://www.n-tv.de/politik/Hoecke-kann-sich-entspannt-zuruecklehnen-article20902467.html.
162 https://youtu.be/UwNMZCIbwMM.

> Wahlbereitschaft der AfD. Im Westen scheint die AfD vor allen dort zu punkten, wo die Wähler ein unterdurchschnittliches Haushaltsaufkommen aufweisen und/oder einer Tätigkeit in der Industrie nachgehen. Im Osten ist sie in ländlichen Regionen stark, die unter Abwanderung leiden und ökonomisch abgehängt zu werden drohen. Arbeiter und Arbeitslose sind unter den Wählern zwar überdurchschnittlich vertreten, machen aber nur ein Viertel der AfD-Gesamtwählerschaft aus, während die übrigen drei Viertel auf Angestellte, Beamte und Selbständige entfallen. Auch bei den formalen Bildungsabschlüssen dominieren die mittleren Ränge (Niedermayer / Hofrichter 2016)."[163]

Mit den Erkenntnissen Erich Fromms und Renz-Polsters im Hinterkopf, werden die „disparaten Befunde" tatsächlich einheitlicher und logischer. Die AfD punktet dort, wo das Haushaltseinkommen unterdurchschnittlich ist oder einer Tätigkeit in der Industrie nachgegangen wird. Menschen mit formal mittlerem Bildungsabschluss wählen die AfD gehäuft. Wie oben erwähnt, ist diejenige gesellschaftliche Klasse am anfälligsten für Autoritarismus, die im Untergang begriffen ist, Einfluss und Macht verliert. Abstiegsängste bedrohen diese Menschen am meisten, sofern sie einen narzisstischen Identitätsgewinn aus ihrer Statushöhe gegenüber z. B. den Geflüchteten oder Arbeitslosen ziehen. Feindselige Einstellungen gegenüber Arbeitslosen sind paradoxerweise gerade bei jenem Milieu zu beobachten, die aufgrund ihrer aktuellen beruflichen Situation besonders stark von Arbeitslosigkeit bedroht sind. Die Feindseligkeit gegenüber Arbeitslosen könnte auch ein psychologisches Ventil sein, um die eigene Angst vor der drohenden Arbeitslosigkeit nicht zu fühlen. Betrachten wir nun, welche Auswirkungen die Digitalisierung laut Experten auf die anderen Gruppen, die gehäuft AfD wählen, haben wird, die Industriearbeiter und generell der Personenkreis mit mittleren Bildungsabschlüssen:

Es wird davon ausgegangen, dass die Digitalisierung vor allem diejenigen Jobs kosten wird, die mittlere Bildungsabschlüsse erfordern. Hoch-

---

163 https://www.bpb.de/politik/grundfragen/parteien-in-deutschland/afd/273131/wahlergebnisse-und-waehlerschaft.

und geringqualifizierte Tätigkeiten werden voraussichtlich auch zukünftig benötigt. Die Tätigkeiten von mittleren Verwaltungsbeamten, etwa im Finanzamt, könnten aber bald durch automatisierte Steuersoftware erledigt werden. Durch die Industrie 4.0 werden mit künstlicher Intelligenz oder Machine Learning ausgerüstete Roboter zunehmend Industriearbeiter verdrängen.[164] Typische Tätigkeiten von Büroangestellten, der Beruf der Kassiererin und andere vergleichbare Tätigkeiten werden laut Prognosen als erste verschwinden.[165] Tätigkeiten von Geringqualifizierten werden vermutlich länger bestehen bleiben: Da Reinigungskräfte und Hilfsarbeiter schlecht bezahlt werden, müssen die Preise für entsprechende Robotertechnologie noch weiter fallen, um einen komparativen Kostenvorteil gegenüber menschlicher Arbeitskraft zu haben. Dies dürfte laut einigen Experten noch längere Zeit dauern. Erich Fromms Theorie lässt sich also auf den heutigen Rechtsruck mit Donald Trump, Marine Le Pen, die AfD und andere rechtsradikale Bewegungen in den industrialisierten Ländern übertragen: Die gesellschaftlichen Schichten, deren Status und Macht durch die Digitalisierung akut bedroht ist, wählen auch am häufigsten diese Parteien, so lässt sich die Studie der bpb interpretieren. Studien aus den USA und europäischen Ländern dürften die Ergebnisse der oben zitierten Analyse durch die Bundeszentrale für politische Bildung zu bestätigen.[166]

Die tieferen Ursachen für die Entstehung des autoritären Charakters liegen bereits in der Kindheit. Erich Fromm kritisiert auch das Schulsystem, welches bereits in jungen Jahren Konkurrenzdenken und Leistungsdruck befördert, anstatt ethisch-empathische Parameter und Bildung ins Zentrum zu rücken. Die Schule befördert auch Abhängigkeitsverhältnisse, denn die Schüler sind ja ganz abhängig – von den Noten ihrer Lehrer. Wenn man junge Menschen von vornherein hineinzwingt in eine bestimmte Schablone, sie in vorgefertigte Bahnen einlenkt, dann erhöht man bereits

---

164 Vgl. https://www.welt.de/wirtschaft/article173642209/Jobverlust-Diese-Jobs-werden-als-erstes-durch-Roboter-ersetzt.html.
165 Vgl. https://www.zeit.de/politik/deutschland/2019-02/afd-waehler-rechtsextremismus-nsdap-gemeinden-milieu/komplettansicht.
166 Vgl. Renz-Polster (2019).

durch die Erziehung das Potenzial für den Faschismus. Auch der Autor Dr. Herbert Renz-Polster beschäftigt sich mit den Ursachen von autoritärem Denken bereits in der Kindheit. Sein neuestes Buch beschreibt, dass eine unglückliche Kindheit zu rassistischen, sexistischen und anders diskriminierenden Erwachsenen führen kann.

Laut der kritischen Theorie, der neben Erich Fromm u.a. Theodor W. Adorno, Erich Horkheimer und Herbert Marcuse angehörten, ist jeder Mensch in seiner psychischen Struktur an die Anforderungen seiner Kulturform mehr oder minder angepasst. Die psychische Struktur wird so sozialisiert, dass der Mensch das Verlangen hat, das tun zu wollen, was er tun müsste, damit die jeweilige Gesellschaft in ihrer spezifischen Form existieren kann.

Vielleicht sind Rassismus, Antipluralismus, Homophobie und Nationalismus weniger als Einstellung zu betrachten, als vielmehr als Symptom einer neurotischen Erkrankung – dem autoritären Charakter nämlich. In dieser Sichtweise sind Faschisten keine Feinde mehr, sondern psychisch beeinträchtige Menschen. Sie zu beleidigen, sie als Rassisten zu bezeichnen – wenn auch zutreffend – macht sie nur noch wütender, noch extremer, noch lebensfeindlicher in ihrer Einstellung. So betrachtet ist der Kampf gegen die AfD eine Stärkung derselben – je mehr Gegenwind sie kriegen, desto stärker werden sie. Demzufolge sollten wir tolerieren, dass es eben auch solche Einstellungen gibt. Verstehen wir, dass hinter lebensfeindlichen, mitleidslosen politischen Gesinnungen eine lebensfeindliche, mitleidslose Erziehung des kleinen Kindes steckt, können wir dem Hass solcher Menschen mit Mitgefühl anstelle mit Gegenhass gegenüber treten. Und die Erfahrung zeigt, dass in der Regel die autoritäre Charakterstruktur so tief drin sitzt, dass die Menschen es nicht mehr aus sich heraus bekommen (wollen). Was einmal in das Kind im wahrsten Sinne hineingeprügelt wurde, bekommt der Erwachsene nur in Ausnahmefällen aus sich heraus. Die allermeisten autoritären Charaktere bleiben autoritär. Horst Mahler wechselte von seiner Karriere als Anwalt des Linksterrorismus der RAF zu den Nazis der NPD. Die politische Ideologie ist beliebig austauschbar, der autoritäre Kern – Mitleidslosigkeit, Gewaltfantasien, Hass auf alles Lebendige – bleibt erhalten. Ganz entscheidend zum Ende dieses Kapitels ist die Betonung der Obrigkeitshörigkeit, die durch mehr oder weniger starke autoritäre Erziehung gezüchtet wird. Wegweisend hierfür ist das berühmt-berüchtigte MILGRAM-EXPERIMENT: Die erstmals 1961 in New Haven durchgeführte sozialpsychologische Versuchsreihe sollte testen, inwieweit erwachsene Menschen bereit sind, Anweisungen einer Autoritätsperson zu befolgen, auch wenn diese Anweisungen ihrem Gewissen widersprechen.

Der Versuch bestand darin, dass ein „Lehrer" – die eigentliche Versuchsperson – einem „Schüler" (ein Schauspieler) bei Fehlern vermeintlich einen elektrischen Schlag versetzte. Ein Versuchsleiter (ebenso ein Schauspieler) gab dazu Anweisungen. Die Intensität des elektrischen Schlages sollte nach jedem Fehler erhöht werden. Diese Anordnung wurde in verschiedenen Variationen durchgeführt.[167] Es gab verschiedene vorher besprochene Geräusche des vermeintlichen Schülers, die dieser nach den Stromschlägen ausgab, von leichtem Stöhnen über Schmerzensschreie bis zu völligem Ausbleiben einer Reaktion bei sehr starken Stromstößen, die die Versuchsperson zu der Annahme verleiten musste, der „Schüler" wäre bewusstlos. Sobald die Versuchsperson das Experiment abbrechen wollte, gab es standardisierte Sätze des Versuchsleiters, um den „Lehrer" zum Weitermachen zu bewegen:

> *Satz 1: „Bitte, fahren Sie fort!" Oder: „Bitte machen Sie weiter!"*
> *Satz 2: „Das Experiment erfordert, dass Sie weitermachen!"*
> *Satz 3: „Sie müssen unbedingt weitermachen!"*
> *Satz 4: „Sie haben keine Wahl, Sie müssen weitermachen!"*

Es wurde darauf geachtet, dass der Tonfall bestimmt, aber freundlich, keinesfalls drohend war. Die Ergebnisse des Milgram-Experiments waren schockierend. Je nach Versuchsanordnung haben 30 bis 60 Prozent der Versuchspersonen das Experiment zu Ende geführt.

Die Bereitschaft der Versuchspersonen, das Experiment trotz Gewissensbissen zu Ende zu führen, war umso höher, je ferner der zu bestrafende Schüler saß (in einigen Versuchsanordnungen konnte der Teilnehmer den

---

[167] https://de.wikipedia.org/wiki/Milgram-Experiment.

Schüler sehen, in anderen war er räumlich getrennt) und umso höher, je näher der Versuchsleiter saß (wenn die Anordnungen per Telefon kamen und der Versuchsleiter nicht persönlich im Raum präsent war, widersetzten sich die meisten Versuchspersonen den Anordnungen).

Stanley Milgram sagte:

> *„Die fundamentalste Erkenntnis der Untersuchung sei, dass ganz gewöhnliche Menschen, die nur ihre Aufgabe erfüllten und keinerlei persönliche Feindschaft empfinden, zu Handlungen in einem Vernichtungsprozess veranlasst werden können."*[168]

Die Experimente scheinen zu erklären, wie Adolf Hitler, Stalin, Pol Pot und Mao es schafften, so viele Menschen hinter sich zu scharen. Allein die Tatsache, dass Hitler *„der Führer"* war, führte dazu, dass viele Menschen blind seinen Befehlen Gehorsam leisteten, wie unmenschlich diese auch sein mochten.

### 2.7.3 Konsumrausch und Konsumzwang

> *„Es ist wunderbar, die vielen Dinge zu erblicken, die man nicht braucht."*
>
> — ARISTOTELES *auf dem attischen Marktplatz*

In seinem Vortrag DIE SEELISCHEN UND GEISTIGEN PROBLEME DER ÜBERFLUSSGESELLSCHAFT von 1964 geht Erich Fromm auf ein weiteres psychologisches Charakteristikum des im Kapitalismus geprägten Menschen ein, die Mentalität des Homo consumens.[169] Eine deskriptive Beschreibung des homo consumens lautet: Das ist der Mensch, für den alles zum Konsumptionsartikel wird. Ob Liebe, Podcasts, Sexualität, Entspannung (neudeutsch: Wellness), es gibt *gar nichts*, was sich für diesen Menschen nicht zum Konsumartikel verwandelt. *„Man wird fragen: Was ist unrecht daran, dass man alles konsumiert. In der Tat, der Mensch muss konsumieren,*

---

168 Milgram (1982), S. 22.
169 Vgl. *https://youtu.be/b8RkAB4SBxk*.

*er muss essen und trinken, so wie jedes andere Tier. Das neue Phänomen ist aber, dass sich im Neoliberalismus eine Charakterstruktur entwickelt hat, in der alles – ohne Ausnahme – zum Konsumartikel degeneriert."*[170] Laut Fromm ist psychologisch gesehen Konsumieren die Haltung des passiven, leeren Menschen, der isoliert, entfremdet und tief gelangweilt ist. Der moderne Mensch kompensiert seine unbewusste Angst durch den Konsum. Die Angst wird symptomatisch geheilt durch zwanghafte Konsumption. In der Psychoanalyse gilt als gesichert, dass der Esszwang, der übrigens nicht die einzige, aber eine wichtige Ursache für die Übergewichtigkeit so vieler Menschen ist, unbewusst daher rührt, dass durch das übermäßige Essen die Symptomatik einer Depression oder einer Angststörung latent, d.h. unter der Wahrnehmungsschwelle bleibt. Schenkt man dem Psychoanalytiker Erich Fromm Glauben, so beruht der sogenannte Konsumzwang in modernen westlichen Industriegesellschaften auf kollektiver Angstabwehr.[171] Mit Dingen, die von außen kommen, versucht der ewige Konsument die Leere in seinem Inneren zu überwinden und leidet an Zwangskonsumption. Gesellschaftlich ist dieser Umstand nicht nur wünschenswert, sondern zwingend erforderlich. Wachstum, Profit und Dividendenausschüttung sind die zentralen Eckpfeiler, ohne die der globalisierte Finanzkapitalismus zusammenbrechen würde. Die gesamte Weltwirtschaft beruht darauf, dass der Konsum stetig steigt. Wenn Geld der neue Gott ist, so ist Wirtschaftswachstum das Dogma, und der Profit sein Prophet. Für das Leben auf einem Planeten mit begrenzten Ressourcen ist das ungünstig. Laut Greenpeace wird 40 % aller gekauften Kleidung nicht oder sehr wenig getragen.[172] Diese Verschwendung ist ein ökologischer Irrsinn, aber auch ein persönlicher: Über ein Menschenleben gerechnet, dürfte ein verschwendeter Geldbetrag zusammen kommen, von dem man ohne Weiteres mehrfach in den Urlaub fahren, hunderte Male essen gehen oder sich irgendetwas anderes Kostspieliges gönnen dürfte. Geld für Dinge

---

170 Vgl. *https://youtu.be/b8RkAB4SBxk*.
171 Vgl. *https://youtu.be/Z83Cf9DZAUg*, Minute 14ff.
172 *https://www.greenpeace.de/sites/www.greenpeace.de/files/publications/20151123_greenpeace_modekonsum_flyer.pdf*.

auszugeben, die dann gar nicht benutzt werden, ist ein höchst irrationales Verhalten – Suchtverhalten eben.

Es geht mir nicht darum, den Kauf von Dingen schlechtzureden, die man vielleicht nicht braucht, aber Freude bereiten. PC-Spiele sind nicht zwingend überlebensnotwendig, aber Zocken bringt Spaß. Es wird viel konsumiert, ohne dass ein bewusster Nutzen – sei er praktischer oder hedonistischer Natur – darin liegt. Gehen Sie einmal die Gegenstände in Ihrem Haushalt durch und sehen Sie nach, wie viele Dinge davon Sie schon seit mehr als einem Jahr oder überhaupt noch nicht benutzt haben und Sie werden verstehen, was ich meine. Manche Leute kaufen sich ein Kanu, um es dann ein Jahrzehnt im Speicher verstauben zu lassen. Andere haben einen Partykeller, feiern aber keine Partys.

Laura Karasek, die Tochter des berühmten Film- und Literaturkritikers, beschreibt in ihrem Roman VERSPIELTE JAHRE die sündhaft teuren Designerküchen der Oberschicht, in denen aber nie gekocht wird.[173]

Die Werbebranche mit ihrem gigantischen Marketing-Apparat verführt die Menschen auch stets dazu, immer mehr zu konsumieren. Angeblich werden wir tagtäglich mit 13000 Werbebotschaften bombardiert.[174] Wer das weiß, benötigt schon ein sehr hohes Selbstbewusstsein, um zu glauben, dass seine Kaufentscheidungen allein dem eigenen freien Willen entspringen.

### 2.7.4 Selbstoptimierung, Selbstausbeutung und Selbstüberwachung

Seit einigen Jahren erleben Selbstmarketing, Selbstoptimierung und Ressourcencoaching einen regelrechten Boom. Zahlreiche Seminare werden angeboten, wo mit Techniken wie NLP, Coaching, Gesprächstherapie etc. der Mensch verbessert werden soll. Natürlich sind diese Prozesse stets dialektisch zu betrachten, und Persönlichkeitsentwicklung an sich ist eine gute Sache. Aber *„die neoliberale Politik erfindet immer raffiniertere Formen der Ausbeutung."*[175]

---

[173] Karsek, Laura (2012).

[174] https://www.marketing-boerse.de/fachartikel/details/1338-ueber-13000-werbebotschaften-bombardieren-uns-taeglich-was-bleibt/44276.

[175] Han (2014), S. 14.

Selbstoptimierung bedeutet häufig lediglich: Der Mensch will sich selbst so gestalten, wie es dienlich ist, in seiner spezifischen Gesellschaftsstruktur größtmöglichen Erfolg zu generieren.[176] Sofern der Erfolg aber nur machbar ist unter Aufgabe seines inneren Wesenskerns, ist der postmoderne Begriff Selbstoptimierung deckungsgleich mit dem marxistischen Begriff „Entfremdung von sich selbst".

Eine Strömung der Psychologie, der BEHAVIOURISMUS, geht genau in diese Richtung. Durch Verhaltenstherapie etwa sollen Menschen dazu gebracht werden, das zu wollen, was sie sollen. Das geht nur einher mit einer Persönlichkeitsveränderung. Man erinnere sich an Erich Fromms gleichlautenden Worte im genannten Vortrag. Erich Fromm sah bereits in den 1960er Jahren die Entwicklung des nationalkonservativen Kapitalismus hin zum globalisierten Neoliberalismus.

NLP, Verhaltenstherapie und Coaching an sich sind positive Entwicklungen und mögen vielen Menschen eine Bereicherung und auch konkrete Hilfestellung bei Herausforderungen des Lebens bieten. Aber die gewinnorientierte Selbstoptimierungsindustrie läuft Gefahr, eine neoliberale Herrschaftstechnik zu werden, die darauf abzielt, nicht nur die Arbeitszeit, sondern den ganzen Menschen, ja das Leben selbst auszubeuten. Sie entdeckt den Menschen und macht ihn selbst zum Gegenstand der Ausbeutung. Der Wissenschaftler Han schreibt:

*„Der neoliberale Imperativ der Selbstoptimierung dient einem perfekten Funktionieren im System. Blockierungen, Schwächen und Fehler sollen wegtherapiert werden, um die Effizienz und Leistung zu steigern. Die permanente Selbstoptimierung wird dann destruktiv, wenn sie gänzlich mit der Optimierung des Systems zusammenfällt, den Marktgesetzen unterworfen ist und kein einmal definiertes Ziel, sondern stetige, niemals endende Selbstverbesserung und damit auch lebenslange Unzufriedenheit mit sich selbst zur Folge hat. Selbstoptimierung erweist sich dann als totale Selbst-*

---

176 https://youtu.be/s12aeYKDFAM.

*ausbeutung und die neoliberale Ideologie der Selbstoptimierung entwickelt religiöse, ja fanatische Züge."*[177]

Die endlose Arbeit am Ich entspringt direkt der protestantischen Ethik, die Max Weber in seinem zentralen Werk DIE PROTESTANTISCHE ETHIK UND DER GEIST DES KAPITALISMUS beschrieb. Statt nach Sünden wird heute nach negativen Gedanken gefahndet. Positives Denken lautet das Schlagwort der neuen Zeit.[178]

Das Ich ringt mit sich selbst als einen Feind. Die Prediger des neoliberalen Evangeliums predigen heute in ihren Mentaltrainings und Coachings das Evangelium der grenzenlosen Leistung und Ich-Optimierung. Die Machttechnik des neoliberalen Regimes ist nicht repressiv, sondern verlockend. Bedürfnisse werden nicht unterdrückt, sondern angeregt. Anstatt repressiver Prinzipien wird der Konsum angeregt und Süchte generiert, die Kontrolle der Massen erfolgt über die Sucht zu Konsum. Das Leistungssubjekt, das sich frei wähnt, ist in Wirklichkeit ein Knecht. Im Neoliberalismus wird der Arbeiter zum Unternehmer seiner selbst. Han schreibt:

*„Das neoliberale Subjekt als Unternehmer seiner selbst ist aber nicht fähig zu Beziehungen zu anderen, die frei von Zweck wären. Zwischen Unternehmern entsteht auch keine zweckfreie Freundschaft. Frei-sein bedeutet aber ursprünglich bei Freunden sein. Freiheit und Freund haben im Indogermanischen dieselbe Wurzel. Die Freiheit ist im Grunde ein Beziehungswort. Man fühlt sich wirklich frei erst in einer gelingenden Beziehung, in einem beglückenden Zusammensein mit anderen. Die totale Vereinzelung, zu der das neoliberale Regime führt, macht uns nicht wirklich frei."*[179]

Dazu passend fühlt sich jeder zehnte Deutsche einer Studie zufolge sehr einsam. In zwei Gruppen steigt die Einsamkeit rapide an, bei älteren Menschen und bei Singles.[180] Großbritannien hat künftig ein Ministe-

---
177 Han (2014), S. 45f.
178 Han (2014), S. 45f.
179 Han (2014), S. 11.
180 Vgl. *https://www.lvz.de/Nachrichten/Politik/Neue-Studie-Jeder-Zehnte-fuehlt-sich-in-Deutschland-einsam.*

rium für Einsamkeit.[181] Die zunehmende Ver-*ich*-lichung des Menschen führt zu immer mehr zerrütteten Familien, zerberstenden Beziehungen und Freundschaften und Bindungsunsicherheiten. Als Gegenmaßnahme schenkt uns das neoliberale Regime technische Begleiter, die mit uns reden und eine Beziehung mit uns führen. ALEXA, SIRI und CORTANA sprechen mit uns, geben uns Ratschläge und machen sogar Komplimente. Als Nebenprodukt sorgt die Smarthome-KI ALEXA ebenso dafür, dass Menschen sich freiwillig ausspähen lassen. So lässt Amazon seine Mitarbeiter aufgezeichnete Befehle von Nutzern an seine Assistenzsoftware ebenso anhören und abtippen, um die Spracherkennung zu verbessern. Das Ganze diene angeblich nur dazu, das Kundenerlebnis zu verbessern.[182]

Früher mussten totalitäre Geheimdienste wie die STASI zu repressiven, unterdrückerischen Maßnahmen greifen, um ihren Überwachungsstaat aufrecht zu erhalten. Heute gehen Menschen in ein Geschäft und bezahlen freiwillig Geld dafür, sich Überwachungsgeräte in den Haushalt zu stellen. ALEXA, SIRI und CORTANA sind nett. Sie spielen die Musik, die wir hören wollen, googlen für uns, sprechen mit uns und sind stets freundlich. „*Big Brother macht nun ein freundliches Gesicht. Seine Freundlichkeit macht die Überwachung so effizient.*"[183] Wenn Ulbricht und Honecker sehen würden, dass man Menschen ganz ohne MINISTERIUM FÜR STAATSSICHERHEIT dazu bringen kann, ihr eigenes Geld für die eigene Überwachung auszugeben, würden sie sich im Grabe umdrehen.

In einer säkularen Gesellschaft wären Handlungsnormen demokratisch frei verhandelbar. Eine aufgeklärte Gesellschaft könnte aus sich selbst heraus ihre eigenen Ziele und Wege aufstellen können. Kapital erzeugt eigene Bedürfnisse, die wir fälschlicherweise als unsere eigenen Bedürfnisse wahrnehmen. Wo aber das Kapital zum neuen Herrn, dem zu dienen sei, aufgestiegen ist, wurde die Gesellschaft wieder zu einer Feudalherrschaft,

---

181 https://www.spiegel.de/politik/ausland/grossbritannien-hat-kuenftig-ein-ministerium-fuer-einsamkeit-a-1188423.html.
182 Vgl. https://www.faz.net/aktuell/wirtschaft/diginomics/amazon-laesst-mitarbeiter-alexa-befehle-abtippen-16135692.html.
183 Han (2014), S. 55.

in dem die Knechte ihrem Herrn dienen müssen. Die Knechte sind wir alle. Der Herr ist das Kapital.

> „Wir glauben heute, dass wir kein unterworfenes Subjekt, sondern ein freies, sich immer neu entwerfendes, neu erfindendes Projekt sind. Dieser Übergang vom Subjekt zum Projekt wird von einem Gefühl der Freiheit begleitet. Nun erweist sich dieses Projekt selbst als Zwangsfigur, sogar als eine effizientere Form der Subjektivierung und Unterwerfung. Das Ich als Projekt, das sich von äußeren Zwängen und Fremdzwängen befreit zu haben glaubt, unterwirft sich nun inneren Zwängen und Selbstzwängen in Form von Leistungs- und Optimierungszwang."[184]

Früher haben die Mächtigen versucht, die Menschen durch Zwang gefügig zu machen, der heutige Neoliberalismus beruht darauf, die Menschen abhängig zu machen. Dies ergänzt die oben genannten Erkenntnisse von Erich Fromm bzw. bestätigt diese. Auch Psychoanalytiker wie Joachim Maaz, Andreas Peglau und andere wiesen darauf hin, dass das Konsumstreben nach immer noch mehr Dingen dem Verhalten von Suchtkranken entspricht.[185]

Der bekannte Psychotherapeut Hans-Joachim Maaz deckt die psychologischen Muster, nach denen die deutsche Gesellschaft zu Beginn des 21. Jahrhunderts funktioniert, schonungslos auf. Während in der nationalsozialistischen Terrorherrschaft das Prinzip *Überlegenheit des Herrenmenschen* der psychosoziale Schmierstoff war, der die Gesellschaft zusammenhielt, so war es in der DDR-Diktatur der Glaube an die *Überlegenheit des Sozialismus* und in der heutigen Zeit ist es das Diktum *Glück durch Konsum*. Stetiges Wachstum, der Ruf nach *Immer mehr, immer höher, immer weiter und immer schneller* und der Anspruch, dass jede Tätigkeit, selbst Pflege- und Gesundheitsberufe, Gewinn erwirtschaften soll, ist nicht nur im Arbeits- und Wirtschaftsleben aktuell. Vielmehr ist zu beobachten, dass es eine aktuelle Psychostruktur gibt, gemeinhin als Neoliberalismus

---

[184] Han (2014), S. 9.
[185] Vgl. Fromm (2005).

benannt, die die Sachzwänge einer kapitalistisch organisierten Wirtschaft immer stärker in den innerpsychischen Bereich des Menschen vorrückt und damit alle Lebensbereiche infiltriert. Damit verbunden ist ein latentes Gebot, niemals zufrieden sein zu dürfen. Egal, was man erreicht oder wieviel Geld man hat – es ist ein ungeschriebenes Gesetz, dass man stets nach noch mehr zu streben habe. Selbst vor dem Liebesleben nimmt der Neoliberalismus nicht Halt. Welcher Partner bringt den höchsten Nutzen bei niedrigen Kosten, wirft also den höchsten Gewinn ab? In Frauenmagazinen wird mittlerweile geraten, man müsse in die Beziehung „investieren". Investitionen tätigte früher nur die Wirtschaft oder der Aktionär, heute investieren wir alle *in uns selbst*, *in die Partnerschaft* oder *in die eigene Zukunft*. Scheinbar sämtliche Lebensbereiche sind mittlerweile von der allumfassenden neoliberalen Doktrin gleichgeschaltet.

Kaum jemand hat begriffen, dass es damit dem Neoliberalismus gelang, Kontrolle und Herrschaft zu kaschieren. Alle Herrschaftsformen erscheinen als vom Individuum freiwillig gewählt – und damit als wünschenswert. Zizek schreibt:

> *„Wenn wir keine allgemeine Krankenversicherung haben, sagt man uns, dass wir nun eine neue Form der Wahlfreiheit hätten (und uns unsere Versicherer auswählen könnten), wenn wir uns nicht mehr auf unbefristete Stellen verlassen können und dazu gezwungen werden, [...] eine neue prekäre Stelle zu suchen, dann sagt man uns, dass wir eine neue Möglichkeit hätten, uns selbst neu zu erfinden [...] [Man sagt] uns, dass wir ‚Unternehmer unser selbst' werden und wie Kapitalisten handelten, die frei wählen, wie sie ihre eigenen (oder geborgten) Mittel investieren möchten [...] Unter dem konstanten Bombardement von erzwungenen ‚freien Wahlmöglichkeiten' und dazu genötigt, Entscheidungen zu treffen, [...] erfahren wir unsere Freiheit zunehmend als dasjenige, was sie tatsächlich ist: eine Last, die uns um die wahre Wahl einer Veränderung bringt."*[186]

---

[186] Zizek (2018), S. 30.

Passend dazu spricht der Psychoanalytiker Maaz in seinem sehenswerten Vortrag davon, wir hätten eine äußere, aber keine innere Demokratie. Mit *innerer Demokratie* ist gemeint, dass die Menschen wirklich Demokratie leben, dass sie selbst demokratisch handeln und denken. Dies sei in der Bundesrepublik nicht gegeben.[187] Ein Indiz dafür ist, dass die Mehrheit der Deutschen die Meinungsfreiheit in der Öffentlichkeit eingeschränkt sieht.[188] Die Freiheit der Meinung entspringt einem Impuls, der auf verschiedenen Stufen Wirklichkeit wird. Eine dieser Stufen ist diejenige, auf der man die Freiheit des Wortes auch dem Gegner im gesellschaftlichen Kampfe unverbrüchlich zugesteht. So war es bei Rosa Luxemburg: *„Freiheit ist immer Freiheit des anders Denkenden."*[189] Doch es erfordert die innere Demokratie, damit ein Mensch die Freiheit des Andersdenkenden fühlt und wirklich zulassen kann. Die Herausbildung der modernen Psychostruktur unserer Gesellschaft erschwere diesen Schritt zur inneren Demokratie, so Maaz. Formal ist die Meinungsfreiheit voll gegeben. Vorherrschend ist aber ein neoliberaler Mainstream. Meinungen außerhalb dieses Mainstreams werden sozial sanktioniert, das Verdikt utopisch oder unrealistisch wird schnell in den Ring geworfen. Dadurch entsteht ein Klima, in dem viele Kapitalismuskritiker sich nicht mehr trauen, ihre Meinung zu sagen. Zizek schreibt:

> *„In diesem Punkt erreichen wir die höchste Ironie dessen, wie Ideologie heute funktioniert – sie erscheint genau als ihr Gegenteil, als radikale Kritik ideologischer Utopien. Die vorherrschende Utopie heute ist keine positive Vision irgendeiner utopischen Zukunft, sondern eine zynische Resignation, ein Akzeptieren, wie die Welt wirklich ist, begleitet von einer Warnung, dass, wenn wir (zu viel) ändern wollen, nur totalitärer Schrecken folgen würde. Jegliche Vorstellung einer anderen Welt wird als Ideologie verworfen."*[190]

---

187 Vgl. *https://youtu.be/SIZc_E9TQxw*; Maaz, Hans-Joachim (2019): Das falsche Leben: Ursachen und Folgen unserer normopathischen Gesellschaft.
188 *https://bit.ly/2XbMjDQ*.
189 *https://de.wikiquote.org/wiki/Rosa_Luxemburg*.
190 Zizek (2018), S. 21.

Im konservativen und neoliberalen Spektrum führt immer noch jeder Gedanke daran, dass neue Systeme jenseits des Kapitalismus erdacht werden könnten, zu Schnappatmung und Schreckensbekundungen, in denen Mao Ze-Dong, Pol Phot, Stalin und andere blutrünstige Gestalten der Weltgeschichte aus ihren Gräbern auferstehen, um den finsteren Kommunismus wiederzubringen. Gerade deshalb ist es umso wichtiger, aufzuzeigen: Ein moderner, liberaler und demokratischer Gegenentwurf, eine Wirtschaftsordnung, die dem Menschen dient (und nicht der Mensch der Wirtschaft), ist möglich. Angesichts der erstarrten Zustände und der scheinbar unüberwindbaren, alles umfassende neoliberalen Doktrin unserer Tage mag die Aussicht auf ein Ende des Kapitalismus utopisch erscheinen. Der Fortschritt der letzten 200 Jahre macht Hoffnung, dass die Menschheit weiterhin den Weg hin zum Besseren und keine Salto-Rückwärts-Rolle macht.

### 2.7.5 Verlust von Bindungen und der Siegeszug des Narzissmus

*Wenn eine fremde Macht ein Volk ermahnt, die eigene Nationalität zu vergessen, so ist das kein Ausfluß von Internationalismus, sondern dient nur dem Zweck, die Fremdherrschaft zu verewigen.*

— FRIEDRICH ENGELS

Durch die Werbung haben wir subtil den Egoismus in unseren Köpfen verankert. Durch Werbung wird der Egoismus trainiert, während Werte wie Mitgefühl und Gemeinschaft verkümmern. Auch die Vereinsamung vieler ist hier zu nennen.

Die Frankfurter Schule sprach davon, in der Postmoderne käme es zu einer „*Vereinsamung in der Masse*". Zunehmender Individualismus beschert uns einerseits Freiheit, auch Freiheit von einengenden Bindungen (etwa autoritären Familienkonstellationen), andererseits laufen wir Gefahr, generell zu wenige zwischenmenschliche Bindungen einzugehen. Teile der linken Protestkultur wollten nicht nur die autoritären Familienstrukturen, sondern Familienstrukturen an sich „überwinden". Während die modernen Grünen einen wesentlichen Beitrag für die Einführung der Homoehe 2017 leisteten, hätten die Urgrünen einem solchen Vorhaben eher nicht zugestimmt. Viele der ersten Grünen wollten nicht die Ehe für alle, sondern für alle die Ehe abschaffen. Heute sind familiäre Bande stark zurückgegangen, Ehen werden oft wieder geschieden, und die Anzahl der Single-Haushalte in Europa nimmt kontinuierlich zu.

Während einerseits der Rechtsradikalismus in Deutschland erschreckend salonfähig wurde und sich ein Rechtsterrorismus in Deutschland entwickelt, werden andererseits auch Werte, die Menschen Halt und Orientierung geben, im Neoliberalismus als *rechts* bezeichnet. Traditionelle Werte wie Heimatverbundenheit gehören hier klar dazu. Der Spiegel etwa fordert, Nationalhymnen und Flaggen bei Olympischen Spielen abzuschaffen.[191] Der neoliberale Mensch ist global einsatzbereit, reist global für die Erfordernisse des Jobs und sollte möglichst keine Wurzeln haben, die ihn irgendwo halten. Halten heißt hier: Halt im Leben geben. Familie und feste Partnerschaften sind da ebenso ein Dorn im Auge wie auf höherer Ebene Heimat. Heimat ist im großen Gegensatz zum Nationalismus kein Zurschaustellen der eigenen angeblichen Überlegenheit, sondern genauso wie das Fernweh und die Sehnsucht nach neuen Horizonten eine anthropologische Konstante. Die Herstellung eines Verbundenheitsgefühls, der Zusammengehörigkeit und Gemeinschaft war in allen menschlichen Kulturen Ausdruck des Seins. Der Geograph Alastair Bonnett schreibt: „Wir sind eine Orte schaffende und Orte liebende Spezies."[192] Die Liebe zum Ort ist unserer Spezies angeboren – in den beiden einander ergänzenden Bedürfnissen Nomadentum und Sesshaftwerdung. Der nomadische Trieb ließ uns Amerika und Australien entdecken, den Marianengraben und die Rückseite des Mondes erkunden. Er findet seine affektive Entsprechung im Fernweh, in der Sehnsucht nach dem Ausreißen, fühlbar wunderbar in Udo Jürgens' Lied ICH WAR NOCH NIEMALS IN NEW YORK. Der Sesshaftigkeitsdrang wiederum ließ uns Häuser, Städte und Metropolen erschaffen und findet seine affektive Entsprechung in der Liebe zur Heimat und

---

191 *https://www.spiegel.de/sport/wintersport/olympia-2018-warum-die-spiele-keine-fahnen-und-hymnen-brauchen-a-1192542.html.*
192 Bonnett (2019), S. 21.

dem Wunsch zur Heimkehr, besungen im ebenso bekannten Lied COUNTRY ROAD, TAKE ME HOME. Diese zweite anthropologische Konstante steht nun der neoliberalen Doktrin des bindungslosen Wanderarbeiters im Dienst des Kapitals im Wege und wird daher bekämpft. So wird immer wieder ein angeblicher Zusammenhang zwischen Party-Patriotismus und Fremdenfeindlichkeit hergestellt. Tatsächlich war die Fußball-WM 2006 ein Sommermärchen und zeigte das Gegenteil. Die Deutschen entdeckten flächendeckend ihre Lust am Feiern. Deutsche Symbole gehörten dazu, man fuhr mit der Deutschlandflagge am Auto, schwenkte die Flagge bei Public Viewing und jubelte für die Elf aus unserem Land. Zur selben Zeit war *„die Welt zu Gast bei Freunden"*[193], und das herzliche Zusammentreffen mit angereisten Fußballfans aus allen Teilen der Welt brachte gleichzeitig eine neue Weltoffenheit mit sich, wie sie unser Land bis dato nicht kannte. Unser Land wurde zugleich patriotischer und weltoffener.

Dieses Gemeinschaftsgefühl ist übrigens nicht der Grund für Ausgrenzung Anderer, vielmehr ist regionale Identität kein Grund, um nicht auch Menschen aus anderen Kulturkreisen mit herzlicher Offenheit zu begegnen. Wer seine eigenen Wurzeln kennt, kann die Wurzeln anderer anerkennen. Wer seiner eigenen Herkunft fremd ist, der wird eher Angst vor „dem Fremden" entwickeln und dumpfen Nationalismus entwickeln. Ein Sprichwort sagt:

> *„Wenn du Frieden in der Welt willst, fange in deinem Land an.*
> *Wenn du Frieden in deinem Land willst, fange in deinem Dorf an.*
> *Wenn du Frieden in deinem Dorf willst, fange in deiner Familie an.*
> *Wenn du Frieden in deiner Familie willst, fange bei dir selbst an."*

Wenn wir schon kein Zusammengehörigkeitsgefühl mit dem Nachbarn haben, wie sollen wir dann erst Flüchtlinge in unser *Wir* integrieren? Wenn uns schon die Anliegen des Vereinskameraden nicht interessieren, wie dann erst die Sorgen unserer Mitmenschen am anderen Ende der Welt? Bindungen wie Familie, Nachbarschaftsunterstützung und Heimatverbundenheit verhindern nicht die Herausbildung eines globalen Zusam-

---
193 Dies war das Motto der Fußball-WM 2006 in Deutschland.

mengehörigkeitsgefühls als Menschheitsfamilie, sondern sind vielmehr die Bedingung dafür. Ich nenne eine solche Geisteshaltung patriotischen Kosmopolitismus.

Die Menschen in den ostdeutschen Bundesländern, wo heute die AfD erhebliche Erfolge verbucht, haben vielfach eben *keine* echte Bindung an ihre Heimat. Vielmehr haben einige dort das Gefühl, mit der Wende sei ihr eigenes Lebenswerk unbedeutend geworden. Die früheren Identitätsentwürfe sind brüchig, die Frage nach der eigenen Identität und den eigenen Wurzeln löst in vielen Verunsicherung aus. Ist vielleicht einer von vielen Gründen für Fremdenfeindlichkeit auch das deutsche Befremden darüber, dass viele der Neuzugewanderten ihre Traditionen, Rituale und Gebräuche aus der alten Heimat auch bei uns weiterpflegen, dass sie also so etwas wie eine kulturelle Identität haben – und uns Deutschen ebendies so fremd erscheint, weil bei uns zunehmend kulturelle Identitäten und Heimatgefühle verloren gehen? Ist es Zufall, dass mit dem Zusammenbrechen dieser Bindungen auch der Zusammenhalt der Familien, die Gemeinschaft in der Nachbarschaft, die Vereinsarbeit immer mehr zurückgedrängt werden zugunsten einer Vereinsamung und absoluten Ich-Zentrierung des Einzelnen in der Masse, der als falsch verstandener Individualismus auch noch gehypt wird?

Dass die Anzahl der Singlehaushalte immer weiter steigt und Liebesbeziehungen immer öfter scheitern, passt ins Bild. Schon existieren SPIEGEL-Bestseller mit dem vielsagenden Namen GENERATION BEZIEHUNGSUNFÄHIG. Oft wird angeführt, ein höheres Autonomiebestreben sei der Grund für die hohe Singlerate, doch scheint dieser Grund vorgeschoben. Zwei Liebende können sich durchaus gegenseitig Freiräume zugestehen und den anderen sogar in seinem Autonomiebestreben unterstützen, statt zu hindern. Was der Einzelne nicht vermag, das schaffen zwei, die sich gegenseitig unterstützen und füreinander da sind. Es scheint mir eher eine tiefsitzendes Bindungsangst, eine Angst davor, einen *Anderen* in sein Leben zu lassen, bei vielen jungen Menschen vorzuliegen. Studien legen nahe, dass vor allem junge Frauen in westlichen Industrienationen in Liebesziehungen negative Aspekte sehen und lieber Single bleiben, während Männer allen Vorurteilen zum Trotz das romantischere Geschlecht zu sein scheinen und nach der großen Liebe schmachten. Über die soziologischen und psychologischen Ursachen dieses Phänomens könnte man Bibliotheken füllen, doch soviel sei gesagt: der Lifestyle des ewigen Singles passt perfekt in eine Zeit, in der neoliberaler Egozentrismus und grenzenlose Selbstverwirklichung ohne Rücksicht auf andere an erster Stelle stehen.

Auch diese Entwurzelung ist es, die Menschen in die Hände von Rechtsradikalen treibt, die mit germanischen Herrenmenschendünkel und Hass und Hetze gegen unsere neuen Mitbürger, die als „anders" oder „fremd" definiert werden, die aktive Spaltung unseres Landes betreiben und sich dafür auch noch Patrioten nennen.

# 3 Die kommende Digitalisierung und der notwendige Wandel

*„Ich glaube an das Pferd. Das Automobil ist eine vorübergehende Erscheinung."*

— Kaiser Wilhelm II.[194]

*„Es wird Wagen geben, die von keinem Tier gezogen werden und mit unglaublicher Gewalt daherfahren."*

— Leonardo da Vinci

---

194 *https://www.svz.de/12524091.*

Als Fordismus wird ein Modell des Wohlfahrtsstaates bezeichnet, welches durch Steuern und Sozialbeiträge der arbeitenden Bevölkerung (Einzahler) Sozialleistungen an Bedürftige finanziert. Es liegt auf der Hand, dass ein solches Prinzip nur gelingen kann, solange die Mehrheit der arbeitsfähigen Bevölkerung einer Erwerbsarbeit nachgehen kann. In diesem Kapitel werden wir die zu erwartenden Auswirkungen der Digitalisierung und Automatisierung, die daraus resultierende Veränderung der Arbeitswelt und die Notwendigkeit, neue Formen der Existenzsicherung durchzuführen, besprechen. Onlineshopping wird den Einzelhandel weiter schmälern, wodurch viele Jobs verloren gehen werden. Der Einzelhandel hat schon in den letzten Jahren Personal gespart, sodass man kaum noch auf qualifizierte Fachberater trifft. Der Einzelhandelsverband prognostizierte, dass bis 2020 50 000 Einzelhandelsstandorte schließen werden, das entspricht 10 % aller heutiger Läden.[195] Doch auch die Jobs bei den anderen 90 % sind nicht sicher. Die Automatisierung wird den Beruf des Kassierers in naher Zukunft überflüssig machen. Bis die Regal-Verräumung im Supermarkt von Robotern erledigt wird, ist keine Frage des Ob, sondern des Wann. Die Online-Versandhäuser testen bereits ausgiebig die Lieferung mit Drohnen statt mit Paketboten.

Im Automobilsektor sieht es ähnlich aus. Während ein V8-Verbrennungsmotor aus über 1200 Teilen besteht, sind es beim Elektromotor lediglich 25 Teile.[196]

Und wenn die autonom fahrenden Fahrzeuge serienreif sind, wird es keinen Bedarf mehr danach geben, dass fast jeder ein eigenes Auto vor der Haustür stehen hat. Per App wird man sich bequem ein selbstfahrendes Taxi bestellen können, das einen von A nach B bringt. Die 500 000 Taxifahrer in Deutschland sowie Bus- und Lkw-Fahrer sollten sich allmählich nach Alternativen umsehen. All diese Neuerungen sind aus ökologischer und menschlicher Sicht ein großer Fortschritt. 94 % aller Verkehrsunfälle

---

195 https://www.welt.de/wirtschaft/article165248634/Deutschlands-Innenstaedte-drohen-zu-veroeden.html.
196 https://www.spiegel.de/wirtschaft/unternehmen/autoindustrie-die-grosse-angst-vor-dem-grossen-jobkahlschlag-a-1172464.html

beruhen auf menschlichem Versagen.[197] Der Computer hingegen kennt auch nach der Nachtschicht keine Müdigkeit. Ein durchschnittlicher PKW steht heute 95 % der Zeit auf einem Parkplatz still, was eine unglaubliche Ressourcenverschwendung ist. Die Technische Universität München fand heraus, dass ein autonomes Fahrzeug bis zu zehn herkömmlichen Pkws ersetzen kann.[198]

Technologisch ist vielleicht der Wasserstoffantrieb und nicht Elektromobilität die Zukunft. Wasserstoff ist technisch herausfordernder, was sowohl für die Wettbewerbsvorteile deutscher Ingenieurskunst auf dem Weltmarkt als auch für die Arbeitsplatzsicherheit von Vorteil ist. Und bei der Motorenherstellung ist der Wasserstoffantrieb weit ökologischer. Sechs Automobilhersteller haben sich 2015 zu einem europäischen Wasserstoffkonsortium zusammengeschlossen, genannt *H$_2$-MOBILITY*.[199] Bis 2023 sollen in Deutschland 400 Wasserstofftankstellen entstehen, mit 1000 Stück wäre Deutschland flächendeckend versorgt. Zu den Gründungsmitgliedern von H$_2$-Mobility zählen übrigens auch Shell, Total und OMV, die sich offenbar für eine Zeit nach den fossilen Brennstoffen rüsten.[200]

Die Digitalisierung wird alle Wirtschaftsbereiche radikal verändern. Eine Studie prognostiziert auf 70 Seiten, dass bis 2030 die Hälfte aller heutigen Arbeitsplätze in den USA verloren gehen würden. 2015 kam eine Studie der ING-Bank zum Schluss, dass 18,3 Millionen Arbeitsplätze in Deutschland bedroht seien.[201]

Natürlich mögen solche Studien aufgrund des methodischen Vorgehens übertrieben sein. Erstens darf der Konservatismus von Menschen nicht unterschätzt werden. Viele Neuerungen werden weit langsamer eingeführt als technisch möglich. Sowohl Bequemlichkeit als auch Angst spielen hier eine Rolle. Es wird sicher Widerstand aus der Bevölkerung vor

---

[197] https://www.welt.de/newsticker/bloomberg/article142237038/Menschliches-Versagen-selbstfahrende-Autos-offenbaren-Schwaeche.html.
[198] https://www.spiegel.de/wirtschaft/unternehmen/autoindustrie-die-grosse-angst-vor-dem-grossen-jobkahlschlag-a-1172464.html.
[199] H2-mobility.de/h2-mobility.
[200] Vgl. Müller (2018), S. 296f.
[201] Vgl. ebd., S. 302.

autonomen Fahrzeugen geben. Viele Menschen werden weiter lieber einen menschlichen Steuerberater aufsuchen als sich von einem Computer beraten zu lassen, auch wenn der PC besser und günstiger arbeitet. Zweitens wird die Politik aus Gründen der Arbeitsplatzsicherheit notfalls den digitalen Fortschritt abbremsen, etwa mit einem mehrjährigen Entwicklungsmoratorium. Drittens darf nicht vergessen werden, dass Millionen neuer Arbeitsplätze entstehen werden. Dennoch ist davon auszugehen, dass die Zahl wegfallender Jobs größer sein wird als die Anzahl neu geschaffener. Vollbeschäftigung wird in mittlerer Zukunft kein erreichbares und auch kein erstrebenswertes Ziel sein. Doch muss Erwerbsarbeit überhaupt für alle Menschen zentrales Element im Leben sein? Und ist es nicht eine Lüge, wenn allzu oft behauptet wird, die Erwerbsarbeit gebe der Mehrheit der Menschen erst einen Sinn im Leben? Dirk Müller meint:

> „Schauen Sie am Montagmorgen in die Gesichter Ihrer Mitmenschen auf dem Weg zur Arbeit, im Stau, im Bus oder an der U-Bahn-Haltestelle. Begeisterung und Vorfreude auf eine erfüllende Tätigkeit, die dem Leben ja erst seinen Sinn gibt, sieht irgendwie anders aus. Ist nicht einer der häufigsten Sätze am Montagvormittag: ‚Das Wochenende war wieder viel zu kurz' oder ‚Die Woche nimmt wieder gar kein Ende'? Ist nicht der Schlachtruf von Millionen Arbeitnehmern kurz vor dem Wochenende einheitlich ‚TGIF – Thanks God, it's Friday!'? Warum? Weil all diese Menschen ihre Arbeit lieben und nichts lieber tun würden? Dann würden sie doch sagen: ‚Mist, schon wieder Wochenende. Ich würde so gerne noch ein paar Akten bearbeiten (oder Motorenstecker anbringen)'."[202]

Man kann davon ausgehen, dass ein nicht geringer Prozentsatz aller Arbeitnehmer eben nicht aus Sinnhaftigkeit und Spaß an der Freude in einem Angestelltenverhältnis steht, sondern aus dem simplen Grund, Geld überwiesen zu bekommen. Wenn die Jobs dieser Leute nun durch Maschinen ausgeübt werden, ist das doch ein wunderbarer Fortschritt – solange die finanzielle Existenz der Menschen anderweitig abgesichert ist. Dass die

---
202 Müller (2018), S. 309.

Digitalisierung nicht das Ende menschlicher Arbeit, sondern lediglich das Ende der spezifischen fordistischen Form der Erwerbsarbeit (Zeit-gegen-Geld-Tausch, 9-to-5-System) bedeutet, wird zudem auch im Kapitel über digitales Nomadentum beleuchtet.

Das Verrückte ist eigentlich, dass wir die Entwicklung, immer weniger arbeiten zu müssen, nicht als etwas Gutes betrachten, sondern als etwas Schlechtes. Der Grund dafür ist, dass wir jemanden, der nicht für Lohn arbeitet, stigmatisieren. Derzeit herrscht ein kitschiger Arbeitsbegriff, der zur DNS der bürgerlichen Gesellschaft gehört. Die Methode, arbeitende Menschen zu besteuern, um nicht arbeitende Menschen zu finanzieren, wird im Zeitalter der Digitalisierung nicht mehr funktionieren. So entsteht Sozialneid. Andere Finanzierungsmöglichkeiten wie die Finanztransaktionssteuer können den Weg einleiten zu einer Ökonomie, die ökologischer wirtschaftet und in der weniger gearbeitet wird. Eine weitere Änderung philosophischer Natur kann mit dem digitalen Wandel einhergehen: Richard David Precht geht davon aus, dass sich ein neues Menschenbild herauskristallisieren wird. Philosophisch gesehen haben Menschen sich in der Geschichte der gesamten abendländischen Philosophie über den Logos definiert. Intelligenz und Ratio galten als Gegenstück zur Natur. Damit haben sich Menschen nicht mehr als Teil der Natur verstanden, sondern von der Natur, von Pflanzen und Tieren abgegrenzt, die keinen Logos besitzen. Im neuen Bild werden laut Precht Pflanzen, Tiere und Menschen unter das gemeinsame Dach der fühlenden Wesen kommen, und die Künstliche Intelligenz werde die andere , nicht-natürliche Seite darstellen. Das kann eine enorme Verschiebung der Koordinaten mit sich bringen. Jetzt wird es darum gehen, das, was uns mit Tieren und Pflanzen verbindet, als das eigentliche Wesensmerkmal des Menschen zu sehen. Das sind seine empathischen Qualitäten, seine fühlenden Qualitäten, die im Zentrum des neuen Menschenbildes stehen. Wir werden einen neuen Begriff des Lebendigen entwickeln und auch eine neue Anthropologie erschaffen. Wir Menschen werden uns nicht mehr länger definieren über unseren Verstand und unsere kognitiven Fähigkeiten, weil die Künstliche Intelligenz, die wir erschaffen werden, darin tausendfach besser sein wird als wir.

Es wird mehr und mehr Lifestyle Designer geben. Derzeit ist es relativ üblich, dass Menschen ihren Wohnort, ihre Freizeit und ihre Hobbys nach ihrem Arbeitsplatz ausrichten. Immer mehr Menschen fangen bereits an, ihr Leben nach ihrem bevorzugten Lifestyle einzurichten – sie leben dort, wo es ihnen gefällt, üben Hobbys aus, die ihnen gefallen zu jenen Zeiten, die ihnen gefallen. Ihre Arbeit richten sie so ein, dass der Job zum Lifestyle passt und nicht umgekehrt. Die Szene der Digitalen Nomaden nimmt hier eine Vorreiterrolle ein.

Auch die Medizin steht vor Umwälzungen. Technologien wie LAB-ON-A-CHIP können die Diagnostik massiv vereinfachen. Während in der Corona-Pandemie die Labore in Arbeit versinken, weil nur aufwendige Hochsicherheitslabore die Tests durchführen können, wird zukünftig jeder zuhause sein Blut mit einem kleinen Chip untersuchen können. Die Daten werden ins Internet hochgeladen und ausgewertet, nach Sekunden stehen einem sämtliche Parameter zur Verfügung. Das wird uns alle gesünder und die Diagnostik kostengünstiger machen. In armen Weltregionen, wo keine Labordiagnostik zur Verfügung steht, kann so in jedem abgelegenen Dorf Mikrodiagnostik zur Verfügung stehen. Längst forschen Pioniere daran, den Alterungsprozess aufzuhalten.[203]

Im Chinesischen besteht das Wort Krise aus zwei Zeichen, dem für Chance und dem für Gefahr. Die Digitalisierung ist eine unglaubliche Chance für die Menschheit. Wir können wohlhabender werden und für diesen Wohlstand viel weniger arbeiten müssen, und freier und länger als je zuvor leben können. Doch im Rahmen des gegenwärtigen Neoliberalismus könnte die Digitalisierung soziale Unruhen auslösen. Ein System, das auf Arbeitsplatzsicherheit und dem Diktat „Wohlstand durch Arbeit" beruht, wird in sich kollabieren. Soziale Unruhen und die Machtergreifung rechtsextremer Parteien stehen zu befürchten, wenn die Digitalisierung voll zuschlägt. Neue Technologien erfordern einen neuen Umgang mit der Welt. Die Partizipatorische Marktwirtschaft ist mein Beitrag, um Alternativen aufzuzeigen.

---

203 *https://www.7jahrelaenger.de/7jl/magazin/7-forschungsansaetze--das-leben-zu-verlaengern-54536.*

# 4 Die partizipatorische Marktwirtschaft

„Revolution in Deutschland? Das wird nie etwas, wenn diese Deutschen einen Bahnhof stürmen wollen, kaufen die sich noch eine Bahnsteigkarte!"

— *Lenin*

Auch wenn wir Deutschen, wie dieses Zitat zeigt, wohl schon immer erstaunlich veränderungsresistent waren, so will ich doch den Versuch unternehmen, Möglichkeiten eines Wandels aufzuzeigen. Im vierten Kapitel befassen wir uns daher mit Aspekten eines modernen Wirtschaftssystems für das 21. Jahrhundert.

Jeder Meilenstein der heutigen Zivilisation wurde anfangs immer bekämpft. Anfangs heißt es stets, eine Idee sei unmöglich zu realisieren, zu gefährlich und widernatürlich. Doch sobald ein solcher Meilenstein verwirklicht ist, gilt er augenblicklich als normal. Auch die Demokratie galt lange Zeit als aussichtslos (die Massen seien zu unverständig), gefährlich (die Mehrheitsherrschaft sei ein Spiel mit dem Feuer) und widernatürlich (Herrscher sind von Gott eingesetzt). Ebenso galt die Abschaffung der Sklaverei lange Zeit als wunderbare Idee, die aber aussichtslos, gefährlich und widernatürlich sei, und für die Position wurden „gute", wohlklingende Argumente gefunden.

Genauso wird heute argumentiert, wenn es um die Idee eines partizipatorisches Grundeinkommens, um Abkehr von Wirtschaftswachstum oder um Tierrechte geht. All das sei *unrealistisch*, *nicht finanzierbar* und *gefährlich*. Überlassen wir doch heute mal die Ängste den anderen und begeben uns auf eine spannende Reise, die aufzeigt, wie die Zukunft sein könnte.

Bereits vor 1989 zeichnete sich am Horizont ab, dass das Ende des Realsozialismus eingeleitet ist. Die Perestroika, gegründet auf den Unmut der Bevölkerung in den osteuropäischen Staaten und massive Probleme im Finanzsystem waren der Boden, auf dem die Befreiung von der Diktatur möglich war. Schließlich ist das System Marxismus-Leninismus final gescheitert, die Menschheit ließ sich in ihrem Weg vorwärts in eine bessere Zukunft nicht mehr aufhalten.

Heute, 2020, zeichnet sich am Horizont das Ende des Kapitalismus ab. Die Corona-Pandemie wird einen wirtschaftlichen Wiederaufbau nötig machen – eine Chance, dabei ganz auf ökologische Technologien zu setzen. Die Finanzkrise 2007/2008 hat die Grenzen des Systems und Gefahren eines Zusammenbruchs vor Augen geführt. Die gegenwärtige Wirtschaftspolitik scheint nicht gewillt und nicht fähig zu sein, die Menschheit vor der Klimakatastrophe zu retten, die durch den Kippeffekt eintreten wird, wenn die Erderwärmung 1,5 °C deutlich übersteigt. Die Bevölkerung und insbesondere die Jugend wird aber nicht zulassen, dass ihre Zukunft gestohlen wird. Fridays for future wird nicht müde, und je länger die Politik untätig zuschaut, desto forscher und lauter wird der Widerstand werden. Die Tierrechtsbewegung hinterfragt die „normale" Gewalt und Brutalität, die wir Menschen unseren schwächeren Mitgeschöpfen alltäglich antun in den Tierfabriken und Laboren. Und die Digitalisierung wird vielleicht Millionen Arbeitsplätze kosten, vor allem aber Wohlstand mit weniger Arbeit ermöglichen. Die Menschheit will Lösungen für die Herausforderungen unserer Zeit und die Hoffnung am Horizont auf eine gerechtere Welt ohne Armut und im Einklang ist überall erkennbar, wenn man genau hinsieht.

Ich bezeichne diesen Ausweg hier als Partizipatorische Marktwirtschaft. Dieses Modell bewegt sich nicht innerhalb des Links-Rechts-Schemas, sondern ist ein Modell unabhängig dieser Achse. Traditionell werden sozialpolitische Maßnahmen im Links-Rechts-Schema eingeordnet. Kapitalismuskritische Ideen gelten automatisch als linksradikal. Dieses Buch möchte einen Beitrag leisten, diese Vorurteile aufzuräumen.

Im klassischen Schema gilt der orthodoxe Marxismus als links, der Laissez-Faire-Kapitalismus als rechts.

Die Philosophin Ayn Rand vertrat marktradikale Ideen, in der der Staat ausschließlich eine Sicherheitsfunktion übernehmen soll und sich aus Wirtschaft komplett heraushalten sollte. Auch einen Sozialstaat lehnte sie rigoros ab und war vielmehr Fürsprecherin des ethischen Egoismus, einer Haltung, wonach es das ethisch Richtige sei, wenn jeder egoistisch nur für an den eigenen Vorteil denkt. Lediglich negative Freiheitsrechte wie das Nicht-Gewalt-Prinzip forderte Rand. Sie machte damit ihrem Namen alle Ehre und vertritt den äußersten rechten Rand innerhalb des wirtschaftspolitischen Modells.

Am äußersten linken Rand finden sich dann Gestalten wie Mao Ze-Dong und Stalin, die Zwangskollektivierungen durchführten, die Marktwirtschaft abschafften und das gesamte Wirtschaftsleben zentralisierten. Beide Modelle wurden in der Realität schon ausprobiert. Der Laissez-Faire-Kapitalismus, auch Manchesterkapitalismus, war das Wirtschaftsmodell der frühen Industrialisierung und brachte Kinderarbeit, 16-Stunden-

Arbeitstage, Verelendung der Massen, eine massive Erhöhung der Kindersterblichkeit und allgemein enormes Leid mit sich.

Die Verbrechen von Maoismus und Stalinismus aufzuzählen, würde den Rahmen dieses Buches sprengen. Zu erwähnen ist aber, dass die Wirtschaftspolitik in China unter Mao dermaßen missraten war, dass es zu Missernten kam, in deren Folge Millionen Menschen verhungerten. Maos Bewegung hieß „Großer Sprung nach vorn", frei nach dem Motto: Der Kapitalismus steht vor dem Abgrund, doch der Kommunismus ist schon einen Sprung weiter. Der von Mao 1957 ausgerufene „Große Sprung nach vorn" war ein Sprung in den Hungertod. Die Bauern in China wurden in 24 000 Kollektive, auch Volkskommunen genannt, zusammengepfercht und mussten ihren Privatbesitz aufgeben. Mao ordnete auch an, dass private Häuser abgerissen werden sollen, wenn für die Produktion Ziegelsteine, Dachziegel oder Bauholz benötigt werde.[204] Vorsichtigen Schätzungen zufolge verhungerten 20 Mio. Chinesen. Der Historiker Frank Dikötter kommt auf die Zahl von 45 Mio. Chinesen, die in den Jahren 1958 bis 1962 einen unnötigen Tod starben.[205]

Gewissermaßen in der Mitte des Links-Rechts-Schemas liegt die Soziale Marktwirtschaft, deren Vordenker Müller-Armack, Ludwig Erhard und andere waren. Dieses Modell hat in Deutschland zum Wirtschaftswunder geführt und die Entstehung einer breiten Mittelschicht ermöglicht. Zudem gab es für die Armen soziale Sicherungssysteme, die durchaus großzügiger waren als die aktuelle Sozialpolitik Deutschlands, die durch die Agenda 2010 und die Hartz-Gesetze bestimmt sind. Weiter vorne wurde bereits belegt, dass in der Bundesrepublik Deutschland die soziale Marktwirtschaft abgeschafft wurde. Zunächst einmal sei gesagt, dass von allen bisherigen Wirtschaftsmodellen die Soziale Marktwirtschaft das wahrscheinlich menschlichste ist – ein System, in dem wirtschaftliche Notwendigkeiten und menschliche Bedürfnisse ziemlich gut aufeinander abgestimmt sind.

Wichtig für das Verständnis ist auch, dass die Soziale Marktwirtschaft nicht einfach nur ein Mittelweg zwischen Kommunismus und Kapitalis-

---

204 Zitelmann (2016), S. 18.
205 Dikötter (2014), S. 13.

mus ist, sondern bestimmten Prinzipien unterliegt, die sich von beiden Extremen grundsätzlich unterscheiden. In der freien kapitalistischen Marktwirtschaft schwirren die Kräfte des Marktes unkontrollierbar umher. Ziel des wirtschaftlichen Strebens ist allein der Profit und sonst gar nichts. Der Intentionsvektor *allen* wirtschaftlichen Handelns zeigt in Richtung *egoistische Profitinteressen*. Es mag vereinzelt vorkommen, dass dieser Intentionsvektor rein zufällig in dieselbe Richtung zeigt wie die Gemeinwohlinteressen. Weitaus öfter aber werden die Kräfte des Marktes in eine andere, oft genug gar entgegengesetzte Richtung ausgerichtet sein. Es ist also wenig verwunderlich, dass ein entfesselter Markt nicht zur Freiheit der Menschen führt, wie Milton Friedman behauptete, sondern überall da, wo der freie Markt regiert, leben die Menschen in unfreien Verhältnissen.

Die Zentralverwaltungswirtschaft wiederum, wie sie im Ostblock Anwendung fand, zerstört alle Marktkräfte ganz – im Ergebnis findet man wirtschaftlichen Niedergang und Abrutschen in die Armut.

Die Soziale Marktwirtschaft lässt die Kräfte des Marktes wirken – jedoch wird ein staatlicher Ordnungsrahmen vorgegeben, der dem Markt Regeln vorschreibt. Man kann es sich bildlich so vorstellen, dass die Kräfte des Marktes nicht mehr wild umherschwirren, sondern von einem staatlichen Ordnungsrahmen in eine gemeinsame Richtung gelenkt werden – in Richtung Gemeinwohlorientierung nämlich. Unternehmer arbeiten nach wie vor profitorientiert – jedoch können sie Profite nur auf eine Art und Weise erreichen, die auch dem Gemeinwohl dient.

Warum also nun die Partizipatorische Marktwirtschaft? Die hier vorliegende Kapitalismuskritik ist nicht deckungsgleich mit klassisch linken Konzepten. Vielmehr bewegt sie sich out-of-the-box, will außerhalb alter Schablonen moderne, basisdemokratische Möglichkeiten aufzeigen, wie das gesellschaftliche Leben menschlich und effektiv gestaltet werden kann. Die klassische Kategorisierung in linke versus bürgerliche/konservative/liberale Ideen ist ein Konzept aus dem vorletzten Jahrhundert. Traditionell links nennt man in der Politologie Konzepte, die sich durch Einsatz für einen starken Sozialstaat, aber auch für starke staatliche Eingriffe in die Wirtschaft, starken Kündigungsschutz und viele arbeitsrechtliche Regeln auszeichnen. Traditionell wirtschaftsliberal bzw. rechts sind entgegengesetzt all jene Vorschläge, die den Staat heraushalten und „den Kräften des Marktes vertrauen" wollen, die zugleich auch für Kürzungen im Sozialbereich, Entbürokratisierung für Unternehmer und Lockerung des Kündigungsschutzes eintreten.

Schweden hat eines der besten sozialen Sicherungssysteme weltweit, aber im Index der wirtschaftlichen Freiheit liegt Schweden dennoch auf den ersten 20 Plätzen (wirtschaftsliberal). Mit Rang 15 im Jahr 2018 liegt es vor Deutschland (Rang 26), welches also weniger wirtschaftsliberal *und* weniger sozial aufgestellt ist. Schweden liegt im Index der wirtschaftlichen Freiheit sogar knapp vor den USA (Rang 18)[206], das Homeland des Kapitalismus, in dem 47 Mio. Menschen von Lebensmittelmarken leben müssen.[207] Die Hürden für die Gründung eines Start-Ups sind in skandinavischen Ländern deutlich niedriger als in den USA, doch gleichzeitig gibt es starke Arbeitnehmerrechte. Frankreich stellt Unternehmern hohe bürokratische Hürden und die Politik greift traditionell sehr stark in das Marktgeschehen ein. Dennoch sind die sozialen Sicherungssysteme eher mittelprächtig, auf jeden Fall schwächer als in den skandinavischen Ländern. Dies zeigt, dass das traditionelle *Links-Rechts-Schema* nicht mehr geeignet ist, um die Wirtschafts- und Sozialpolitik einer Volkswirtschaft zu beschreiben. Die Länder mit der besten sozialen Absicherung sind oft Länder mit hoher wirtschaftlicher Freiheit.

In diesem Buch wird die These aufgestellt, dass der Kapitalismus einige implizite Prämissen hat, die undemokratisch und ungerecht sind. Traditionell sozialdemokratische Maßnahmen zielen darauf ab, dass ein starker Staat diese Ungerechtigkeiten und demokratischen Defizite mildern kann (aber niemals an der Wurzel bekämpfen). Diese Maßnahmen sind in einer globalisierten Welt zunehmend schwerer umsetzbar, was einer der Gründe für die Schwäche der Sozialdemokratie ist. Zum anderen sind diese Maßnahmen manchmal schädlich für die volkswirtschaftliche Leistungsfähigkeit, weswegen stets ein fauler Kompromiss austariert wird zwischen möglichst hoher Wohlfahrt einerseits und Erhalt der volkswirt-

---

206 *https://www.heritage.org/index/ranking*.
207 *https://www.welt.de/wall-street-journal/article114918996/47-Millionen-US-Buerger-leben-von-Essensmarken. html*.

schaftlichen Wettbewerbsfähigkeit andererseits. Orthodox-marxistische Konzepte gehen davon aus, dass der Kapitalismus überwunden oder gar bekämpft werden müsse, um die bestehenden Ungerechtigkeiten zu überwinden. Zumindest der real existierende Sozialismus hat jedoch niemals für mehr Demokratie und Gerechtigkeit in den Betrieben gesorgt, vielmehr wurden die Arbeitnehmer noch stärker von oben gegängelt und wurden noch mehr Ziele von oben vorgesetzt, als dass sie demokratisch den Betriebsablauf mitbestimmen durften (von den politischen Begleiterscheinungen wie Diktatur ganz zu schweigen). Zudem haben realsozialistische Konzepte meist zu Misswirtschaft und Niedergang der Wettbewerbsfähigkeit geführt. Der hier vorgestellt Ansatz bewegt sich auf einer Meta-Ebene. Am sinnvollsten ist er als eine Weiterentwicklung der Sozialen Marktwirtschaft zu verstehen. Die Volkswirtschaften der realen Welt werden immer komplizierter sein als die Modelle, die sie beschreiben. Und doch ist die Modellierung notwendig, wenn wir die wesentliche Dynamik eines Wirtschaftssystems verstehen wollen. Solche Modelle werden in den kommenden Kapiteln vorgestellt.

## 4.1 Das bedingungsfreie Grundeinkommen

### 4.1.1 Definition, Modelle und Finanzierung

Unter einem bedingungsfreien Grundeinkommen wird ein Einkommen verstanden, das alle Bürger eines Staates monatlich ausbezahlt bekommen. Es muss die Existenz sichern und gesellschaftliche Teilhabe ermöglichen. Ein bedingungsfreies Grundeinkommen ersetzt damit den klassisch-fordistischen Sozialstaat und etwa die herkömmliche Arbeitslosenversicherung. Er verhindert aber nicht die Existenz anderer Sozialleistungen, die im Bedürftigkeitsfall zusätzlich greifen können.

Das Netzwerk Grundeinkommen definiert:

> *„Ein Grundeinkommen ist ein Einkommen, das eine politische Gemeinschaft bedingungslos jedem ihrer Mitglieder gewährt. Es soll die Existenz sichern und gesellschaftliche Teilhabe ermöglichen, einen individuellen Rechtsanspruch darstellen sowie ohne Bedürftigkeitsprüfung und ohne Zwang zu Arbeit oder anderen Gegenleistungen garantiert werden. Das Grundeinkommen stellt somit eine Form von Mindesteinkommenssicherung dar, die sich von den zurzeit in fast allen Industrienationen existierenden Systemen der Grund- bzw. Mindestsicherung wesentlich unterscheidet. Das Grundeinkommen wird erstens an Individuen anstelle von Haushalten gezahlt, zweitens steht es jedem Individuum unabhängig von sonstigen Einkommen zu, und drittens wird es gezahlt, ohne dass eine Arbeitsleistung, Arbeitsbereitschaft oder eine Gegenleistung verlangt wird."*[208]

Die Idee, ein Grundeinkommen für alle Bürger einzuführen, ist nicht neu. Schon in den 1970ern gab es Überlegungen in diese Richtung in Nordamerika. Im März 1983 wurde in Kanada ein Betrag von 83 Millionen US-Dollar für das Projekt Mincome freigegeben, ein Feldversuch mit einem bedingungsfreien Grundeinkommen. Jeder Einwohner der Kleinstadt Dauphin, der unterhalb der Armutsgrenze lebte, bekam ein Grundeinkommen, das waren etwa 30 % der Bevölkerung. Das Experiment wurde von Forschern der Fachrichtungen Soziologie, Anthropologie und Ökonomie intensiv beforscht. Auswirkungen auf das Arbeits- und Familienleben wurden ebenso beleuchtet wie soziologische Indikatoren. Nach vier Jahren wurde eine konservative Regierung gewählt, die dem Projekt arGWöhnisch gesinnt war. Da eine wissenschaftliche Auswertung mehrere Millionen Dollar gekostet hätte, wurden die umfangreichen Daten nie analysiert. Bei der Einführung 1974 galt das Pilotprojekt noch als zukunftsträchtig, dann geriet es in Vergessenheit. Ein Forscher sagte:

---

208 https://www.grundeinkommen.de/grundeinkommen/idee.

*„Die Verantwortlichen, die Mincome ablehnten, wollten nicht noch mehr Geld für eine Auswertung der Daten ausgeben, die ihrer Meinung nach lediglich beweisen würden, was sie ohnehin wussten: Es funktioniert nicht. Und die Leute, die Mincome befürworteten, fürchteten sich vor einer Blamage, sollte das Ergebnis einer mehrere Millionen Dollar teuren Analyse negativ ausfallen."*[209]

Bei einer Untersuchung nach dem Jahr 2000 hat sich herausgestellt, dass Mincome ein überwältigender Erfolg gewesen ist. In einigen BGE-Modellen würde mit der Einführung sowohl die gesetzliche Rentenversicherung als auch die Arbeitslosenversicherung, das Arbeitslosengeld, die Sozialhilfe so wie das Wohn- und Kindergeld entfallen, ebenso die Sozialversicherungsbeiträge und die damit einhergehende Sozialversicherung.[210] Auch Kranken- und Unfallversicherung werden umstrukturiert. Es besteht entweder die Möglichkeit, dass eine Grundversicherungspflicht eingeführt wird. Dadurch wird der notwendige Beitrag für die Grundversicherung am Existenzminimum miteinbezogen und der Satz des Grundeinkommens wird passend erhöht.[211] Oder die andere Möglichkeit ist, dass „der Staat an alle staatliche Versicherungsgutscheine, die bei jeder Kranken- bzw. Unfallversicherung für eine Grundversicherung eingelöst werden können" anbietet. Dies hat zur Folge, dass sowohl ein Diskriminierungsverbot als auch ein Kontrahierungszwang gelten müsste. Eine weitere Möglichkeit wäre, wenn eine kostenlose, medizinische Grundversorgung angeboten werden würde, die durch ein staatliches Gesundheitswesen das BGE ergänzt. Die Finanzierung soll wie beim heutigen ALG II verlaufen. Das BGE wird – wie der Name verrät – *„ohne Bedingungen, ohne Gegenleistung, ohne Antrag und [..] ohne bürokratischen Aufwand als sozialpolitischer Universaltransfer an alle in gleicher Höhe monatlich ausbezahlt"*.[212] Es wird zum einen nicht mehr zwischen Erwerbstätigen und Erwerbslosen unterschieden und zum anderen auch nicht mehr zwischen selbstständiger und unselbstständiger Beschäf-

---

209 Dominion, 5. September 2011, „A Town Without Poverty?", zitiert nach: Bregman (2017), S. 43.
210 Straubhaar (2017), S. 100f.
211 ebd., S. 101.
212 ebd., S. 98.

tigung. Da das BGE steuerfrei für jegliches Einkommen ist, fallen die Steuerfreibeträge weg. Die Werbungskosten „werden als ‚Spesen' behandelt und entfallen als steuerlicher Abzugsgrund komplett".[213] Zudem können Vertragsregelungen wie die Lohnfortzahlung bestehen bleiben.

Ich wähle die Bezeichnung *bedingungsfrei* statt bedingungs*los* aus einem psycholinguistischen Hintergrund. Beim Suffix „-los" entsteht die Wirkung, es fehle etwas. Man beachte die subjektive Wirkung der Worte „sorgenfrei" und „sorglos". In den 1970ern haben pazifistische Bewegungen begonnen, den Begriff *Gewaltloser Widerstand* durch *Gewaltfreier Widerstand* zu ersetzen. Im Ergebnis war eine Stärkung pazifistischer Bewegungen zu verzeichnen.

Ein bedingungsfreies Grundeinkommen wird jedem Bürger einmal monatlich ausgezahlt, egal ob er noch andere Einkünfte hat oder nicht.

Ein wichtiger Aspekt ist die Frage: Wie geht es mit dem Rentensystem weiter? Straubhaar geht in seinem Modell davon aus, dass dieses vollständig durch ein BGE ersetzt wird, aber es gibt bessere Wege. Zusätzlich zum BGE wäre ein dauerhafter Fortbestand des Rentensystems schwer finanzierbar – und auch gar nicht nötig, wenn man es richtig macht. Niemand darf schlechter gestellt sein als vorher – wer einen Rentenanspruch von 1700 Euro netto hat, bekommt diese natürlich weiterhin, auch wenn das BGE beispielsweise 1000 Euro beträgt. Zumindest teilweise müssen zudem bis zum Stichtag X, an dem das BGE eingeführt wird, eingezahlte Rentenansprüche gültig bleiben und zusätzlich abgegolten werden. Wer in die Rentenkasse vor Einführung des BGE eingezahlt hat, hätte anstelle Einzahlung in die Rentenkasse ja auch den monatlichen Beitrag stattdessen sofort konsumieren oder investieren können – und hätte dann heute den angesparten Betrag *zusätzlich* zum BGE. Ihm entstünde also eine relative Schlechterstellung durch das BGE. Das Modell „Solidarisches Grundeinkommen – Modell von Frank Mai/Johannes Israel u.a. (Piratenpartei Deutschland)" hat dazu Berechnungen angestellt. Bei mindestens 40 Jahren Beitragszeit betrüge die Zusatzrente, die auf das BGE obendrauf kommt, mindestens 300 Euro, höchstens 600 Euro. Die Kranken- und

---

213 ebd., S. 100.

Pflegeversicherung wird mit der Einkommensteuer finanziert. Die Kosten werden auf 217 Mrd. Euro beziffert.[214]

Die Finanzierung des BGE ist der entscheidende Knackpunkt, an dem noch Überzeugungsarbeit geleistet werden muss. Generell ist festzustellen, dass das Scheinargument angeblicher Nicht-Finanzierbarkeit immer dann in den Raum geworfen wird, wenn etwas nicht gewünscht wird. Das Thema BGE ist hier keine Ausnahme. Zahlreiche Modellrechnungen zeigen, dass verschiedene Finanzierungskonzepte nachvollziehbar und stringent sind. Generell zeigen viele Autoren auf, dass ein BGE problemlos zu finanzieren ist – allein der politische Wille fehlt noch![215]

Der Philosoph Richard David Precht schlägt etwa vor, das BGE ganz oder teilweise durch eine Finanztransaktionssteuer zu finanzieren. Werner Götz, Gründer der Drogeriemarktkette *dm*, schlägt eine Finanzierung allein über Konsumsteuern vor. Dirk Müller erwähnt die spannende Möglichkeit, das BGE teilweise durch Zentralbankgeld zu finanzieren. Schon heute wird Geld aus dem Nichts durch Zentralbanken geschaffen. Statt dieses den reichen Banken in den Rachen zu werfen, wäre eine Auszahlung direkt an die Bürger doch viel sinnvoller. Natürlich bleibt auch die klassische Einkommenssteuerfinanzierung eine Option und im Zuge der Digitalisierung sollte über eine Maschinensteuer nachgedacht werden.

Es gibt aber auch genügend Finanzierungsmodelle, die nachweisen, dass Einkommenssteuern allein eine Finanzierungsmöglichkeit wären. Im Folgenden zitiere ich eine Studie, aus der ich exemplarisch eine kleine Auswahl einer Vielzahl von Finanzierungsmodellen aufzeige. Der Link zu weiterführenden Informationen ist jeweils in den Fußnoten angegeben.

---

214 https://www.grundeinkommen.de/content/uploads/2013/01/2012-ansaetze_und_modelle_gs_und_ge_blaschke.pdf.

215 Eine Übersicht der meisten Modelle findet sich auf *https://www.grundeinkommen.de/content/uploads/2013/01/2012-ansaetze_und_modelle_gs_und_ge_blaschke.pdf*.

### 4.1.2 Solidarisches Grundeinkommen

*„Die Höhe des BGE beträgt 800 Euro (2012 ca. 1.000 Euro)[216] bei Erwachsenen plus steuerfinanzierte Sozialversicherungsbeiträge für eine gesetzliche Kranken- und Pflegeversicherung für alle BGE-Anspruchsberechtigten. Damit sind diejenigen, die nur ein BGE beziehen, voll abgesichert. Für Personen mit Erwerbseinkommen verringert sich durch den steuerfinanzierten Beitrag deren erwerbsabhängiger Beitragssatz für die gesetzliche Kranken- und Pflegeversicherung."[217]*

Das Modell der SPD Rhein-Erft („Solidarisches Grundeinkommen") schlägt zur Finanzierung vor, einen nominellen Einheitssteuersatz von 50 % auf alle Einkommen zu erheben. Von der Steuerschuld wird das Grundeinkommen abgezogen. Dadurch liegt der reale Steuersatz niedriger und es entsteht eine progressive Wirkung. Mit den durch diese genannte Besteuerung erzielten Einnahmen können auch die weiteren staatlichen Aufgaben (z. B. Bildung, Infrastruktur) außerhalb des BGE finanziert werden.[218]

### 4.1.3 Emanzipatorisches Grundeinkommen – Modell der Bundesarbeitsgemeinschaft Grundeinkommen in und bei der Partei die Linke

*„Das BGE kostet in diesem Modell jährlich brutto ca. 914 Mrd. Euro, netto ca. 829 Mrd. Euro. Es wird finanziert durch Einsparungen steuerfinanzierter Sozialleistungen, eine 35-prozentige Grundeinkommensabgabe auf alle Bruttoprimäreinkommen (also nicht auf Sozialleistungen) ab dem ersten Euro, eine Sachkapital-, Primärenergie-, Börsen- und Luxusumsatzabgabe sowie über eine Abgabe*

---

216 Der Betrag entspräche im Jahr 2020 ca. 1100 Euro.
217 https://www.grundeinkommen.de/content/uploads/2013/01/2012-ansaetze_und_modelle_gs_und_ge_blaschke.pdf, S. 200ff.
218 https://www.grundeinkommen.de/content/uploads/2013/01/2012-ansaetze_und_modelle_gs_und_ge_blaschke.pdf, S. 199ff.

*für Finanztransaktionen, denen keine Ware oder reale Dienstleistung zu Grunde liegt. Bei dieser Abgabe wird ein persönlicher monatlicher Freibetrag von 1.500 Euro eingeräumt. Die progressive Einkommensteuer wird gesenkt: Der Eingangssteuersatz sinkt auf 7,5 %, der Spitzensteuersatz auf 25 %. 12.000 Euro pro Person sind einkommensteuerfrei. Es gibt nur noch eine Einkommensteuerklasse (Diese Werte sind auf der Grundlage von 1.000/500 Euro Grundeinkommen berechnet. Das waren die Beträge bis 2012.)"*[219]

## 4.1.4 Modell von Matthias Dilthey

*„Die Höhe des BGE beträgt für Erwachsene 1.100 Euro (2007, 900 Euro in 2004) plus Beiträge für die Kranken- und Pflegeversicherung. Die Kosten für das BGE betragen jährlich ca. 810 Mrd. Euro brutto und 671 Mrd. Euro netto (Kosten bezogen auf 2004). Finanziert wird das BGE durch Einsparungen steuerfinanzierter Sozialleistungen, durch eine Sozial-Umsatzsteuer (eine Konsumsteuer, die nur in den BGE-Fonds fließt, neben der bisherigen und zu modifizierenden Mehrwertsteuer für allgemeine Staatsaufgaben), durch eine Sozial-Einkommensteuer von 50 % flat tax (nur für Einkommen über der fünffachen Höhe des BGE inkl. BGE) und eine Sozial-Kapitalumsatzsteuer (Besteuerung des bisher umsatzsteuerfreien Handels mit Finanzprodukten). Da die bisherige Einkommensteuer (167 Mrd. Euro) entfällt, wird der Steuerausfall durch eine Anpassung der Mehrwertsteuer kompensiert."*[220]

Die exemplarisch gewählten Modelle (es existieren mittlerweile eine Vielzahl weiterer) beweisen, dass ein bedingungsfreies Grundeinkommen in der Bundesrepublik Deutschland finanzierbar ist – auf verschiedene Varianten.

---

[219] https://www.grundeinkommen.de/content/uploads/2013/01/2012-ansaetze_und_modelle_gs_und_ge_blaschke.pdf, S. 102.

[220] https://www.grundeinkommen.de/content/uploads/2013/01/2012-ansaetze_und_modelle_gs_und_ge_blaschke.pdf, S. 195f.

Ich schlage eine Mischfinanzierung aus Einkommens- und Unternehmenssteuern (50–80 %), Börsentransaktionsabgaben (10–40 %) und einem ca. 10-prozentigen Zentralbankgeld-Anteil vor, wobei bei letzterem die Inflationsgefahr vorher genau geprüft werden muss.

### 4.1.5 Implikationen eines bedingungsfreien Grundeinkommens

*„Es ist schön, den Augen dessen zu begegnen, dem man soeben etwas geschenkt hat."*

— JEAN DE LA BRUYÈRE

Nicht hoch genug eingeschätzt werden können die soziopsychologischen Implikationen, die die Einführung eines bedingungsfreien Grundeinkommens mit sich bringt.

In unserer Gesellschaft gibt es zwar keinen Arbeitszwang. Der Druck, der auf die arbeitende Bevölkerung durch die im Raum stehende Drohung „Hartz IV", finanzielle Verpflichtungen und selbstgemachter Druck durch Rollenerwartungen („ich muss die Familie ernähren") existiert, ebenso wie der Druck, der auf Arbeitslose selbst ausgeübt wird, kommt aber einem gefühlten Arbeitszwang in den westlichen Industrienationen gleich. Wenig ist den meisten bewusst, wie dieser Zwang im alltäglichen Sprachgebrauch wiederzufinden ist. „Ich kann heute Abend nicht lange bleiben, weil ich *muss* morgen wieder zur Arbeit" ist ein häufig verwendeter Satz. Warum *müssen* wir eigentlich stets morgen in die Arbeit, warum *wollen* wir nicht? Es ist klar erwiesen, dass Arbeit als Lebensbestandteil, der identitäts- und sinnstiftend ist, wahrgenommen wird. Die allerwenigsten Menschen wollen nicht arbeiten. Die meisten Millionäre arbeiten trotz ihres Vermögens weiter. Und dennoch wird Arbeit auch im 21. Jahrhundert noch mit Mühsal und Anstrengung anstatt mit Selbstverwirklichung, Talententfaltung und Sinnstiftung in Verbindung gebracht.

Und allein in Deutschland stehen wahrscheinlich Woche für Woche, Tag für Tag Millionen Menschen frühmorgens nur deshalb auf, weil sie eine Gehaltsüberweisung benötigen und nicht, weil sie ihre Talente entfalten oder aus intrinsischer Motivation ihren Beitrag zur Gesellschaft leisten wollen. Ein Bedingungsfreies Grundeinkommen (BGE) wird viele Menschen in die Lage versetzen, ihre derzeitige, ungeliebte Tätigkeit aufzugeben zugunsten eines Berufes, der der persönlichen *Berufung* entspricht. Ein BGE kann ferner als eine Aussöhnung zwischen Sozialismus und Kapitalismus betrachtet werden. Mit einem BGE könnten wirtschaftsliberale Prämissen, die gegenwärtig eine Lüge sind, wahr werden. Laut John Stuart Mill und Adam Smith seien in jeder modernen Wirtschaft Arbeitgeber und Arbeitnehmer frei und gleich und würden auf dieser Grundlage Verträge, etwa einen Arbeitsvertrag schließen. Diese angebliche Vertragsfreiheit ist aber nicht gegeben, da zwischen Arbeitgeber und Arbeitnehmern ein Machtgefälle besteht. Eine angebliche Gleichheit zwischen Arbeitnehmer und -geber anzunehmen, ist geradezu zynisch. Die Ausgebeuteten in den Textilfabriken in Bangladesch nähen nicht freiwillig bis zu 16 Stunden täglich Textilien, für die sie einen Hungerlohn bekommen – sie tun es aus der Not heraus, ihre Familien nicht anders ernähren zu können. In den europäischen Industrienationen gibt es zum Glück sozialpolitische Regularien sowie Arbeitnehmerschutzgesetze, etwa einen gesetzlichen Mindestlohn. Doch auch hier gehen Millionen Menschen einer Erwerbsarbeit nach, die ihnen keine Selbstverwirklichung und Entfaltung ihrer Talente einbringt, sondern der sie nur zu dem Zwecke nachgehen, ein Gehalt überwiesen zu bekommen.

Durch die Einführung eines bedingungsfreien Grundeinkommens wird die liberale Prämisse, dass Arbeitgeber und Arbeitnehmer ebenbürtig sind, tatsächlich wahr. Wir gehen dabei von einer Grundeinkommensregelung aus, die nicht nur das Existenzminimum abdeckt, sondern tatsächlich existenzsichernd ist. In einem solchen System hat der Arbeitnehmer echte Verhandlungsmacht. Ist der Lohn zu niedrig, die Arbeitsbedingungen oder -zeiten unattraktiv, die Arbeitsatmosphäre unschön, so kann der potenzielle Arbeitnehmer sich frei gegen das Jobangebot stellen – er ist ja durch sein BGE finanziell abgesichert. Eine Parität zwischen Arbeitnehmer und Arbeitgeber kann tatsächlich hergestellt werden. Womöglich führt ein BGE sogar zu einer Umkehrung des gegenwärtigen Status Quo. Vielleicht müssen sich Betriebe anstrengen und mit besonders attraktiven Angeboten gezielt Mitarbeiter werben, um Stellen besetzen zu können. Während wir derzeit ein Bieterrennen nach unten haben – Arbeitnehmer konkurrieren mit immer noch niedrigeren Löhnen um Jobs – so könnten Arbeitgeber zukünftig mit höheren Löhnen oder anderen attraktiven Angeboten wie Kinderbetreuung, gutes kostenloses Kantinenessen und ähnlichem um die Beschäftigten konkurrieren. Sozialstaatliche Maßnahmen wie ein hoher Mindestlohn, Arbeitszeitgesetze und ähnliches können natürlich weiterhin bestehen und Verbesserungen in diesem Bereich werden von linken Parteien sicher auch gefordert werden. Es ist jedoch denkbar, dass sie tatsächlich im Wesentlichen verzichtbar wären. Denn wenn das Damoklesschwert „Arbeitslosigkeit", das derzeit über der arbeitenden Bevölkerung schwebt, seine bedrohliche Wirkung vollends verloren hat, wird ein massiver Selbstbewusstseinsschub auf Seiten der Beschäftigten zu beobachten sein. Will ein Unternehmen miserable Löhne bezahlen, bietet es keinen Urlaubsanspruch oder fordert es massive Mehrarbeit in Form von Überstunden, so würden die Beschäftigten, gestärkt mit einem BGE im Rücken, selbstbewusst *Nein* sagen. Der Betrieb wird im schlimmsten Fall seine Beschäftigten verlieren. Unternehmen werden auf einmal ein ureigenes Interesse daran haben, Beschäftigte gut zu bezahlen und deren Bedürfnisse zu berücksichtigen. Die Forderung nach einem freien Markt seitens der Bürgerlichen und die Forderung nach umfassender sozialer Absicherung und Schutz vor Ausbeutung seitens der politischen Linken sind ein Widerspruch, der durch das BGE zumindest teilweise aufgelöst werden kann, sobald auf dem Markt eine tatsächliche Vertragsfreiheit zwischen Arbeitgebern und Arbeitnehmern besteht.

Das aktuelle wohlfahrtsstaatliche Modell wirkt auf Arbeitslose demotivierend, deprimierend und ist oft ein verschleiertes Subventionsprogramm für die Wirtschaft, statt eine effektive Hilfe für Betroffene. Wer Sozialleistungen wie Hartz IV erhält und seinen Pflichten nicht nachkommt, etwa zu wenig Eigenbemühungen bei der Suche nach einem Arbeitsplatz zeigt, kann sanktioniert werden, das heißt, ihm wird ein Teil seiner Bezüge gestrichen. Das Bundesverfassungsgericht hat in seinem Urteil vom 5.11.2019 entschieden, dass Totalsanktionen verfassungswidrig sind. Arbeitslose leben von Sozialleistungen, die aus Steuergeldern der arbeitenden Bevölkerung erworben werden. Man mag von Leuten wie Arno Dübel, die seit 30 Jahren von Arbeitslosengeld leben und in Talkshows offen sagen, dass sie keine Lust auf Arbeit haben, halten was man mag.[221] Fest steht: Diese Leute sind zum einen eine winzige Minderheit und zum anderen ist der sicherste Weg, um solche Personen dauerhaft zu demotivieren, der, Sanktionen zu verhängen. Wie kommt man überhaupt auf die absurde Idee, dass Bestrafung motivieren kann? Die Wahrscheinlichkeit, dass ein ALG II- Bezieher, der zu wenig Eigenbemühungen zeigt, durch Sanktionierungen mehr Bewerbungen schreibt, ist wesentlich geringer als die, dass der Betroffene das Jobcenter und vielleicht „das System" als seinen Feind ansieht und lieber die 30 % Kürzung akzeptiert, als noch in irgendeiner Weise Eigenbemühungen zu tätigen. Der Betroffene wird sich in einer Opferrolle einrichten, die eine gefährliche Radikalisierung der Betroffenen zur Folge haben kann. Für den Frieden in der Gesellschaft ist auch das eher suboptimal.

Zum anderen ist der gegenwärtige Sozialstaat oft ein verschleiertes Konjunkturprogramm für die Wirtschaft. Über Eingliederungszuschüsse bekommen Unternehmen, die einen Arbeitslosen einstellen, bis zu 50 % der Lohnkosten bis zu 12 Monate lang vom Staat finanziert. Wer länger als sechs Jahre arbeitslos ist, kann durch §16e SGBII gefördert werden, was heißt, dass das Jobcenter bis zu fünf Jahre lang 100 % der Lohnkosten übernimmt.[222] Immerhin muss hierfür sichergestellt werden, dass keinem regulären Arbeitnehmer die Stelle genommen wird, doch sind profitorientierte Unternehmen oft gewieft darin, Schlupflöcher in Gesetzen zu finden, um Lohnkosten zu sparen.

Ein BGE wird aktuelle Trends wie Start-Up-Gründungen und digitales Nomadentum befeuern. Die Freiheit von Geldsorgen wird Menschen beflügeln, um selbstbestimmt ihr Leben und Arbeiten frei zu gestalten. Viele Menschen mit einer Idee werden etwas gründen. Wenn 9 von 10 Start-Ups scheitern und nur 1 von 10 Start-Ups dauerhaften Erfolg generiert, ist bereits ein enormes Innovationspotenzial für die Wirtschaft zu erwarten. Gerade in Anbetracht der Tatsache, dass die Menschheit dringend

---

221 *https://youtu.be/89mF9kTK8ns.*
222 *https://www.gesetze-im-internet.de/sgb_2/__16e.html.*

neue Technologien benötigt, um die Klimakatastrophe abzuwenden und dennoch Wohlstand erhalten zu können, kann ein BGE hier die richtigen Impulse setzen. Natürlich wird es zudem mehr ehrenamtliches Engagement geben. Manche Menschen machen sich wenig aus Geld und ein BGE würde sie in die Lage versetzen, ihr Herzensthema in Vollzeit zu betreiben, auch wenn keine finanzielle Entlohnung winkt. Im Ehrenamtsbereich und bei Künstlern und Musikern ist davon auszugehen. Man kann ferner vermuten, dass der Konservatismus als Einstellung im Laufe der Zeit immer weiter an den Rand gedrängt und progressives Denken zunimmt. Konservativ denkende Menschen sind laut neurobiologischer Forschung stärker angstfixiert, während bei progressiv-liberal Eingestellten dasjenige Gehirnareal stärker ausgeprägt ist, dass für die Wahrnehmung von Chancen und Möglichkeiten verantwortlich ist. Ein BGE würde die fast schon normale Existenzangst um die finanzielle Situation nehmen und eine Entwicklung begünstigen, die Chancen erkennt. Ferner ist sogar zu vermuten, dass egoistische Einstellungen ab- und altruistische Einstellungen zunehmen werden. Wer Angst empfindet, dessen Empathie-Zentrum im Gehirn ist auf inaktiv gestellt. Nicht umsonst arbeiten Rechtspopulisten mit Panikmache, um Wählerstimmen zu gewinnen. In unserer Gesellschaft ist die Sorge vor sozialem Abstieg, vor Jobverlust und Altersarmut eine von Millionen Menschen geteilte Angst. Dies schafft nicht nur individuelles Leid, es verhindert mutmaßlich vielfach auch die Entwicklung von empathisch-ethischen Haltungen gegenüber Mitlebewesen. Sogar eine Erhöhung der Spendenbereitschaft für karitative Zwecke ist nach Einführung eines BGE wahrscheinlich. Wer sicher weiß, dass auch im nächsten und übernächsten Jahr das Geld aufs Konto überwiesen wird, der ist in guten Zeiten viel eher bereit, etwas zu geben.

### 4.1.6 Erfolgreiche Feldversuche

Studien aus aller Welt belegen: Geschenktes Geld funktioniert. Im Mai 2009 wurde ein Experiment gestartet, in dessen Verlauf 13 Obdachlose finanzielle Unterstützung erhalten, die nicht an Bedingungen geknüpft ist. Jeder bekommt 3000 Pfund, und wer möchte, kann sich an einen Berater wenden. Es gibt keine Auflagen.[223] Anderthalb Jahre nach Beginn des Experiments hatten sieben der Obdachlosen wieder ein Dach über dem Kopf, zwei standen kurz davor. Da die 13 Obdachlose zu den wildesten Rowdys in London gehörten, hat diese Maßnahme dem Staat sogar eine Menge Geld gespart. Rund 450 000 Pfund für Polizeieinsätze, Gerichtskosten und Sozialdienste haben die 13 Leute dem britischen Staat pro Jahr gekostet.[224] Wissenschaftler der Universität Manchester zeigen weitere Fälle auf, wo Direktzahlungen funktioniert haben. In Namibia sank die Zahl von Personen mit Mangelernährung von 42 % auf 10 %.[225] Ebenso nahmen Kinder regelmäßiger am Schulunterricht teil und die Kriminalität sank um 42 %. Insbesondere Kinder profitieren enorm – sie werden seltener krank, sind in einem besseren Ernährungszustand, wachsen besser und erbringen bessere schulische Leistungen.[226] Direktzahlungsprogramme waren im Jahr 2000 noch völlig unbekannt, mittlerweile profitieren global 110 Millionen Menschen in 49 Ländern davon. Der Vorteil von Direktzahlungen an Bedürftige in Entwicklungsländern ist auch, dass die oft korrupte Verwaltung umgangen wird. So sind in Indien bisher weit mehr als die Hälfte aller Sozialhilfegelder irgendwo versickert, anstatt zu den Bedürftigen vor Ort zu gelangen, die oft in entfernten und abgeschotteten Dörfern leben. Staatliche Maßnahmen zur Armutsbekämpfung sind seit der Unabhängigkeit immer wieder an den feudalähnlichen Verhältnissen auf dem Land gescheitert. Großgrundbesitzer, die als Angehörige einer hohen Kaste große Landgüter geerbt haben, fungieren als einzige Arbeitgeber. Viele müssen Frondienste für den Großgrundbesitzer leisten, um den Lebensunterhalt zu bestreiten. Auch dort tut sich zum Glück gerade einiges in die richtige Richtung. Im Dorf Panthbadodiya im indischen Bundesstaat Madya Pradesh wurde ein Experiment zum bedingungslosen Grundeinkommen gestartet.

---

223 Bregman (2017), S. 33.
224 Bregman (2017), S. 33.
225 *https://www.brot-fuer-die-welt.de/pressemeldung/2009-namibia-grundeinkommen-sichert-ernaehrung/*.
226 Hanlon (2010), S. 6.

> „Initiator des Projekts war die Frauengewerkschaft SEWA (Self Employed Women's Association). Sie vertritt seit 40 Jahren die Interessen von Frauen mit niedrigem Einkommen und hat 1,7 Millionen Mitglieder. Das Projekt lief 18 Monate lang. Beteiligt waren daran 8 Dörfer mit insgesamt 4.000 Bewohnern. Ihnen wurde ein frei verfügbarer Betrag als Zuschuss zu anderen Einkommensarten ausgezahlt. [...] Für Mütter gab es noch einmal 100 Rupien pro Kind obendrauf. Vier der Testdörfer waren zuvor bereits mehrere Jahre von der SEWA unterstützt worden."[227]

Die Empfänger von Direktleistungen können das Geld für jene Dinge verwenden, die sie dringend brauchen, anstatt dass Dinge für sie gekauft werden, von denen selbsternannte Experten meinen, dass sie sie brauchen. Entgegen den Vorurteilen zeigen alle Experimente zum BGE, dass die Leute das Geld nicht für Alkohol und Zigaretten, sondern sehr sinnvoll ausgeben. Laut Weltbank sank in 82 % aller untersuchten Fälle in Afrika, Lateinamerika und Asien der Alkohol- und Tabakkonsum stark.[228] Es ist ein Modell der Entwicklungshilfe, gegen das selbst Neoliberale schwer argumentieren können: Menschen wird ein Geldbetrag zur Verfügung gestellt, den sie frei auf dem Markt gegen Produkte eintauschen können, ohne dass es den Staat benötigt.

Wenig bekannt ist, dass bereits in den 1970er Jahren beinahe ein bedingungsfreies Grundeinkommen in Nordamerika eingeführt worden wäre. 1968, im Jahr der Studentenproteste, veröffentlichten fünf bekannte Ökonomen einen offenen Brief an den Kongress, in dem sie ein garantiertes Grundeinkommen für jeden Bürger forderten, das nicht unterhalb der amtlichen Armutsgrenze liegen dürfe. 1200 Wirtschaftswissenschaftler unterzeichneten den Appell. US-Präsident Nixon, seines Zeichens Republikaner und glühender Antikommunist, zeigte sich begeistert.[229] Präsident Nixon las die Biografien des britischen Premierministers Benjamin Disraeli und des Staatsmanns Lord Randolph Churchill, Vater von Win-

---

227 http://www.nrhz.de/flyer/beitrag.php?id=19309.
228 Bregman (2017), S. 40.
229 Ebd., S. 47ff.

ston Churchill, und beschloss, ebenso wie die beiden mit utopischen Ideen Geschichte zu schreiben. Ein BGE war für Nixon die perfekte Symbiose aus Progressivismus und Konservatismus und sei geeignet, die Armut für immer zu besiegen. Es war der Einfluss des Beraterstabs des Präsidenten und die Mehrheiten in beiden Kammern, die das ehrgeizige Vorhaben leider doch scheitern ließen. 1968 war ein Jahr, bevor die USA den ersten Menschen auf den Mond schickten. Die erste Nation auf dem Mond und das erste Land, das die Armut für immer besiegte – es war eine Zeit, in der utopisches Denken noch nicht als linke Fantasterei abgetan wurde, sondern ein echter Fortschrittsglaube die Menschen und auch die Politik beseelte. Zweimal passierte ein entsprechendes Gesetzesvorhaben den Senat – zweimal scheiterte es, auch am Widerstand vieler Demokraten (erstaunlicherweise gehört auch in Deutschland die SPD zu den schärfsten BGE-Widersachern überhaupt). Endgültig zu den Akten gelegt wurde das Vorhaben jedoch erst 1978, wesentlicher Auslöser war eine statistische Angabe: In einem BGE-Experiment in Seattle sei die Scheidungsrate um 50 % gestiegen. Zu einer Zeit, in der das Konzept „Lebensabschnittspartner" noch nicht so beliebt war, befürchtete man, geschenktes Geld mache Menschen lotterhaft und unfähig für dauerhafte Beziehungen, das BGE geriet in Verruf. Die ganze Tragik dieses Umstands zeigte sich 10 Jahre später bei einer erneuten Auswertung: Die Forscher hatten einen statistischen Fehler begangen. In Wahrheit blieb die Scheidungsrate unverändert.[230]

Studien ergaben, dass allein der Gedanke an einen finanziellen Engpass die kognitiven Fähigkeiten einschränkt, und zwar um etwa 13 IQ-Punkte. Mit anderen Worten: Wer in Armut abrutscht, wird dümmer.[231] Intelligentere Menschen werden seltener kriminell und sind seltener arbeitslos. In einer digitalisierten Welt werden vor allem Berufe benötigt werden, in denen kognitive Fähigkeiten unabdingbar sind. Ein BGE wird also auch auf dieser Ebene zu einer gewaltfreieren und volkswirtschaftlich wettbewerbsfähigeren Gesellschaft führen.

---
230 Glen C. Gain und Douglas Wissoker (1988).
*http://www.irp.wisc.edu/publications/dps/pdfs/dp85788.pdf.*
231 Bregman (2017), S. 63ff.

### 4.1.7 Das partizipatorische Grundeinkommen: Bedingungsfreies und erweitertes Grundeinkommen

*„Unsere Wünsche sind Vorgefühle der Fähigkeiten, die in uns liegen, Vorboten desjenigen, was wir zu leisten imstande sein werden."*

— JOHANN WOLFGANG VON GOETHE

Um die Kräfte der Einzelnen optimal zur Entfaltung anzuregen und hohe Leistungsanreize zu bieten, schlage ich eine spezielle Form eines Grundeinkommens vor – genauer gesagt zwei nebeneinander liegende Grundeinkommensarten. Das erste ist bedingungslos und etwas über dem Existenzminimum orientiert. Es ermöglicht die Existenzsicherung auf einem Standard etwas höher als das heutige ALGII-Niveau. DER PARITÄTISCHE schlägt derzeit eine Mindestsicherung von 582,00 Euro plus Kosten der Unterkunft als Nettobeträge vor, DIE LINKE fordert im kommenden Wahlprogramm 1200 Euro netto inklusive Wohnung als finanzielle Untergrenze für ein menschenwürdiges Dasein. An diesem Niveau darf sich ein BGE orientieren. Dieses bekommt jeder Bürger ausgezahlt. Daneben schlage ich die Einführung eines erweitertes Grundeinkommens (EGE) vor, das beantragt werden muss. Es steht jedem Bürger zu, der sich in gesondertem Maße für die Gesellschaft einsetzt und kein Erwerbseinkommen generiert. Beispielsweise könnte durch den Nachweis einer pro Woche mindestens 10-stündigen ehrenamtlichen Tätigkeit dieses erweiterte Grundeinkommen ausbezahlt werden. Menschen, die keiner Erwerbsarbeit nachgehen (können), haben dadurch einen finanziellen Anreiz, sich zum Wohle der Gemeinschaft zu engagieren. Bei der Frage, welche Engagements bei der Anerkennung des EGE anerkannt werden sollen, ist eine unbürokratische Vorgehensweise zu empfehlen. Ob kostenlose PC-Kurse für Rentner an der VHS, Müllsammeln im Wald, Wildtierschutz, Umwelterziehung, Engagement in einer demokratischen Partei, Zeit verbringen mit einsamen Menschen, Seelsorge oder anderes – solange ein Nutzen für Teile der Gesellschaft (dazu zähle ich ausdrücklich auch das Wohlergehen von Tieren) entsteht, ist eine Anerkennung der Tätigkeit als gemeinnützig und damit förderungswürdig im Sinne des erweiterten Grundeinkommens sinnvoll. Viele Engagements sind naturgemäß umstritten. Ein Klartraumseminar, Trancetanz- oder Yoga-Retreat mag dem einen als esoterischer Nonsens erscheinen, anderen Menschen aber eine wundervolle Beschäftigung sein. Um der Gefahr eines Missbrauchs dieser EGE-Regelung vonseiten des Staatsapparats von vornherein vorzubeugen (etwa, wenn nur politisch genehme Engagements unterstützt werden), sollte gesetzlich verankert werden, dass alle Engagements, bei denen ein Nutzen zumindest wahrscheinlich ist und keine Gefahr für andere ausgeht, für das EWG anrechenbar sind. Dieses Modell hat aus meiner Sicht einen enorm positiven Effekt auf zivilgesellschaftliches Engagement. Da Menschen danach streben, etwas Sinnvolles zu tun, ist gerade durch eine großzügige Anerkennungspraxis sichergestellt, dass viele unterschiedliche, auch unkonventionelle zivilgesellschaftliche Engagements unser Zusammenleben aufs Erfreulichste beleben. Daneben wäre zu überlegen, ob aus sozialen und Gerechtigkeitsgründen das erweiterte Grundeinkommen auch jenen Erwerbslosen ausgezahlt wird, die einer ehrenamtlichen Tätigkeit einfach nicht nachgehen können, also etwa chronisch kranken Menschen, die einen entsprechenden Nachweis bei der Grundeinkommensbehörde einreichen. Einzige Problematik dieses EGE ist natürlich ein potenziell explodierender Verwaltungsaufwand, wenn die Einhaltung der Mindestarbeitszeit in jedem Fall überprüft werden soll. Mein Modell eines EGE ist kein hohes Gehalt, sondern ein angemessener Aufschlag zum BGE, etwa 200 Euro pro Person und Monat extra. Sollte in Einzelfällen diese EGE-Regelung dann missbraucht werden, weil jemand ein Engagement vorgibt, das er nicht ausübt (und der Schwindel nicht auffliegt), wäre der Schaden für die Gemeinschaft praktisch nicht spürbar.

Dieses Belohnungssystem ist nicht nur menschlicher als das heutige Bestrafungssystem, dem Hartz IV-Empfänger durch die ständige Androhung von Leistungskürzungen bei mangelnder Mitwirkung ausgesetzt sind, sondern auch neurobiologisch sinnvoller: Heute ist fast jeder Arbeitnehmer der potenziellen Gefahr von Arbeitslosigkeit ausgesetzt, und Arbeitslose sind der Gefahr von Sanktionen ausgesetzt. Dieses System hält unser Angstsystem aktiv. Die Amygdala ist das Hirnareal, in dem Angstgefühle entstehen. Indem man die Androhung von Strafe unterlässt und stattdessen mit Belohnungen für Anstrengung winkt, wird stattdessen das Hirnareal aktiviert, das als Belohnungssystem gilt. Durch die Aktivierung dieser neurologischen Schaltkreise werden Menschen motiviert und aktiviert, während sie durch Angstgefühle in Schockstarre und damit Passivität verfallen. Auch ohne ein BGE würde unser Sozialstaat sehr viel besser funktionieren, wenn Arbeitslose durch Aussicht auf Belohnung (Beispiel: Es gibt 100 Euro monatlich extra, wenn mindestens 10 Bewerbungen geschrieben werden) aktiviert statt durch Sanktionsandrohung in Apathie versetzt werden.

Bekommen sollte das Partizipatorische Grundeinkommen jeder Staatsbürger ab 18 Jahren. Für jüngere Menschen bleiben im Bedarfsfall die jetzigen Sozialleistungen bestehen. Auch Kindergeld soll es weiterhin geben, wobei ich eine deutliche Erhöhung der jetzigen Regelsätze vorschlage. Für die Integration anerkannter Flüchtlinge ist es sinnvoll, mit dem Tag der Anerkennung in Deutschland auch ein Partizipatorisches Grundeinkommen auszuzahlen. Auch über die Einführung eines Begrüßungsgeldes für Neugeborene darf nachgedacht werden. Man sollte gute Ideen nicht verwerfen, weil sie das erste Mal in einer Diktatur umgesetzt wurden. In der DDR gab es fürs erste und zweite Kind monatlich je 20 Mark, für das dritte Kind 50 Mark und für das vierte Kind wurden 60 Mark gezahlt. Ab dem fünften Kind gab es monatlich 70 Mark Kindergeld. Zudem erhielten Studentinnen für jedes Kind monatlich 50 Mark extra.[232] Der aktuelle Zustand unserer Gesellschaft, dass Kinder ein Armutsrisiko sind, muss auf jeden Fall überwunden werden.

Wenn ein globales BGE die extreme Armut weltweit besiegt, wenn es in den Industriestaaten so umgesetzt wird, dass dort auch die relative Armut besiegt wird und jeder Mensch eine gute Existenzsicherung hat, dann dürften orthodox-marxistische Konzepte endgültig ihre Strahlkraft verlieren. Umgekehrt wird mit einer weiteren Verschärfung der Ungleichheit und der neoliberalen Wirtschaftsweise die radikale Linke über kurz oder lang wiedererstarken. Die klassisch linken Parteien werden sich in einem

---

232 *https://www.lr-online.de/nachrichten/ddr-zahlte-seit-1975-fuer-maedchen-und-jungen_aid-4351071.*

BGE-System nur halten, wenn die Linke den relativ weit fortgeschrittenen Prozess der Verabschiedung altmarxistischer oder gar neostalinistischer Konzepte vollendet. Die von Sahra Wagenknecht beschriebene Prozess, dass der Politische Liberalismus konsequent zu Ende gedacht im demokratischen Sozialismus mündet, wird durch ein BGE offensichtlich. Wie oben beschrieben, kann ein BGE durchaus als Synthese zwischen Sozialismus und Liberalismus betrachtet werden.

### 4.1.8 Kritik des BGE

*„Zuerst ignorieren sie dich, dann lachen sie über dich, dann bekämpfen sie dich und dann gewinnst du."*

— MAHATMA GANDHI

Seit den ersten Vorschlägen erntet das BGE natürlich wie jede politische Idee Kritik. Genauso wie die Befürworter sich nicht ins übliche Links-Rechts-Schema einordnen lassen, existieren auch dessen Kritiker in allen politischen Strömungen von Linken bis zu Konservativen und Wirtschaftsliberalen, wobei sich die Gründe für die Ablehnung unterscheiden.

Ein Gegenargument kommt ständig von bürgerlicher Seite geradezu reflexartig und ist so geläufig, dass ich es „das Faulheitsargument" nenne: Sobald ein BGE eingeführt wird, würden alle Menschen zu Faulenzern, die nicht mehr arbeiten wollen. Die Angst, dass die Wirtschaft zusammenbricht, weil fast niemand mehr arbeiten würde, ist so häufig gerade unter Konservativen anzutreffen, dass man erschrocken darüber sinniert, welches Menschenbild im bürgerlich-konservativen Spektrum wohl vorherrscht. Dahinter steckt die Annahme, der Mensch sei ein durch und durch bequemes Wesen, das egoistisch ausschließlich nach dem einfachsten Weg sucht. Die Menschheitsgeschichte beweist das Gegenteil, denn wenn es tatsächlich so wäre, hätten wir Amerika nie entdeckt, wären nie auf den Mond geflogen, hätten Pest und Pocken nicht ausgerottet und würden wahrscheinlich noch immer auf Bäumen sitzen oder in Höhlen wohnen. Größere Ziele im Leben, die Möglichkeit, dass Menschen persönliche

Träume verwirklichen wollen, etwas in ihrem Leben erreichen und für sich selbst und andere einen Unterschied machen wollen, kommen im Weltbild jener BGE-Kritik nicht vor. Einen Beitrag zur Gesellschaft zu leisten und Menschen helfen zu wollen scheinen ebenso keine Motivatoren zu sein wie der schlichte Wunsch nach mehr Geld. Eine einfache Methode, um im direkten Gespräch diesem Argument zu begegnen, ist die Frage: *Würdest du also sofort und dauerhaft aufhören zu arbeiten, wenn du ein BGE bekämest?* In allen mir bekannten Fällen lautet die Antwort, oft mit einem entrüsteten Unterton: *„Doch, natürlich würde ich weiterarbeiten, ich will doch nicht nur faul und bequem auf der Couch liegen, sondern habe Ziele im Leben!"* Dieselben Leute sind es aber, die anderen Menschen unterstellen, dass diese keine Ziele haben und nur noch auf der Couch liegen wollen.

Sozialpsychologische Studien wie etwa von Tim Kasser zeigen, dass alle Menschen eine sinnvolle Betätigung brauchen, um Selbstwirksamkeit zu erfahren. Sinn und Anerkennung entsteht durch andere. Insbesondere die gesellschaftliche Anerkennung ist für so viele von uns so wichtig – fürs Liegen in der Hängematte gibt es null Anerkennung, sondern sogar noch Schelte. Die ist viel weniger verlockend, als die Unterstellung lautet. Umgekehrt gibt es ein weit erhöhtes Depressionsrisiko, wenn Menschen anstelle eines Arbeitsplatzes (gesellschaftliche Integration und Teilhabe) und einer sinnvollen Tätigkeit nur die Hängematte zur Verfügung steht: das Argument hält nicht.[233] Will man betrachten, wie Menschen gezielt demotiviert werden, so ist gerade die freie Marktwirtschaft mit den iihr eigenen Werten mit der Grund dafür: Insbesondere im Berufsleben werden wir im Kapitalismus mit externen Werten regelrecht überrannt. Erfolg, Geld, Ruhm oder Macht gelten als erstrebenswert, bereits jungen Menschen werden diese Werte als Anreizvektor präsentiert. Dies hindert uns daran, die innere Stimme wahrzunehmen, den eigenen Lebensweg zu erkennen und von innen heraus Motivation zu schöpfen.

Natürlich ist es zutreffend, dass man Menschen gezielt demotivieren und sie zur Faulheit animieren kann. Dazu wurden in der Menschheitsgeschichte auch schon Experimente von politischen Führern gemacht, die

---

233 Vgl. Kasser (2018).

einen *neuen Menschen* erschaffen wollten. So kam Ché Guevera in Kuba auf die *grandiose* Idee, allen Zuckerrohr-Erntehelfern denselben Lohn zu bezahlen, egal ob sie im Müßiggang ernteten oder fleißig viel Zuckerrohr mit der Machete abschlugen. Im Ergebnis sank der Ernteertrag um ca. ¾. Da sich der Comandante aber für unfehlbar hielt, kam er nicht auf die Idee, einfach wieder nach Leistung zu bezahlen, sondern ließ im ganzen Land Arbeitslager errichten, wo Bauern und Helfer Zwangsarbeit leisten mussten.

Das Problem in Kuba war, dass es für den Einzelnen keinen Unterschied machte, ob er sich anstrengte oder nicht. Damit gibt es eine erstaunliche Parallele zum heutigen System in der BRD. Denn die Denkweise, ein BGE würde die Arbeitsmotivation herabsetzen, ist auch deshalb absurd, weil im aktuellen System sich arbeiten fast nicht mehr lohnt. Mit einer Vollzeitarbeitsstelle verdient man nur ein bisschen mehr, als ein ALG-II-Empfänger bekommt, es sei denn, man hat das Glück, nicht im Niedriglohnsektor beschäftigt zu sein. Bei einer Vollzeitstelle, deren Bezahlung im Bereich des Mindestlohns liegt, bekommt man etwas mehr als 1200 Euro netto monatlich ausbezahlt. Der ALG-II-Regelsatz besteht aus den Kosten der Unterkunft (KdU) und dem Regelsatz. Zusammengerechnet sind das leicht 1060 Euro monatlich.[234] Wer aber Vollzeit arbeitet, hat womöglich Fahrtkosten, kann vielleicht aufgrund der Arbeitszeiten nicht mehr Lebensmittel bei der Tafel holen, auch wenn er anspruchsberechtigt bleibt (viele Arbeitnehmer sind trotz Arbeit arm) und muss fünf Tage die Woche etwas leisten, ohne am Monatsende die Früchte seiner Arbeit als angemessenes Äquivalent auf dem Bankkonto zu sehen. Der Freibeitrag für ALG-II-Empfänger beträgt schlappe 100 Euro. Das heutige Wohlfahrtsmodell ist hervorragend geeignet, um hart arbeitende Menschen zu demotivieren. Dass Bezieher von Transferleistungen dennoch eine oft erstaunliche Motivation aufweisen und große Mühen auf sich nehmen, um Arbeit zu finden, liegt zum einen am Stigma Hartz IV und den Sanktionsandrohun-

---

234 Ich gehe in der Rechnung von der angemessen Bruttokaltmiete der Stadt Ingolstadt aus (580,00 Euro für 1 Person) plus angemessenen Heizkosten (ca. 50,00 Euro pro Person) plus Regelbedarf (424,00 Euro). Vgl. dazu *https://www.ingolstadt.de/Rathaus/Aktuelles/Meldungs-Archiv/Jobcenter-Unterkunftskosten-.php?object=tx,2789.5.1&ModID=7&FID=465.2638.1&NavID=2789.737&La=1*.

gen, beweist aber auch, dass Menschen durchaus nicht nur aus finanziellen Gründen gewillt sind, einen Beitrag zum Gemeinwohl zu leisten. Ein BGE würde jeden motivieren, sich etwas hinzu zu verdienen und den eigenen Lebensstandard zu verbessern. Es muss einen motivierenden Unterschied machen, wenn man viel leistet, aber man muss Menschen nicht das Leben absichtlich schwer machen, um sie anzuspornen.

Richtig ist sicherlich, dass man Menschen nicht mehr ausbeuten kann, wenn man ihnen ein BGE zukommen lässt. Arbeitsbedingungen, die dem menschlichen Wohlergehen widersprechen, werden wohl nicht mehr konkurrenzfähig sein. Ob sich weiterhin Menschen finden werden, die dauerhaft in Großraumbüros bis zur Rente Excel-Tabellen abtippen und sich von einem idiotischen Chef anbrüllen lassen werden, darf bezweifelt werden. In Wahrheit steckt hinter dem Faulheitsargument also, dass die neoliberalen Gegner sehr genau spüren, dass es mit Ausbeutungsverhältnissen schnell ein Ende haben wird, sobald das BGE kommt.

Ein BGE soll dazu dienen, die Existenz zu sichern. Nehmen wir einen exemplarischen Betrag von 1200 Euro netto monatlich. Dieser reicht für ein menschenwürdiges Leben aus, für Luxusbedürfnisse jedoch nicht. Die allermeisten Menschen wären bemüht, einen höheren Lebensstandard zu erreichen, weshalb allein aus diesem Grund davon ausgegangen werden kann, dass Menschen weiterhin Arbeit verrichten wollen, um Mehrverdienst zu generieren.

Zum anderen ist hier die psychosoziale Natur des Menschen zu berücksichtigen. Menschen können aus vielfältigen weiteren Motivationen arbeiten wollen. Die hohe Ehrenamtsquote in Deutschland, all die Helferinnen und Helfer bei den Tafeln, in den Tierheimen, den zahllosen Vereinen, die Engagierten in der Flüchtlingshilfe und in den politischen Parteien beweisen doch, dass Geld nicht die einzige Motivation ist, warum Menschen von der Couch aufstehen. Mit ihrer Arbeit wollen Menschen etwas bewirken, einen Unterschied machen, sich einbringen. Daneben darf der menschliche Narzissmus nicht unterschätzt werden. Soziale Anerkennung, Jobtitel, Status, Angeberei mit der vermeintlichen Wichtigkeit des eigenen Berufs können Motivatoren sein, warum Menschen an fünf Tagen in der Woche in Großraumbüros ausharren, die nicht unbedingt die Kriterien der artgerechte Tierhaltung für die Spezies HOMO SAPIENS erfüllen. Es ist davon auszugehen, dass die Gesamtarbeitsleistung einer Volkswirtschaft nach Einführung des BGE gleichbleibt. Ich habe ausgeführt, dass mittelfristig eine Steigerung der wirtschaftlichen Leistungsfähigkeit zu erwarten ist. Es ist möglich, dass viele Bürger langgehegte Träume wie eine ausgedehnte Reise, eine längere Auszeit, eine Aufnahme eines Studiums oder anderes zunächst verwirklichen. Gleichzeitig ist davon auszugehen, dass diese Leute im Anschluss an diese Auszeit sogar produktiver arbeiten werden. Weiter ist denkbar, dass viele Menschen dauerhaft etwas weniger arbeiten. Das wäre jedoch kein Nach-, sondern ein immenser Vorteil. So gibt es zahlreiche Hinweise darauf, dass Menschen nicht 8 Stunden am Tag produktiv arbeiten können. Eine Reduktion auf 6 tägliche Arbeitsstunden wäre den Grenzen der menschlichen Konzentrationsfähigkeit angemessener. Mehr Freizeit würde Stress reduzieren, eine gelungene Work-Life-Balance ermöglichen und hätte auch positive Auswirkungen auf die Gesundheit. Durch den Wegfall des Drucks der De-facto-Arbeitspflicht können massive gesundheitliche Verbesserungen erwartet werden. Weniger Stress und Druck führen zu weniger Krankheitstagen, was auch volkswirtschaftlich von Vorteil ist. Viele Zivilisationskrankheiten wie Herzinfarkt, Bluthochdruck, aber auch Krebs stehen neben vielen anderen Faktoren auch mit Stresshormonen in Verbindung. Eine kollektive Stressminderung durch weniger lange Arbeitstage und mehr Freizeitgestaltungsmöglichkeiten für die Masse würde viele Menschen gesünder machen und vielleicht sogar die Lebenserwartung erhöhen. Die Kosten für Krankenkassen werden vermutlich durch höhere Volksgesundheit sinken – auch hier zeigt sich wieder ein positiver Effekt eines BGE auf die Volkswirtschaft, was alle BGE-Befürworter gegenüber neoliberalen Widersachern in die Diskussion mit einwerfen dürfen. Eine Reduktion der Arbeitszeit ist übrigens allein schon durch die zu erwartende Produktivitätssteigerung im Zuge der Digitalisierung machbar und sogar notwendig.

Daneben werden kreative und unternehmerische Potenziale freigesetzt. Viele Menschen haben den Wunsch und eine kreative Idee, um sich selbstständig zu machen. Die finanzielle Sicherheit, die das BGE bietet, wird diesen Menschen die Kraft geben, ihre Idee endlich umzusetzen. Neue

Start-Ups werden aus dem Boden sprießen. Wenn nur ein Bruchteil davon großen Erfolg haben wird, sind allein dadurch Innovationen, ein starker Boom für die Wirtschaft, zahlreiche neue Arbeitsplätze und neue Steuereinnahmen zu erwarten. Niemand kann abschätzen, wie viele grandiose Gründer, Erfinder und Entrepreneure der Welt bisher entgangen sind, weil sie sich den Schritt der Gründung finanziell schlicht nicht leisten konnten oder das Risiko zu hoch war. Ferner ist davon auszugehen, dass Bildung für den Einzelnen einen höheren Stellenwert gewinnt. Mehr Menschen werden nach höherer Bildung streben, nicht nur in jungen Jahren, sondern stetig in Form regelmäßiger Weiterbildungen. Dies wird persönlich zu mehr Arbeitszufriedenheit und höheren Einkommenschancen führen – und gesamtwirtschaftlich die Konjunktur stärken. Steven Pinker erläutert in seinem Bestseller „Aufklärung jetzt!", dass mit zunehmender Bildung auch Einkommen, die Verbreitung liberaler Einstellungen, Freiheit und Gleichberechtigung zunehmen.[235] Damit wird ein BGE zumindest indirekt auch in diese Richtung wirken. Eine leichte Schwächung der ökonomischen Leistungsfähigkeit, dafür aber auch eine massive Stärkung der Zivilgesellschaft dürfte durch den Umstand zustanden kommen, dass einige Menschen entweder gar nicht mehr oder mit weniger Arbeitsstunden einer bezahlten Erwerbstätigkeit nachgehen werden, um mehr Zeit für ihre ehrenamtlichen Engagements zu haben. Gerade in der Tierrechtsbewegung gibt es hochmotivierte Menschen, denen an Luxus weit weniger liegt als an ihrem Engagement für die Mitgeschöpfe. Erstens sind solche Engagements aber enorm vorteilhaft und zweitens schätze ich den ökonomischen Negativ-Effekt hier äußerst gering ein. Zusammenfassend lässt sich sagen: Unter Berücksichtigung aller Faktoren dürfte das BGE insgesamt sogar ein massives Konjunkturprogramm sein.

Nach der Entkräftung des *Niemand-wird-mehr-arbeiten*-Arguments ist manchmal noch eine abgeschwächte Variante davon zu hören. Es gibt wenig attraktive Berufe, wie z. B. Reinigungsdienste, die Müllabfuhr und weitere. Zumindest in diesem Berufen würde dann niemand mehr arbeiten, so das Argument. An dieser Stelle sei hierzu gesagt: In diesem Argu-

---
235 Pinker (2018).

ment wird latent die Behauptung aufgestellt, dass nur durch Ausübung von Zwang Menschen diese Tätigkeiten ausführen – und dass wir Menschen zwingen müssen, die Drecksarbeit zu machen. An der Stelle kommt die versteckte Menschenverachtung dieser Argumentationsweise zum Vorschein. Genauso wurde früher auch die Sklaverei gerechtfertigt. Wer, wenn nicht die Schwarzen, soll die ganze Arbeit machen, war die gängige Denkweise von Sklaventreibern. Die Menschen, die heute in weniger attraktiven Berufen arbeiten, erdulden im Übrigen gleich drei Nachteile auf einmal: Erstens sind diese Tätigkeiten in der Regel schlecht bezahlt (es gibt Ausnahmen; das Gehalt bei der Müllabfuhr oder Kanalreinigung ist durchaus attraktiv). Zweitens sind die Tätigkeiten an sich und auch die Arbeitsbedingungen oft unattraktiv, sowie erzeugen hohe Belastungen und Gesundheitsrisiken. Drittens sind diese Berufe oft mit niedriger sozialer Anerkennung, im Gegenteil sogar mit sozialer Ablehnung und Verachtung verbunden. Wenn Sie das nicht glauben, gehen Sie kommende Woche auf zwei soziale Veranstaltungen, idealerweise solche, wo vor allem Leute aus der Oberschicht oder gehobenen Mittelschicht anzutreffen sind. Das eine Mal stellen Sie sich als Manager einer wichtigen Firma vor, das zweite Mal als Reinigungskraft oder Müllmann. Dann beobachten Sie die Reaktionen Ihrer Mitmenschen und ziehen Sie Ihre Schlüsse. Es wäre wünschenswert, wenn alle Reinigungskräfte und Müllmänner all jenen Menschen, die mit den sogenannten „unteren Schichten" nichts zu tun haben wollen, deren Wunsch erfüllen – und nicht mehr deren Büros reinigen und ihnen den Müll schön liegen lassen. Die Geringschätzung von Menschen, die in wichtigen, statusarmen Berufen arbeiten, ist eine der subtilsten, aber nicht minder bösartigen Auswirkungen des Kapitalismus. Insbesondere Männer leiden oft darunter, wenn ihre berufliche Rolle gemeinhin mit einem „niedrigen Status" assoziiert wird, da beruflicher und finanzieller Erfolg bei Männern teilweise auch mit attraktiver Wirkung auf Frauen in Verbindung gebracht wird. Ein BGE wird auch hier eine Verbesserung einläuten. Wenn Menschen freiwillig unbeliebte Tätigkeiten ausüben, weil attraktive Anreize, insbesondere natürlich eine gute Bezahlung angeboten werden, werden Menschen, die diese wichtigen Aufgaben erfüllen, automatisch auch mehr Wertschätzung erhalten. Final ist festzuhalten, dass die Forderung nach einem bedingungsfreien Grundeinkommen von konservativer Seite auch deshalb so stark bekämpft wird, weil es eine Perspektive eröffnet, *„die den sozialen Charakter von Arbeit, das Verbergen der Hausarbeit oder auch die Ausweitung des Arbeitens in alle Bereiche unseres Lebens offenkundig werden lässt."*[236]

Nach der Entkräftung klassisch bürgerlicher Gegenargumente wenden wir uns nun den Argumenten zu, die von linker Seite gegen das BGE eingebracht wird.

Zum Beispiel ist der bekannte linke Politikwissenschaftler Christoph Butterwegge ein entschiedener Gegner des bedingungsfreien Grundeinkommens. Auch die linke Politikerin Sahra Wagenknecht, die durch messerscharfe Analysen oft genug die gesellschaftlichen Zustände treffend beschreibt, ist beim Thema BGE noch im tradierten, sozialkonservativen Denken gefangen. Die geäußerte Gefahr eines BGE bestünde darin, dass alle bewährten Sozialleistungen entfallen. Viele Menschen haben Sonderbedarfe, die durch herkömmliche Sozialleistungen oder ein prinzipiell ausreichendes BGE nicht abgedeckt werden. Ein Rollstuhlfahrer bekommt z. B. Sonderbedarfe zugeteilt, die kostspielig und selbst durch ein hohes BGE nicht abdeckbar sind. Jedoch ist die Gefahr, dass diese Leute durch ein BGE schlechter gestellt werden, unbegründet. Schon jetzt ist hierfür die Krankenkasse und nicht das Sozialamt zuständig. Viele sozialstaatliche Maßnahmen werden unter dem BGE subsumiert und daher unglaublich vereinfacht, spezifische Sozialleistungen für besondere Bedürfnisse müssen natürlich weiterhin bestehen.

Christoph Butterwegge warnt in einem Interview davor, dass sozialpolitisch motivierte Regulationen des Arbeitsmarkts wegfallen könnten. Er nennt dabei den Kündigungsschutz, den Mindestlohn und anderes. Der lesenswerte Beitrag wird hier ausführlich zitiert:

> **makro:** *Die Veränderungen in Folge der Digitalisierung und Automatisierung der Industrie sind gewaltig. Brauchen wir vor diesem Hintergrund nicht eine neue Diskussion über Lohn und Arbeit?*

---
[236] Srnicek (2016), S. 229.

> **Christoph Butterwegge:** *Immer dann, wenn es technologische Innovationen im Sinne einer Revolution gab, wurde behauptet, dass der Gesellschaft die Arbeit ausgehe. Das war nach Erfindung der Dampfmaschine, der Elektrizität, der Roboter und der Computer so, stimmte aber nie. Heute werden die Menschen mit Schlagworten wie «Industrie 4.0» oder «Digitalisierung» hinter die Fichte geführt, damit sie Angst vor dem Arbeitsplatzverlust bekommen und Reallohnverluste oder schlechtere Arbeitsbedingungen akzeptieren.*[237]

Aus meiner Sicht steht hier ein Argument für das BGE, auch wenn Butterwegge es sicher anders meint. Dass Arbeitnehmern überhaupt Angst vor Arbeitsplatzverlust gemacht werden kann, dass Arbeitnehmer durch Angst Reallohnverluste und schlechtere Arbeitsbedingungen hinnehmen, ist ja eben genau das Problem, welches ein BGE abschaffen wird. Indem Menschen ihre Existenzsicherung *unabhängig* von Lohnarbeit gesichert haben, sind sie durch Arbeitgeber nicht mehr erpressbar.

> [...]
> **makro:** *Sie nennen das bedingungslose Grundeinkommen ein «Paradies für Unternehmer». Aber wären die Unternehmer nicht eher die Verlierer, wenn Arbeit freiwillig wäre?*
> **Christoph Butterwegge:** *Nein, nicht zufällig gehören namhafte Unternehmer und Spitzenmanager großer Konzerne wie der Telekom und der Post zu den Verfechtern eines bedingungslosen Grundeinkommens. Denkt man die Grundeinkommenslogik zu Ende, könnten schließlich alle übrigen Sozialleistungen abgeschafft und alle sozialpolitisch motivierten Regulierungen des Arbeitsmarktes gestrichen werden. Es gäbe womöglich keinen Schutz vor Kündigungen mehr, sondern bloß noch betriebliche Abfindungsregeln. Flächentarifverträge erscheinen vor diesem Hintergrund genauso entbehrlich wie Mindestlöhne. Auch müssten die Unternehmer nicht mehr viel „oben drauf" legen, um Arbeitskräfte zu rekrutie-*

---

237 https://bit.ly/2IFRRj1.

> *ren. Denn die Menschen arbeiten ja nicht bloß des Geldes wegen –*
> *da haben die Grundeinkommensbefürworter durchaus recht –,*
> *sondern auch, um einen Lebenssinn zu finden, sich nützlich zu*
> *machen und etwas für die Gesellschaft zu tun. Das bedingungslose*
> *Grundeinkommen wäre gewissermaßen ein Kombilohn für alle*
> *Bürger, so wie Hartz IV ein Kombilohn für 1,2 Millionen Aufstockerinnen und Aufstocker ist.*

Hier macht Butterwegge zwei Denkfehler. Zum einen vertraut er nicht auf demokratische Prozesse und Aushandlungen, die es nach Einführung eines BGE genauso geben wird. Es wird weiterhin linke sowie bürgerliche Parteien und Meinungen geben. Die einen werden Kündigungsschutz und andere sozialpolitisch motivierten Regulierungen kürzen wollen, andere werden aber weiterhin für dessen Aufrechterhaltung streiten. Das Vorhandensein solcher Regelungen ist also schlicht *unabhängig* vom Vorhandensein oder Nicht-Vorhandensein eines BGE. Dramatisch ist aber, wie Butterwegge hier einen entscheidenden Aspekt völlig vergisst: Das gesamte Damoklesschwert, das Butterwegge hier als Bedrohung für den Arbeitnehmer in düsteren Farben malt, verliert durch ein BGE ebendiese Bedrohung. Es gibt keinen Schutz vor Kündigungen mehr? Sollte es tatsächlich so kommen, wäre dies längst nicht mehr so bedrohlich. Die Absicherung durch das BGE gibt dem Arbeitnehmer Sicherheit. Es kann aber sein, dass Arbeitnehmer Wert auf ein gutes Arbeitsklima und Planbarkeit legen und deshalb im Einstellungsgespräch schlicht einen festgelegten Kündigungsschutz fordern. Nicht lohnabhängig, werden die Beschäftigten wesentlich selbstbewusster agieren und Forderungen stellen. Es kann zu einem genau entgegen gesetzten Verhalten kommen: Arbeitgeber müssen fürchten, dass Angestellte bei kleinen Differenzen recht schnell den Arbeitgeber verlassen und sich mit dem Geld aus dem BGE begnügen, wenn ihnen Arbeitsbedingungen nicht (mehr) zusagen. Ein fehlender Kündigungsschutz kann Unternehmen in die Bredouille bringen, keine Arbeitskräfte mehr anwerben oder langfristig im Unternehmen halten zu können. Kommt der Arbeitgeber nicht entgegen, findet er womöglich keine Angestellten. Im weiteren Verlauf behauptet Butterwegge, *„die Unternehmer [müssen] nicht* mehr viel ‚oben drauf' legen, um Arbeitskräfte zu rekrutieren". Das genaue Gegenteil ist der Fall. Wieso sollte jemand bereit sein, für einen zu niedrigen Lohn zu arbeiten, wenn er sich dank BGE nicht dazu genötigt sieht?

Begründet wird Butterwegges Behauptung, wenn überhaupt, nur halbherzig: Korrekt weist er darauf hin, dass Menschen auch arbeiten, *„um einen Lebenssinn zu finden, sich nützlich zu machen und etwas für die Gesellschaft zu tun"*. So wahr diese Aussage ist, so völlig unsinnig bleibt dennoch, warum dieser Antrieb Menschen dazu treiben solle, sich freiwillig unterdrückerischen, unzufriedenstellenden Arbeitsverhältnissen auszusetzen. Vielmehr wird die Suche nach Lebenssinn und der Wunsch, einen Beitrag für die Gesellschaft zu leisten, dazu führen, dass Menschen eine bedürfniserfüllende Arbeit suchen und nicht mehr unbefriedigende Arbeitsverhältnisse ausüben, um einen Gehaltsscheck am Monatsende heimzubringen. Zusammengefasst lässt sich sagen, dass Butterwegge übersieht, wie exorbitant die Verhandlungslage jedes einzelnen Arbeitnehmers durch Einführung eines BGE steigt.

Die ganze Argumentationsweise von Butterwegge wirkt paternalistisch. Sein Modell *linker* Politik ist im Grunde genommen autoritär. Er geht davon aus, dass Menschen nicht eigenverantwortlich handeln können und von gutmütigen linken Politikern geführt werden müssen. Seine Darstellung beruht geradezu auf einer „Heiligsprechung" der Erwerbsarbeit. Arbeit – und nur Erwerbsarbeit als Angestellter im Unternehmen – scheint für ihn ein heiliges Dogma zu sein, das auf keinen Fall in Frage gestellt werden darf. Auf solche Argumentationsmuster sollten aufgeklärte, liberale Linke nicht hereinfallen. Sehen wir uns sein letztes Aufgebot gegen ein BGE an.

> **makro:** *Einer der prominentesten Befürworter des bedingungslosen Grundeinkommens ist Götz Werner. Er fordert 1000 Euro für jeden. Könnte so ein fester monatlicher Betrag nicht vielen Leistungsempfängern Armut und Demütigung ersparen?*
> **Christoph Butterwegge:** *Das bezweifle ich. Götz Werner, Gründer der dm-Drogeriemarktkette, möchte sämtliche Steuerarten abschaffen, die Großunternehmer wie er zahlen müssen: die Reichensteuer, die Gewerbesteuer und die Körperschaftsteuer,*

*die Einkommensteuer der Kapitalgesellschaften. Refinanzieren möchte Werner das Grundeinkommen durch eine drastische Erhöhung der Mehrwertsteuer, obwohl diese besonders kinderreiche Familien von Geringverdienern und Transferleistungsbeziehern hart trifft, weil sie praktisch ihr gesamtes Einkommen in den Alltagskonsum stecken müssen.*
*Während ein Milliardär wie Götz Werner seiner Gattin den nächsten Brillantring auf den Bermudas oder den Bahamas ohne hohe Steuerlast kaufen könnte, würden Mittelschichtangehörige und Arme ihr Grundeinkommen selbst finanzieren, wenn sie im heimischen Kiez einkaufen gehen. Wie man sieht, bildet die Refinanzierung des Grundeinkommens seine Achillesferse, zumal es prominenten Befürwortern des Grundeinkommens an sozialer Sensibilität, Empathie und Solidarität mit den Unterprivilegierten fehlt."*[238]

Auch hier stellt Butterwegge falsche Prämissen auf. Richtig ist, dass *einige* Modelle zur Finanzierung eines BGE so aufgebaut sind wie das von Götz Werner vorgestellte. Butterwegge unterschlägt hier wissentlich, dass auch Götz Werner in seinem Finanzierungsmodell durch Konsumsteuern einen massiv höheren Mehrwertsteuersatz für Luxusgüter und einen niedrigen für Waren des täglichen Bedarfs vorschlägt. Er könnte seinem eigenen Modell nach also den nächsten Brillantring für die Gattin nur mit enorm hohem Steuersatz bezahlen. Umgekehrt sollen Güter des alltäglichen Lebens weiter eine niedrige Mehrwertsteuer haben – kinderreiche Familien von Geringverdienern werden also nicht hart getroffen, wie von Butterwegge fälschlicherweise behauptet. Außerdem lässt er unerwähnt, dass es zahlreiche Modelle zur Finanzierung gibt – auch die Finanzierung über Finanztransaktionssteuern, wie von Richard David Precht vorgeschlagen, steht im Raum und viele weitere Modelle.[239] Hier könnte man vermuten, dass der psychologische Mechanismus der Rationalisierung zuschlägt.

---

[238] *https://bit.ly/2IFRRj1.*
[239] Vgl. *https://www.grundeinkommen.de/wp-content/uploads/2017/12/17-10-%C3%9Cbersicht-Modelle.pdf.*

Haben wir uns einmal auf eine Meinung festgelegt, sucht unser Verstand gezielt Argumente, die unsere Meinung bestätigen.

Als letztes wird von linker BGE-kritischer Seite ein Argument vorgebracht, das nicht so leicht widerlegbar ist. Die Kritiker befürchten, dass bei Einführung eines BGE dieses so niedrig angesetzt wird, dass der Lebensstandard eines reinen BGE-Beziehers noch unter dem eines heutigen Sozialhilfeempfängers liegt.

Diese vorgebrachte Kritik ist auch von Seiten der Befürworter auf jeden Fall ernst zu nehmen. Die Einführung eines BGE birgt Gefahren, wenn es falsch umgesetzt wird. Die Höhe darf nicht nur das Existenzminimum, sondern muss die Existenzsicherung ermöglichen, und es muss auf Jahre hinweg gesichert werden, dass es nicht zu einer Kostenexplosion beispielsweise der Krankenkassenbeiträge kommt. Am besten sollte per Gesetz ein Nettobetrag festgelegt werden, der nicht unterschritten werden darf. Es muss *vor* Einführung sichergestellt werden, dass eine andere, womöglich marktradikale Regierung das BGE nicht nachträglich massiv kürzen und damit zu einer Verelendung sozial Schwacher beitragen darf. Sehr sinnvoll wäre daher ein Artikel im Grundgesetz, die den existenzsichernden Charakter des BGE festschreibt. Auch muss darauf geachtet werden, dass die Mietpreise nicht derart explodieren, dass selbst mit einem üppigen BGE keine Miete mehr bezahlt werden kann. Staatlicher Wohnungsbau und regulierende Eingriffe in den privaten Wohnungsmarkt werden vermutlich zunächst unverzichtbar bleiben. Mechanismen zur Sicherstellung günstigen Wohnraums für die Bevölkerung, sei es in Form staatlich subventionierter Wohnungen oder funktionierender Mietpreisbremsen, müssen erarbeitet werden.

Auch als Befürworter des BGE sollte man also nicht jedem Vorschlag applaudieren, sondern vorsichtig sein. Die Nicht-Einführung eines BGE ist auf jeden Fall besser als die Einführung eines zu niedrigen BGE, welches die Lebenssituation von Arbeitslosen, Armutsrentnern und armen Kindern verschlechtern statt verbessern würde. In der Tat wäre ein klassischer fordistischer Sozialstaat auf einem Leistungsniveau, wie ihn etwa die skandinavischen Länder aufweisen, besser als die Einführung eines bedingungsfreien Grundeinkommens in zu niedriger Höhe.

Viele weitere Ideen wären zu überlegen. Der politische Wettstreit zwischen eher leistungs- und eher sozialorientierter Ausrichtung der Wirtschafts- und Sozialpolitik wird immer ein Spannungsfeld bleiben, da Menschen nun mal unterschiedliche Ansichten dazu haben. Wie wäre es damit: Jeder Bürger darf sich innerhalb des ersten Jahres nach Erreichen der Volljährigkeit entscheiden: Wählt er das wirtschafts- oder das sozialorientierte Staatsmodell für sich? Wählt er das sozialstaatliche Modell, so kann er sich sein ganzes Leben lang darauf verlassen, im Falle eintretender Bedürftigkeit einen hohen Sozialstandard zu haben bzw. ein hohes PGE zu erhalten. Umgekehrt: Wird er sehr erfolgreich, verdient er gutes oder sehr gutes Geld, muss er auch einen hohen Steuersatz entrichten. Genau umgekehrt verhielte es sich beim wirtschaftsorientierten Modell: Wird er erfolgreich sein, wird er sich niedrigerer Steuern erfreuen. Umgekehrt aber gilt auch: Fällt er in die Bedürftigkeit, so wird er sich mit niedrigen sozialen Standards anfreunden müssen. Natürlich müssen trotzdem seine für die Wahrung der Menschenwürde elementaren Grundbedürfnisse wie Nahrung, medizinische Versorgung und Wohnraum abgedeckt sein – alles andere wäre ein Rückfall in die Barbarei – aber eben nicht mehr. Ein solches Modell würde die Eigenverantwortung des Bürgers stärken. Über Differenzierungs- und Finanzierungsmodelle müsste natürlich intensiv beraten werden.

## 4.2 Partizipatorische Betriebe – Ein Modell der Mitarbeiterdemokratie

*„Was dem einzelnen nicht möglich ist, das vermögen viele."*

— FRIEDRICH WILHELM RAIFFEISEN

Ein wichtiges Prinzip einer egalitären Wirtschaftsordnung ist die Mitarbeiterbeteiligung.

Wie aktuell das Thema ist, zeigt der Umstand, dass sich einige Unternehmen schon intensiv damit auseinandersetzen, wie Mitwirkung im Betrieb aussehen könnte.[240]

Wolfgang Weber, der als Professor an der Universität Innsbruck zum Thema Mitarbeiterdemokratie forscht, sagt:

> *„Studien aus Europa und den USA belegen, dass die Lebenserwartung der Unternehmen mit Mitarbeiterbeteiligung deutlich länger ist und sie auch besser durch Krisenzeiten kommen. Zweitens ist der Verdienst der Mitarbeiter in der Regel besser, und nicht zuletzt ist auch die konkrete Arbeitssituation im Sinne einer menschengerechten Arbeitsgestaltung besser. Logisch: Wenn die Mitarbeiter mehr zu sagen haben, sind auch Beziehungen zwischen Vorgesetzten und Belegschaft stärker von gegenseitiger Anerkennung geprägt. Das wirkt sich auch auf die Loyalität der Mitarbeiter aus: Die Identifikation mit dem Unternehmen ist in der Regel deutlich besser als in vergleichbaren Unternehmen."*[241]

Außerdem haben Forschungen an seinem Institut nachgewiesen, dass Einstellungen wie Sozialverträglichkeit und Hilfsbereitschaft zunehmen, wenn Mitarbeiter an Unternehmensprozessen demokratisch beteiligt werden. Sogar eine höhere Bereitschaft, sich gesellschaftlich zu engagieren, konnte nachgewiesen werden. *„Unternehmen, die mehr Mitsprache und Mitentscheidung zulassen, würden ihrer Gesellschaft daher einen großen Dienst erweisen: Auf diese Weise können sie etwas für die Stabilität der Demokratien in Europa tun – und gleichzeitig ihr Unternehmen stärken und festigen."*[242]

Aktuell gehören Betriebe mit mehreren Beschäftigten je nach Rechtsform einem Einzelunternehmer, mehreren Unternehmenseigentümern oder auch den Aktionären. Dass jedoch jeder Mitarbeitende einen Anteil am Unternehmen hat, kommt lediglich bei der seltenen Genossenschaftsform vor.

---

240 *https://www.sueddeutsche.de/wirtschaft/demokratie-in-firmen-der-gewaehlte-chef-1.2349724.*
241 *http://www.jobnews.at/demokratische-unternehmen/.*
242 *http://www.jobnews.at/demokratische-unternehmen/.*

An genau diesem Punkt setzt das Konzept der Partizipatorischen Betriebe an. Der Erfolg eines Unternehmens hängt an den Beschäftigten. Das Konzept des partizipatorischen Betriebes bedeutet, dass jeder Mitarbeiter sowohl Eigentumsanteile als auch Mitbestimmungsrechte an dem Betrieb haben sollte, in dem er arbeitet. Je nach Arbeitszeit und Dauer der Betriebszugehörigkeit sind diverse Anteile festlegbar. Ebenso werden mit Austritt aus dem Unternehmen die entsprechenden Eigentumsanteile und Mitbestimmungsrechte abgetreten, so wie bei Neueintritt eines Mitarbeiters ins Unternehmen diese übertragen. Insbesondere bei großen Unternehmen kommen hier viele Wechsel zustande. Ein nicht-manipulierbares IT-System, über das die Mitarbeiterpartizipation stattfinden kann, sollte daher für jeden partizipatorischen Betrieb ab 10 Mitarbeitern („Mittelstand") selbstverständlich sein. Kostengünstige oder -freie Systeme können z. B. von einer Behörde zur Verfügung gestellt werden.

Bezüglich der Mitarbeiterbestimmung sind verschiedene Modelle denkbar.

Bei großen Unternehmen ab 500 Mitarbeitern ist die freie und geheime Wahl das richtige Instrument. Die Spitze des Konzerns, insbesondere der Vorstand – sollte demokratisch von der Belegschaft gewählt werden. Im Sinne einer repräsentativen Demokratie könnte dieser dann auf bestimmte Zeit – z. B. fünf Jahre – eigenmächtig Entscheidungen treffen. Nach fünf Jahren stehen die nächsten Vorstandswahlen an, bei denen dann wieder verschiedene Kandidatinnen und Kandidaten mit Wahlversprechen für die Vorstandsposten antreten.

Die Wirtschaftsdemokratie im Stil einer rein repräsentativen Demokratie aufzubauen, enthält jedoch einige Nachteile. Bereits auf großer politischer Ebene sehen wir, dass repräsentative Demokratie eben nicht immer bedeutet, dass sich der Wille des Volkes durchsetzt. So sind ca. 90 % aller Deutschen laut Umfragen gegen die lebensverachtende Praxis der Massentierhaltung, ebenso lehnte eine große Mehrheit den Einsatz der Bundeswehr in Afghanistan ab. Beides wird jedoch vom Parlament unterstützt bzw. nicht unterbunden. Umgekehrt würden 70 % aller Befragten einen Mindestlohn von mindestens 12 Euro pro Stunde unterstützen. Auch innerbetrieblich steht zu befürchten, dass rein repräsentativ-demokratische Mechanismen die Entstehung einer echten mitarbeiterdemokratischen Kultur behindern. So besteht auch hier die Möglichkeit, dass Wahlversprechen der gewählten Konzernspitze schlicht übergangen werden. Entstehen danach erneut Enttäuschungen seitens der Mitarbeiter – etwa, weil wiederholt Wahlversprechen nicht eingehalten werden oder die gewählten Bosse zunehmend Cliquenwirtschaft betreiben, werden sich die Mitarbeiter nicht mehr vertreten fühle.

Das Entstehen einer innerbetrieblichen Zuschauerdemokratie erscheint wahrscheinlich.

Um diesen Gefahren zu begegnen, sollten viele direktdemokratische Instrumente zur Verfügung stehen. So können über ein Mehrstufenverfahren analog zum bayerischen Prozess des Einreichens eines Bürgerbegehrens auch im Unternehmen direktdemokratische Mitarbeiterabstimmungen zu einem spezifischen Thema einberufen werden, wenn sich ein gewisser Prozentsatz an Unterstützern innerhalb des Unternehmens findet. Zentrale Entscheidungen wie Standortverlagerungen und Spartenerweiterungen oder -streichungen sollten grundsätzlich von der Belegschaft selbst entschieden werden. Die technische Umsetzung kann so wie auch bei staatlichen Wahlen gelingen. Benötigt wird eine demokratische Instanz, die die Wahlen und Abstimmungen beobachtet. Entsprechende Wahlgesetze werden ebenso notwendig sein wie unternehmensspezifische Verordnungen und Satzungen die Mitbestimmung betreffend. Bei kleineren Unternehmen wären festgelegte Mitbestimmungsrechte ausreichend. Die Regelung per Bundesgesetz ist auch hier sinnvoll.

Spannend ist die Idee, dass das Eigentum eines Betriebes bei *allen* Mitarbeitern liegen sollte. Denkt man über solche Modelle nach, stellt sich als erstes die Frage, welchen Anteil jeder Beschäftigte am Unternehmen haben soll. Der einfachste und auf den ersten Blick demokratischste Weg wäre natürlich die Gleichbeteiligung. In einem exemplarischen Betrieb mit 100 Beschäftigten hätte somit jeder eine Stimme bei Entscheidungen und $\frac{1}{100}$ des Gesamteigentums am Betrieb. Dies entspräche dem intuitiven Verständnis von Gleichheit und Gerechtigkeit, sehr schnell wird aber die Undurchführbarkeit und auch die Gerechtigkeitsdefizite eines solchen Modells deutlich.

Nehmen wir an, ein Entrepreneur gründet einen Imbissladen. Nach nur zwei Monaten läuft der Betrieb so gut, dass er seinen Umsatz beträchtlich steigern könnte, indem er einen Mitarbeiter anstellt. Bei einer Gleichverteilung hieße das: Der Mitarbeiter hat – sofern er dieselbe Arbeitszeit hat – die Hälfte des Eigentums am Unternehmen und gleichberechtigte Entscheidungshoheit. Bei zwei eingestellten Mitarbeitern hätte der Gründer auf einmal nur noch ⅓, also eine Minderheit am Eigentum und am Stimmgewicht bzgl. Entscheidungen. Dies würde wohl kaum ein Gründer akzeptieren. In einem solchen Falle steht zu befürchten, dass die meisten Gründer lieber Ein-Mann-Unternehmer bleiben und auf Umsatz- und Gewinnsteigerung verzichten, anstatt ihre Entscheidungs- und Eigentumshoheit über das von ihnen ins Leben gerufene Unternehmen zu verlieren.

Auf diese Weise bleibt partizipatorische Betriebsführung unattraktiv.

Wir leben glücklicherweise in der längsten Friedensperiode seit mehr als 70 Jahren in Europa. Eine stabile Verfassung, hohe Rechtssicherheit, die Kontinuität deutscher Außenpolitik, negativ gesprochen aber auch ein enormer Strukturkonservatismus und politische Starrheit haben uns daran gewöhnt, dass politische, wirtschaftliche und gesellschaftliche Verhältnisse nahezu unveränderbar scheinen. Während die 1968er Bewegung noch „die Verhältnisse zum Tanzen bringen" wollte, werden heute radikalere Vorschläge schnell mit Luftschlössern in Verbindung gebracht. So bezeichnete Bundesverkehrsminister Andreas Scheuer Kevin Kühnert, der vorschlägt, dass große Konzerne vergesellschaftet werden sollen, als „verirrten Fantasten" – witzigerweise der selbe Mann, der in Ingolstadt „Flugtaxis" vorstellte, die nicht fliegen[243] und eine Maut einführen wollte, die am Ende dem Steuerzahler über eine halbe Milliarde kostete. Doch gibt es durchaus evolutionäre Möglichkeiten, ein solches neues Eigentumsmodell schrittweise einzuführen.

Zu erwähnen ist hier z. B. die demokratische Unternehmensverfassung der Akademie Solidarische Ökonomie.

---

243 Vgl. Donaukurier vom 12.3.2019; siehe auch *https://bit.ly/2LeE70F*.

Die Akademie erkennt zwei Strukturprobleme unserer Wirtschaftsordnung, zum einen ein „*einseitig materialistisches Arbeitsverständnis, Arbeit diene allein der Herstellung von Gütern bzw. Dienstleistungen und dem finanziellen Einkommen (mentale Ebene)*".[244] Zum anderen wird das Profitmaximierungsprinzip der kapitalistischen Wirtschaftsweise und seine direkte Folge, die Umverteilung zu Gunsten der Kapitaleigener und zu Ungunsten der abhängig Beschäftigten (strukturelle Ebene), kritisiert.

Die Akademie fordert ein neues „*Verständnis von Arbeit und Wertschöpfung als Grundlage einer neuen Arbeits- und Sozialkultur*".[245] Auch die Hausarbeit muss einbezogen werden. Hierzu existiert der Entwurf einer solidarischen und partizipativen Unternehmensverfassung, die im Folgenden skizziert wird.

Die Eckpfeiler einer neuen Arbeitskultur aus Sicht der Akademie sind ein Absenken der Regelarbeitszeit, Teilen der Erwerbsarbeit, die Sicherung und Schaffung ganzheitlicher Arbeitsplätze, Flexibilisierung der Arbeitszeit und eine neue Wertschätzung von Familien- und Eigenarbeit sowie der Gemeinwohlarbeit. In einer Solidarischen Unternehmensverfassung sind wie auch in der jetzigen Wirtschaftsordnung unterschiedliche Eigentumsformen sinnvoll. Unternehmen werden partizipativ gelenkt. Ein hochinteressanter Vorschlag ist die Einbeziehung eines Wirtschaftsrates, der zu je einem Drittel von Mitarbeitern des jeweiligen Unternehmens, Kapitalgebern und der gesamten Gesellschaft besetzt wird. Bei allen strategischen Unternehmensentscheidungen wird dieser miteinbezogen.[246]

Auch über eine neue Form der Bilanzierung wurde nachgedacht. Nach aktueller betriebswirtschaftlicher Lehre und gesetzlichen Anforderungen existieren in der Unternehmensbilanz die Aktiv- und die Passivseite, wobei ausschließlich monetäre Auswirkungen des Handelns erfasst werden. Soziale und ökologische Folgen unternehmerischen Handelns werden nicht bilanziert, daher erscheinen die schädlichen Auswirkungen

---

244 http://www.akademie-solidarische-oekonomie.de/wp-content/uploads/2018/08/Eckpunktepapier_Grundsatzprogramm_Akademie_Solidarische_Oekonomie_2015_11_15.pdf.

245 Ebd.

246 Vgl. http://www.akademie-solidarische-oekonomie.de/wp-content/uploads/2018/08/Eckpunktepapier_Grundsatzprogramm_Akademie_Solidarische_Oekonomie_2015_11_15.pdf.

vieler Unternehmungen auf Umwelt und Gesellschaft nicht in der Bilanz. Daher wird eine mehrdimensionale Nachhaltigkeitsbilanz vorgeschlagen. Mithilfe einer Reform des Bilanzrechts müssen Unternehmen auch die sozialen und ökologischen Folgen ihres Tuns bilanzieren. Um klein- und mittelständische Unternehmen nicht zu überfordern, wird eine Abstufung der Bilanzierungs-Genauigkeit nach Unternehmensgröße angestrebt. Aus allen drei Bilanzierungskriterien – monetäre, soziale und ökologische – soll eine Kennzahl erhoben wird, welche den Unternehmensgewinn und die Kapitalrendite als heute wichtigste betriebswirtschaftliche Kennzahl ersetzt. Diese Kennzahl soll auch bei der Vergabe öffentlicher Aufträge berücksichtigt werden. Die Vergabe von Subventionen oder steuerlicher Entlastungen bestimmter Branchen soll ebenfalls nach dieser Kennziffer erfolgen.

Der dritte Eckpfeiler der Solidarischen Ökonomie ist eine andere Verteilung des Unternehmensgewinns:

*„Nach heutigem Gesellschaftsrecht stehen im Unternehmen erwirtschaftete Überschüsse den Personen zu, die das private Kapital zur Gründung oder zur Kapitalerhöhung eingebracht haben. Mit dem Wachstum des Unternehmens wachsen so ausschließlich die privaten Vermögen der Gründer oder Investoren."*[247]

Dass die Beschäftigten durch ihre Arbeitsleistung den Unternehmensgewinn und unternehmerisches Wachstum erst ermöglicht haben, findet hier ebenso keine Berücksichtigung wie die Tatsache, dass die Gesellschaft die soziale und ökologische Infrastruktur bereitgestellt hat, die den Unternehmenserfolg erst ermöglichten. Christian Felber weist in seinem YouTube-Gespräch mit Tilo Jung darauf hin, dass der Staat unzählige Vorleistungen für die Wirtschaft erbringt: Infrastruktur wie Transportwege, Elektrizitätsnetze und Energieversorgung, Bildung und Ausbildung der jungen Menschen. Doch sobald diese Vorleistungen erbracht sind, fordern

---

247 http://www.akademie-solidarische-oekonomie.de/wp-content/uploads/2018/08/Eckpunktepapier_Grundsatzprogramm_Akademie_Solidarische_Oekonomie_2015_11_15.pdf, S. 8.

Wirtschaftswissenschaftler, dass der Staat sich aus dem wirtschaftlichen Geschehen herauszuhalten habe.[248]

Außerdem ist zu beachten, dass die Gesellschaft jedem Unternehmen Ressourcen in Form von Bodenschätzen, Grund und Boden bereitstellt, weshalb sie folgerichtig ebenfalls am Gewinn zu beteiligen sei. Deshalb wird gefordert, dass ab einer festzulegenden Unternehmensgröße der drittelparitätisch besetzte Wirtschaftsrat über die Verwendung der Überschüsse entscheidet.

Weiterhin schlägt die Akademie die schrittweise Neutralisation von unternehmerisch gebundenen Eigenkapital vor. Dieser Vorschlag erinnert an die Selbstverwaltungswirtschaft im früheren Jugoslawien. Dadurch, dass ⅓ des Wirtschaftsrates von der Gesellschaft bestimmt wird, bedeutet dieser Vorschlag auch, dass größere Unternehmen schrittweise vergesellschaftet werden.

Dieser letztgenannte Vorschlag kann kritisch beurteilt werden. Ich halte die Möglichkeit, dass jeder unternehmerisch tätig werden kann, für einen wichtigen Aspekt einer marktwirtschaftlichen Ordnung. Die schrittweise Überführung von Unternehmensgewinnen in Eigenkapital würde damit die Kapitalgeber (i. d. R. die Gründer) des Unternehmens diskriminieren. Im Übrigen beinhaltet dieser Vorschlag eine Geldvernichtung. Helmut Creutz, der an anderer Stelle im Buch genannt wird, hat erkannt, dass wirtschaftliche Prosperität nicht auf der Geldmenge, sondern auf der Umlaufgeschwindigkeit des Geldes beruht. Die Neutralisation von Unternehmensgewinn durch Einzahlung auf die Passiva-Seite der Bilanz, wie von der Akademie Solidarische Ökonomie gefordert, würde erhebliche Geldmittel aus den Wirtschaftskreislauf dauerhaft entfernen. Die Gefahr einer Rezession wächst.

Eine weitere Idee, die meines Erachtens ebenso Berührungspunkte zu klassisch marxistischen Konzepten hat, ist der letzte Eckpfeiler der Solidarischen Ökonomie, die Einberufung regionaler, landes- und bundesweiter Wirtschaftsräte. Diese übergeordneten Wirtschaftsräte haben als öffentlich-rechtliche Institutionen Informations-, Antrags- und Widerspruchs-

---

248 https://youtu.be/7mRe1ntgbj8.

rechte, um gesellschaftliche und ökologische Interessen in die Entwicklung von Unternehmen einbringen zu können. Es ist zu diskutieren, ob angesichts der Einberufung eines innerbetrieblichen Wirtschaftsrates eine solche Maßnahme nicht „doppelt gemoppelt" ist. Für mich, dessen Kapitalismuskritik sich trennscharf vom Marxismus und staatskapitalistischen Konzepten distanziert, steht hier die Gefahr im Raum, dass staatliche oder eben öffentlich-rechtliche Institutionen einen zu hohen Einfluss auf die Wirtschaft ausüben. Stärker plädiere ich dafür, die Selbstverwaltung von Unternehmen durch Mitarbeiterbeteiligung zu stärken. Die Idee der Einberufung von Wirtschaftsräten begrüße ich daher ausdrücklich.

In allen Betrieben soll eine ganzheitliche Wertschöpfung am Arbeitsplatz angestrebt werden. Im Einzelnen zählt dazu *„1. die lebensdienliche Zweckhaftigkeit der Produkte bzw. Dienstleistungen, 2. die Wirtschaftlichkeit des Arbeitsplatzes, 3. eine leistungsgerechte Entlohnung der Arbeit, 4. eine möglichst ganzheitliche Betätigung auch in der Erwerbsarbeit, 5. eine partnerschaftliche und kooperative Arbeitskultur in den Betrieben, 6. eine möglichst hohe Sinnerfüllung und Werteerfahrung in der Arbeit."*[249] Erst durch solche Maßnahmen kann die Entfremdung in der Arbeitswelt überwunden werden.

Zahlreiche weitere Ideen runden die lesenswerten Vorschläge der Akademie Solidarische Ökonomie ab, so etwa eine solidarische Geldordnung, die auf Vollgeld statt auf Schuldgeld setzt und eine Veränderung der Familienkultur, die auf mehr gemeinsamer Zeit, besserer Kommunikation und der Erziehung zu ethischen Maßstäben beruht.

Christian Felber stellt in der GEMEINWOHLÖKONOMIE (GWÖ) eine Gemeinwohlbilanz vor. Das PROJEKT BANK FÜR GEMEINWOHL in Österreich hat 2011 eine Methodik zur Prüfung der Gemeinwohlbilanz eines bestimmten Unternehmens entwickelt. Die erste Version der Gemeinwohlbilanz wurde im August 2010 veröffentlicht, und am 6. Oktober 2010 wurde diese beim Start der Gemeinwohlökonomie-Bewegung ca. 100 Anwesenden vorgestellt. 2011 erstellten ca. 25 Unternehmen freiwillig die erste Gemein-

---

249 *https://www.akademie-solidarische-oekonomie.de/wp-content/uploads/2020/03/Arbeits-und-Sozialkultur-in-einer-solidarischen-Gesellschaft.pdf.*

wohlbilanz, 2012 waren es deren 60 (es handelte sich bereits um eine weiterentwickelte Methodik).[250] In den Folgejahren wurde die Gemeinwohlbilanz weiter überarbeitet, sodass sie jetzt so ausgereift ist, dass sie als Gesetzesvorschlag taugt. Mittlerweile arbeiten in vielen Ländern von Chile bis Österreich Menschen ehrenamtlich an der Idee der Gemeinwohlökonomie. In Deutschland hat die ÖDP die Gemeinwohlökonomie ins Parteiprogramm übernommen.[251]

Christian Felber erläutert, welche Aspekte für eine gesetzlich vorgeschriebene Gemeinwohl-Bilanz als *Meta-Kriterien* eine Rolle spielen sollen. Dies sind u. a. eine *partizipative* Entwicklung der Standards – das heißt, eine breite Basis von bürgerlichem Engagement soll die stetige Weiterentwicklung und Anpassung der Bilanzierungsmaßstäbe lancieren, nicht etwa eine elitäre Expertenkommission. Die Vergleichbarkeit aller Unternehmensbilanzen ist eine Grundbedingung, damit Rechtsfolgen überhaupt denkbar sind. Unter Rechtsfolgen wird verstanden, dass Unternehmen, die besonders viel zum Gemeinwohl leisten, dafür belohnt werden sollen (z.B. in Form von Steuererleichterungen). Die Gemeinwohlbilanz sollte der Öffentlichkeit online zugänglich gemacht werden; damit der Gedanke der Bürgernähe greift, ist ein Kriterium, dass die Gemeinwohl-Bilanz verständlich ist, nicht nur Wirtschaftswissenschaftler sollen es verstehen. Dies sind einige von insgesamt zehn *Meta-Kriterien*, die die *GWÖ* ausgearbeitet hat.[252]

Die *GWÖ* impliziert ein ganz anderes Geldsystem, das ohne Zinsen und ohne Aktiengesellschaften auskommt.

Christian Felber erklärt die *GWÖ* wie folgt:

*„Je höher der gesellschaftliche, ökologische und insgesamt ethische Mehrwert eines Unternehmens in Gestalt seines Gemeinwohl-Bilanz-Ergebnisses in Punkten, desto weniger Steuern zahlt es im Vergleich, desto niedrigere Zölle zahlt es im Vergleich, desto günstigere Finanzierung erhält es, oder Vorrang im öffentlichen Einkauf*

---

250 Felber (2018), S. 36f.
251 *https://die-oedp-gemeinwohloekonomie.de/*.
252 Vgl. Felber (2018), S. 38f.

*oder bei der Wirtschaftsförderung zum Beispiel, sodass in Summe die ethischsten, die nachhaltigsten, und die Unternehmen, die die Verfassungswerte eines demokratischen Staats- und Gemeinwesen am konsequentesten leben, den Endverbraucherinnen preislich günstiger anbieten können. Das wäre dann eine ethische Marktwirtschaft – oder eben eine Gemeinwohl-Ökonomie."*[253]

Wie ein partizipativer Betrieb aussehen könnte, zeigt etwa SEMCO aus Brasilien. Der Konzern wurde 1950 gegründet. Das dort gelebte Modell der „Industrie-Demokratie"[254] schätzt alle Mitarbeitenden gleich wert, es werden entsprechend keine Jobtitel vergeben, sondern alle Mitarbeiter werden mit „Person" angesprochen. *„Jede Person, die bei SEMCO eintritt, wird zu Partizipation, Hinterfragen und Kreativität ermuntert."*[255] 15 Prozent des Gewinns werden an alle der ca. 3000 Beschäftigten ausbezahlt, über die Verwendung des restlichen Gewinns dürfen alle Personen mitentscheiden. Ein Bilanzkurs, in dem Grundlagen der Bilanzierung vermittelt werden, wird jedem Beschäftigtem angeboten, um das nötige Grundwissen dafür zu haben. SEMCO ist ein lukratives Unternehmen mit 12 Geschäftssparten und zählt zu den Exzellenz-Unternehmen im Personalbereich.[256]

Die CECOSECOLA ist ein Dachverband, unter dem 80 verschiedene Genossenschaften in Venezuela zusammenlaufen. 1200 hauptamtliche Mitarbeiter und insgesamt 20 000 Genossen tragen dazu bei, frische und hochwertige Produkte anzubieten. Herzstück sind vier Wochenmärkte, die nicht nur als Marktplatz, sondern auch als kulturelle Begegnungsstätte wirken. Die Genossenschaft funktioniert ohne Hierarchien und 99 Prozent der Arbeiten werden im Rotationsprinzip verrichtet. Das soll der Entfremdung am Arbeitsplatz durch Langeweile und Monotonie entgegen wirken und sorgt dafür, dass jeder Genosse neue Fähigkeiten erwerben kann. 430

---

253 https://www.deutschlandfunk.de/gemeinwohl-oekonomie-wie-viel-nachhaltigkeit-laesst-die.724.de.html?dram:article_id=412532.
254 Felber (2018), S. 163.
255 Ebd., S. 162.
256 Ebd., S. 163.

Millionen Bolivares, das sind stolze 100 Millionen US-Dollar, betrug der Jahresumsatz im Jahr 2010.

Weitere Exemplare für demokratisch geführte Betriebe existieren und beweisen, dass partizipative Unternehmensführung möglich und einträglich ist. MONDRAGÓN aus dem Baskenland ist die weltweit größte Genossenschaft. 83 Prozent der ca. 95 000 Beschäftigten sind selbst Genossen, eine Erhöhung auf 90 Prozent wird angestrebt.[257] Auch hier wird ein (kleiner) Teil der Gewinne an alle Mitarbeiter ausgeschüttet, der Großteil wird reinvestiert.

Weitere Autoren und Wissenschaftler haben Konzepte zusammengetragen, wie Mitarbeiterbeteiligung im partizipativen Betrieb aussehen könnte. Zu nennen ist hier etwa die ECONOMIC DEMOCRACY von David Schweickart und die Arbeit zur Unternehmensdemokratie von Wolfgang Weber an der Universität Innsbruck.

David Schweickart betont in seinem Modell die Wichtigkeit, die wirtschaftliche Investitionen auf unsere Zukunft haben. Ob Geld in die Entwicklung von Waffen oder in die Erforschung von Medikamenten gesteckt wird, entscheidet, wie wir in Zukunft leben werden. Deshalb fordert er die demokratische Kontrolle großer Investitionen. Eine pauschale Vermögenssteuer auf alle Unternehmen soll in einen nationalen Investitionsfonds eingezahlt werden. Dieser Fonds unterliegt demokratischer Kontrolle, alle Einnahmen werden in die Wirtschaft reinvestiert. Die pauschale Vermögenssteuer ersetzt in Schweickarts Modell die Dividenden- und Zinszahlungen an Aktionäre und Gläubiger – Aktiengesellschaften und Fremdkapital im herkömmlichen Sinne soll es in der ECONOMIC DEMOCRACY nicht mehr geben.[258]

Die öffentlich erwirtschafteten Mittel werden in einer Weise zugewiesen, die die Planung auf nationaler, regionaler und lokaler Ebene mit Marktkriterien verbindet. Die Zuteilung erfolgt im Wesentlichen wie folgt: Ein gewisser Teil des nationalen Investitionsfonds wird für öffentliche Projekte von nationalem Umfang reserviert, ein weiterer Anteil wird Regio-

---
257 Felber (2018), S. 160.
258 https://thenextsystem.org/economic-democracy.

nen zugewiesen. Die Regionen stehen nicht im Wettbewerb um Kapital, sondern jede Region des Landes erhält, von Rechts wegen, ihren fairen Anteil. Ausnahmen können von der Legislative natürlich beschlossen werden, etwa um strukturschwache Regionen zu unterstützen. Das Regierungsziel, gleichwertige Lebensverhältnisse überall zu schaffen[259], könnte damit umgesetzt werden.

Einige dieser Regionalfonds sind für öffentliche Investitionen vorgesehen, die regional begrenzt sind. Der Rest geht an Gemeinden, ebenfalls prima facie auf Pro-Kopf-Basis. Diese Gelder gehen an öffentliche Investitionsbanken, die sie an bestehende Unternehmen oder an Einzelpersonen verleihen, die neue Unternehmen gründen wollen, wobei sowohl wirtschaftliche als auch soziale Kriterien – einschließlich, was wichtig ist, der Schaffung von Arbeitsplätzen und Umweltbelangen – zugrunde gelegt werden. Auf diese Weise wird eine kohärente langfristige Investitionsplanung auf nationaler, regionaler und kommunaler Ebene möglich. Der Zuteilungsmechanismus ist unkompliziert und transparent und unterliegt daher ohne weiteres einer demokratischen Aufsicht und Kontrolle.

Eine weitere Möglichkeit zur evolutionären Entwicklung bestehender Unternehmen zu partizipatorisch geführten wären sogenannte Arbeitnehmerfonds. Bestehende Unternehmen könnten angehalten werden, einen Teil des Gewinns in einen Fonds einzuzahlen, über dessen Verwendung alle Arbeitnehmer gemeinschaftlich entscheiden können. In diese Fonds wird so lange eingezahlt, bis der gewünschte Unternehmensanteil den Mitarbeitern gehört. In Schweden war eine Zeitlang angedacht, solche Arbeitnehmerfonds zu errichten. Der Unterschied ist lediglich, dass in diesem Modell der Fonds den Gewerkschaften gehört hätte. Das Modell wurde in Schweden aufgrund Widerstands von Konservativen und Liberalen nie umgesetzt, hätte aber dazu geführt, dass nach etwa zwei Jahrzehnten die Mehrheit des Unternehmens der Gewerkschaft gehört hätte.[260] Richtig umgesetzt, kann man mit dieser Maßnahme darauf hin arbeiten, dass Schritt für Schritt jedem Mitarbeiter ein allmählich wachsender Anteil

---

259 https://www.beauftragter-neue-laender.de/BNL/Navigation/DE/Themen/Gleichwertige_Lebensverhaeltnisse_schaffen/gleichwertige_lebensverhaltnisse_schaffen.html.
260 Mehrtens (2014), S.117.

des Unternehmens gehört. Sobald man eine Schwelle erreicht hat, über die hinausgehend keine Umverteilung mehr politisch gewünscht ist, kann man die Gewinneinzahlung in den Fonds pausieren oder stilllegen.

Auf dem Weg in die Partizipatorische Marktwirtschaft wäre es auch lohnend, Forschung und Innovation wieder stärker auf staatliche Beine zu stellen. Mariana Mazzucato beschreibt in ihrem Buch DAS KAPITAL DES STAATES: EINE ANDERE GESCHICHTE VON INNOVATION UND WACHSTUM[261], dass entgegen aller neoliberalen Ideologie die wichtigsten Entdeckungen auf staatliche Forschung zurückzuführen sind.

> „Von der Elektrifizierung bis zum Internet Motor der Entwicklung, oft bis zur Markteinführung, war stets der Staat. Apples Welterfolg gründet auf Technologien, die sämtlich durch die öffentliche Hand gefördert wurden; innovative Medikamente, für die die Pharmaindustrie ihren Kunden gern hohe Entwicklungskosten in Rechnung stellt, stammen fast ausnahmslos aus staatlicher Forschung. Innovationen und nachhaltiges Wachstum, das derzeit alle fordern, werden also kaum von der Börse kommen. Viel eher von einem Staat, der seine angestammte Rolle neu besetzt, sein einzigartiges Kapital nutzt und mit langem Atem Zukunftstechnologien wie den Ausbau erneuerbarer Energien vorantreibt."[262]

Mikroprozessoren, Touchscreens, GPS, Akkus, Speicher oder SIRI gehen allesamt auf staatliche Forschungen zurück.[263] Staatliche Programme stellen Ressourcen für langfristige Forschungsprojekte bereit, während private Investoren, auch das Risikokapital, auf kurzfristigen Gewinn setzen. Im Kapitel Unproduktivität und Ungleichheit wurde darauf eingegangen. Staatliche Forschung sollte zukünftig unter direktdemokratischer Kontrolle stehen. Vor allem muss die Bevölkerung an der Ausrichtung der Forschung und der zu entwickelnden Technologie an erster Stelle entscheiden. Unter demokratischer Kontrolle können so Antworten auf dringende

---

261 Mazzucato (2014).
262 Mazzucato (2014).
263 Detailliert beschreibt das Mazzucato, (2015), Kapitel 5.

Probleme unserer Zeit gefunden werden, zudem wird gesellschaftlich verantwortliches Denken in großem Maßstab gefördert werden. *„Die Herausforderung lautet, institutionelle Mechanismen zu entwickeln, die eine effektive demokratische Kontrolle der Ausrichtung technologischer Innovationen erlauben."*[264]

Weitgehend vergessen ist heute, dass in den 1970er Jahren Arbeiter in Großbritannien und Japan darum kämpften, die technologische Entwicklung zu steuern und die Produktion gesellschaftlich nützlicher Güter zu forcieren.[265] Bei Lucas Aerospace in Großbritannien gab es aufgrund drohender Massenentlassungen Initiativen der Arbeiter, in denen die Mitarbeiterqualifikation und die zur Verfügung stehenden Produktionsmittel geprüft wurden und kollektiv beratschlagt wurde, wie die bis dato vorwiegend militärische Rüstungsgüter produzierende Firma nun kollektiv gesellschaftlich nützliche Dinge produzieren könne. Statt High-Tech für das Militär wurden Bauteile für medizinische Geräte, für erneuerbare Energieanlagen (wohlgemerkt bereits in den 1970er Jahren!) und für die Regel- und Heizungstechnik im sozialen Wohnungsbau produziert. Jetzt in der Corona-Krise wäre es an der Zeit, diese Ideen wieder aufleben zu lassen.

Unter Chiles demokratisch gewählten sozialistischen Präsidenten Salvador Allende wurde ein ambitioniertes Vorhaben teilweise umgesetzt, das bis dato global einmalig sein dürfte. Das System CYBERSYN wurde entwickelt, das auf Kybernetik basierte. Das System sollte ökonomische Abläufe überwachen, planen und regulieren und sollte die Beschäftigten am innerbetrieblichen Planungsprozess beteiligen und damit unternehmerische Abläufe zumindest teilweise in die Hände der Beschäftigten legen. Die Betriebe waren untereinander durch ein Proto-Internet verbunden und eine Wirtschaftssimulationssoftware hatte die Aufgabe, die Folgen spezifischer Entscheidungen abzuschätzen. Der zentrale Kontrollraum, die *sala de operaciones*, war direkt der Science-Fiction entnommen.[266] Das Projekt

---

264 Srnicek (2016), S. 241.
265 Srnicek (2016), S. 241.
266 Srnicek (2016), S. 244.

wurde am 11. September 1973 jäh beendet, als der Tyrann Pinochet durch den US-Geheimdienst CIA an die Macht geputscht wurde, um dort die neoliberalen Ideen Milton Friedmans auszuprobieren. Wenn man bedenkt, dass heute jede Smartwatch mehr Rechenleistung hat als ein Großrechner Anfang der 1970er Jahre, und noch dazu weiß, dass durch Wirtschaftssanktionen gegen die zwar demokratisch gewählte, jedoch vom Westen unerwünschte chilenische Regierung die Einfuhr neuester Computer-Hardware verunmöglicht wurde, waren die Teilerfolge von CYBERSYN umso beeindruckender. Wie die Historikerin Eden Medina schreibt, *„bot das Netzwerk eine Kommunikationsinfrastruktur, um die Revolution von oben unter Allendes Führung mit der Revolution von unten unter der Führung der chilenischen Arbeiter und Basisbewegungen zu verbinden."*[267] Wenngleich dank der von den USA forcierten Militärdiktatur Pinochets nicht nur Cybersyn, sondern auch den Hoffnungen der Chilenen auf Demokratie und Fortschritt ein jähes und blutiges Ende gesetzt wurde, bleibt das Experiment eine verheißungsvolle Fantasie von der Umfunktionierung kybernetischer Prinzipien und hochmoderner Software.[268]

## 4.3 Bürgerbeteiligung

*„Wer in der Demokratie schläft, wacht in der Diktatur auf."*

— *Unbekannt.*

Das zentrale Element einer Demokratie ist die Stimme. Sie findet sich in Mitbestimmung, anstimmen, abstimmen, umstimmen, beistimmen, zustimmen, übereinstimmen. Im Lateinischen heißt die öffentliche Angelegenheit „res publica", woraus die Republik wurde. Elementar für die Demokratie ist die eigene Stimme. Die Substanz der Demokratie besteht aus Vielstimmigkeit, im Gegensatz zur Einstimmigkeit der Diktatur. Die repräsentative Demokratie erfüllt die menschliche Sehnsucht nach An-

---
267 Eden (2011), S. 150.
268 Eden (2011), S. 79.

Sehen, An-Hörung und Resonanz nur unzureichend. Wir delegieren unsere Stimme an jene, die wir wählen. Vor der Wahl buhlen die Volksvertreter um unsere Stimme. An der Wahlurne geben wir unsere Stimme ab. Wer die Demokratiekrise lösen will, sollte fordern, dass durch direktdemokratische Maßnahmen die Demokratie sinnvoll ergänzt wird. Bürgerräte können eine Option sein.

Der Autoritarismus ist überall auf der unübersehbaren Rückkehr. In den USA regiert Donald Trump, in der Türkei Erdogan und in Brasilien Bolsonaro. In Deutschland besetzt die AfD Plätze nicht nur im Bundestag, sondern in allen 16 Landesparlamenten. Der Faschist Björn Höcke erreichte bei den Thüringer Landtagswahlen am 27. Oktober 2019 24 %. Ute Scheub schreibt:

> „Die bedrohte Demokratie in der EU ist nur durch Vorwärtsverteidigung zu retten. [...] Durch die Inklusion ihrer Gesellschaftsmitglieder. Durch das Hörbarmachen aller Stimmen. Durch direkte Demokratie wie bei Volksabstimmungen."[269]

Dass es im Bereich Bürgerbeteiligung so einiges an Verbesserungspotenzial gibt, zeigt schon die Art und Weise, wie das Kabinett Merkel IV an die Regierung kam. Es gab enormen Widerwillen auf Seiten der SPD, erneut eine Große Koalition mit der CDU/CSU zu bilden. Erst das Einschreiten des Bundespräsidenten hat die Führungsebene der SPD dazu bewogen, doch Koalitionsgespräche zu führen. Ein solches Einschreiten des Bundespräsidenten in die Regierungsbildung ist vom Grundgesetz nicht vorgesehen, vielleicht gar verfassungswidrig. Eine eindeutige Wahlmanipulation gab es dann bei der SPD-Mitgliederabstimmung über die Große Koalition. Mit den Wahlunterlagen zusammen wurde ein einseitiger Aufruf von SPD-Führungspersönlichkeiten an alle SPD-Mitglieder verschickt, in denen die Mitglieder eindringlich aufgefordert wurden, mit JA zu stimmen. Zusammen mit den Wahlunterlagen wurde den Mitgliedern ein dreiseitiger Empfehlungsbrief für die Zustimmung zur großen Koalition übersandt, in dem das Verhandlungsteam für eine Zustimmung warb. Die Vertreter der Geg-

---
269 Scheub (2017), S. 11.

ner einer großen Koalition bekamen keine Möglichkeit, ihre Argumente den Mitgliedern in diesem Schreiben vorzustellen.[270] Damit wurde ein früherer SPD-Parteitagsbeschluss gebrochen, der die eigentlich selbstverständliche Neutralität der Wahl festgeschrieben hat. Soziopsychologische und wahlstatistische Erkenntnisse legen nahe, dass damit das Wahlergebnis um mehr als 15 Prozentpunkte manipuliert worden sein könnte. Beim relativ knappen Ausgang der Abstimmung heißt das hart formuliert, dass die aktuelle Bundesregierung durch Wahl-Manipulation an die Macht kam.

Die SPD hat sich schon mehrfach in wenig demokratischer Manier geäußert. Angesichts der schlechten Wahlergebnisse äußerte Manuela Schwesig in einem Interview: *„Wir müssen wieder mehr Zuversicht und Kompetenz ausstrahlen."*

Es geht also gar nicht um mehr tatsächliche Kompetenz, sondern vor allem um werbewirksame Manipulation. Die Sprache eines Menschen sagt mehr über seine Denkweise aus, als die meisten glauben würden. Es ist eine Unkultur geworden, ständig an die eigene Werbewirksamkeit zu denken: *„Wie verkaufe ich mich am besten?"*

Die Denkweise, dass der gewöhnliche Bürger für komplexe Entscheidungen zu dumm sei und diese daher den Regierenden überlassen bleiben sollten, ist unter Bürgern selbst weit verbreitet. Das Prinzip, dass jede Stimme in der Demokratie Gehör findet, wird damit gefährlich konterkariert.

> *„Unsere Mündigkeit infrage zu stellen und uns der Bevormundung jeglicher Art zu unterwerfen, ist das Erbe unserer obrigkeitshörigen Gewohnheit. Anerzogen im Elternhaus, fortgeführt ins Berufsleben, bis in die Politik: immer steht jemand vor uns und sagt wo's lang geht. Immer eine Instanz über uns, die mit mehr Kompetenz und mehr Macht über unser Leben ausgestattet ist als wir. Daran*

---

270 https://pbs.twimg.com/media/DWaTJoiWAAAs6_2.jpg; https://de.wikipedia.org/wiki/Mitgliedervotum_der_SPD_zum_Koalitionsvertrag_2018#cite_note-22.

*haben wir uns gewöhnt. Aber ist dieses hierarchische Prinzip noch zeitgemäß?"*[271]

Seit Greta Thunberg wurde die Losung „Ich kann ja nix ändern" als Lüge enttarnt. Ein 15-jähriges Mädchen hat allein jeden Freitag für das Klima gestreikt, und jetzt wurde daraus eine globale Bewegung. Im Römischen Reich soll ein Senator vorgeschlagen haben, die Sklaven mit weißen Armbändern auszustatten, damit man sie auf der Straße besser von den freien Bürgern unterscheiden könne. Der Vorschlag wurde mit Entsetzen abgelehnt: „Wenn sie erst sehen, wie viele sie sind, werden sie sich womöglich gegen uns erheben."

Wir sind bald 8 Milliarden Menschen auf dieser Welt. Um diese Masse zu kontrollieren, werden ständig Grabenkämpfe eröffnet. Nationalisten gegen Flüchtlinge, Feministinnen gegen alte weiße Männer, Junge gegen Alte lauten die beliebten Gruppenauseinandersetzungen unserer Zeit.

Die Teilung und der Zwist verschiedener Gruppen untereinander kommt manchen Eliten gelegen. Das römische Prinzip *Divide et impera* ist hier maßgebend: Man teilt Menschen auf derselben Ebene in verschiedene Gruppen, sodass sie im ständigen Streit miteinander liegen. Dieses Trennen der Menschen in sich bekämpfende Gruppen zieht sich durch die ganze Gesellschaft. Dadurch verhindert man, dass sich die Massen zusammenschließen und die Obrigkeit in Frage stellen, zudem sind die Menschen in ihren internen Grabenkämpfen beschäftigt und versäumen es, ein integrales Bild der Gesamtsituation zu entwickeln.

Eine Gesellschaft ist wie ein Chor. Ein guter Chor besteht nicht nur aus Mittelstimmen, auch Sopran und Bass gehören dazu. Dominant sind meist die Mittelstimmen, doch oft kommen von den Randstimmen entscheidende Impulse für den Gesamtklang (respektive für notwendige Veränderungen in der Gesellschaft).

Die direkte Demokratie hat seinen Ursprung im alten Athen und ist der Sammelbegirff für Entscheidungen, die direkt vom Souverän getroffen werden und nicht durch einen vom Volk eingesetzten Mittler. Sie sind

---

[271] Claudia Nierth: Kollektive Intelligenz. Einer für alle – oder jeder für jeden? Mdmagazin. Ausgabe 1.2019.

damit das Gegenstück oder die Ergänzung zur repräsentativen Demokratie. In allen Bundesländern und Kommunen ist das Prinzip der Direkten Demokratie wenigstens ansatzweise verwirklicht. Auf Bundesebene jedoch wurde das Versprechen von Art. 20 GG noch nie eingelöst:

> *„Alle Staatsgewalt geht vom Volk aus. Sie wird vom Volke in Wahlen und Abstimmungen und durch besondere Organe der Gesetzgebung, der vollziehenden Gewalt und der Rechtsprechung ausgeübt."*[272]

Deutschland ist damit das einzige Land in Europa, das seit Ende des Zweiten Weltkriegs noch nie einen Volksentscheid auf nationaler Ebene erlebt hat.[273] Außer der CDU verfechten mittlerweile alle größeren Parteien Volksentscheide auf Bundesebene, sodass es durchaus wahrscheinlich ist, dass wir Volksentscheide bald erleben werden.

Die Demokratie ist immer ein Wettstreit unterschiedlicher Meinungen. In der Philosophie wird gern darüber debattiert, ob es eine *absolute Wahrheit* gibt. Die Theologen sagen, nur Gott kenne die absolute Wahrheit, wir Menschen können immer nur eine Annäherung an eine Teilwahrheit erreichen. Schon oft habe ich darüber gestaunt, dass zwei Experten, die beide hochintelligent und hochgebildet sind, beide dieselben Fakten zu einem bestimmten Thema kennen, dennoch entgegengesetzte Ansichten zu eben jenem Thema haben.

Vielleicht könnten wir jahrelange tiefenpsychologische Selbstanalyse betreiben und dadurch herausfinden, wie wir zu den Grundüberzeugungen unseres Denkens gekommen sind und warum es für uns so wichtig ist, daran festzuhalten. Vielleicht wird die Genetik irgendwann relativ sicher vorhersagen können, welche Gene welche mentalen Einstellungen hervorrufen. Schon jetzt gibt es erstaunliche Forschungsergebnisse in dieser Richtung. Und vielleicht werden die Neurowissenschaften irgendwann so weit sein, die Synapsen im Gehirn zu scannen und dadurch Einstellungen und Meinungen von Menschen vorhersagen und erklären zu können. Dies

---

272 Grundgesetz für die Bundesrepublik Deutschland, Artikel 20.
273 Scheub (2017), S. 25.

erscheint mir aber eher als Dystopie, und ich hoffe lieber, dass wir das niemals erreichen.

Besser sollten wir einfach die Unterschiedlichkeit von uns Menschen akzeptieren und es wie Nierth sehen:

> *„Was, wenn ich [...] davon ausgehe, dass jeder Mensch Träger eines unendlichen Potenzials ist? Wie sähe dann eine Parteitagsrede aus? Könnte noch das Besserwissen über die Köpfe hinweg gebrüllt werden? [...] Ein Zukunftsbild: Man stelle sich eine Gruppe von Menschen vor, deren Mitglieder alle auf gleicher Augenhöhe sind, unabhängig von ihrer Größe. Im Gegenteil: Je verschiedener sie untereinander sind, desto kostbarer für die gesamte Gruppe. Je unterschiedlicher, je individueller, je weniger einer dem anderen gleicht, desto besser für den Prozess, das Ergebnis und den Gemeinsinn. Wie klingt das? Im Zentrum wäre nicht die Suche nach dem kompetentesten, besten, stärksten Menschen, sondern nach der ganzen Gruppe. Im Mittelpunkt stünde die Suche nach gemeinschaftlicher Weisheit, nach kollektiver Intelligenz."*

Das ist das verborgenen Mega-Potenzial, das die stete Weiterentwicklung der Demokratie mit sich bringt: *„Mehr Demokratie wagen"* heißt, dass wir den Andersdenkenden nicht mehr als politischen Gegner, sondern als einzubindenden, unverzichtbaren Teil des Gesamtkunstwerks sehen. Dass wir jede demokratische Meinung als eine Stimme im Orchester wahrnehmen, die vielleicht nur eine leise Nebenstimme spielt, aber dennoch für die gelungene Darbietung des Stücks unverzichtbar ist. So kann sich die Demokratie auch in einer Weise weiterentwickeln, in der unterschiedliche Meinungsträger mehr zu Kooperation statt zu Konkurrenz angehalten werden. In der öffentlichen Debatte und ganz besonders im Wahlkampf kämpfen Parteien darum, möglichst viele Wählerstimmen zu gewinnen. Das gelingt am besten, indem man dem Mitbewerber Unfähigkeit unterstellt und sich selbst über den Klee lobt. In der Arbeit in den Parlamenten und Stadtrat gibt es aber schon jetzt neben Konkurrenz auch Kooperation zwischen den Parteien, um gemeinsam zu einem Ziel zu gelangen. In

Koalitionen müssen Parteien zu einem gemeinsamen Nenner finden und sich gegenseitig unterstützen, um verantwortungsvolle Regierungsarbeit zu leisten.

Eine mögliche Form von Bürgerbeteiligungen sind Bürgerforen. Ich nahm 2008 als damals 20-Jähriger am Zukunftsdialog Nanoforschung teil. Unter Leitung von Dr. Katharina Zöller und Petra Thorbrietz haben insgesamt 54 Jugendliche aus Germering, München und Ingolstadt ein Jugendgutachten zu Chancen und Risiken der Nanomedizin erstellt. Das Projekt war ein großer Erfolg und Paradebeispiel für direktdemokratische Mitwirkung.[274]

Auch im deutschen Parlamentarismus kann man mehr Demokratie wagen. Die 5-Prozent-Hürde, die in Deutschland bei Bundestags- und Landtagswahlen über Einzug oder Nicht-Einzug von Parteien entscheidet, ist undemokratisch. Sie wurde aus der Erfahrung der Weimarer Republik eingeführt, wo eine hohe Parteiensplitterung Koalitionsfindungen und Mehrheiten fast unmöglich machte. Jedoch sollte man die spezifischen Erfahrungen der Weimarer Republik nicht für allgemeingültig erklären. Das EU-Parlament kennt ebenso wenig eine 5- Prozent-Hürde wie die meisten anderen demokratischen Parlamente auf der Welt. Auch auf kommunaler Ebene ist trotz vieler Kleingruppierungen im Stadtrat gemeinsames Handeln möglich. Bei einem Parlament mit geplant 299 Zweitstimmenmandaten (Überhangsmandate nicht mitgerechnet) entsprechen 4,5 % der Stimmen immerhin noch 13 Abgeordnetenmandaten. 13 potenzielle Abgeordnete, die demokratisch gewählt wurden und dennoch ihren Einfluss im Parlament nicht geltend machen dürfen. Daher sollte die 5 %-Hürde abgeschafft und wenigstens auf 3 % heruntergesetzt werden, wie es z. B. *DIE LINKE* in ihrem Wahlprogramm fordert. Ich empfehle sogar eine Herabsetzung auf 1 %. Damit hätten auch kleine, finanzschwache Parteien eine echte Chance auf Gehör im Parlament. Ein Unding, das demokratische Prozesse massiv konterkariert, ist ferner der Fraktionszwang. Es wird zwar lieber von Fraktionsdisziplin gesprochen, es läuft aber oft genug auf einen Zwang hinaus, dass Abgeordnete im Sinne ihrer Fraktion und nicht,

---

[274] http://www.nano-jugend-dialog.de/daten/Nano-Jugend-Gutachten.pdf.

wie durch das Grundgesetz vorgesehen, nur nach ihrem Gewissen abstimmen.[275] Abgeordnete, die dem nicht entsprechen und wiederholt eigene, nicht fraktionskonforme Meinungen vertreten, werden oft genug aus ihren Ämtern und schließlich aus der Partei gemobbt. Der frühere CSU-Abgeordnete Josef Göppel, oft als grünes Gewissen seiner Partei tituliert, wurde von einigen CSU-Kollegen ausgegrenzt.[276] Das Mobbing, dem die frühere Fraktionsvorsitzende der Linken, Sahra Wagenknecht, öffentlich beobachtbar ausgesetzt war, weil sie nicht stramm der Linie der Parteiführung folgte, führte dazu, dass sie einen Burn-Out erlitt. Das ist ein deutliches Beispiel dafür, dass Art. 38 Abs. 1 GG – Abgeordnete sind nur ihrem Gewissen verpflichtet – in unserem politischen System nicht verwirklicht ist.

Eine Verkleinerung des Parlaments wird von einigen Initiativen ebenso angestrebt und erscheint sinnvoll.

Ein riesiges Problem für eine funktionierende Demokratie sind indes die Parteispenden. Der Mövenpick-Skandal der FDP im Jahre 2009 ist hinlänglich bekannt.[277]

Weniger bekannt ist, dass jedes Jahr, auch 2018, fast alle Parteien Spenden durch die Industrie erhielten.[278] Die Grünen erhielten deutlich geringere Summen, die Linken gar keine Konzernspenden.

Macht man sich bewusst, dass Konzerne nach dem Profitmaximierungsprinzip arbeiten – dass sie also immer nur aus eigenen Profitgründen und nicht aus Gemeinwohlinteressen hohe Summen „spenden", so wird klar, dass man sich die gewünschte Politik qua Parteispende kaufen

---

275 Grundgesetz für die Bundesrepublik Deutschland, Art 38:
(1) Die Abgeordneten des Deutschen Bundestages werden in allgemeiner, unmittelbarer, freier, gleicher und geheimer Wahl gewählt. Sie sind Vertreter des ganzen Volkes, an Aufträge und Weisungen nicht gebunden und nur ihrem Gewissen unterworfen.
(2) Wahlberechtigt ist, wer das achtzehnte Lebensjahr vollendet hat; wählbar ist, wer das Alter erreicht hat, mit dem die Volljährigkeit eintritt.
(3) Das Nähere bestimmt ein Bundesgesetz.

276 Vgl. auch https://de.wikipedia.org/wiki/Josef_G%C3%B6ppel.

277 https://www.handelsblatt.com/politik/deutschland/2009-fdp-strich-millionenspende-von-hotel-unternehmer-ein/3347176.html.

278 https://www.welt.de/politik/deutschland/article186301076/Parteispenden-Zwei-Drittel-der-Grossspenden-2018-gingen-an-CDU-und-CSU.html.

kann. Ein generelles Verbot von Unternehmensspenden an Parteien und die Begrenzung von Privatspenden an Parteien auf beispielsweise 10 000 Euro wäre dringend geboten.

## 4.4 Werbung

*„Werbung ist der Versuch, das Denkvermögen des Menschen so lange außer Takt zu setzen, bis er genügend Geld ausgegeben hat."*

— AMBROSE GWINNETT BIERCE

Die menschliche Aufmerksamkeitsspanne lag in den 1980er Jahren bei durchschnittlich 15-17 Sekunden, im Jahr 2000 noch bei 12 Sekunden, heute liegt sie bei schlappen 8 Sekunden, wie eine Studie von Microsoft herausfand.[279] Das Denken erfolgt zunehmend in Gedankenschnipseln, das Herstellen von Zusammenhängen durch Logik sinkt zusammen mit der Aufmerksamkeitsspanne. Dieses Phänomen liegt an der Vervielfachung der täglich zu verdauenden Informationsmenge.

Durch Internet, Laptop und Smartphone ist die Werbung immer allgegenwärtiger geworden. Früher sahen wir Werbung auf Litfaßsäulen und vor Schaufenstern. Dann kamen TV- und Radiowerbung hinzu sowie Durchsagen in Kaufhallen. Heute wird uns bei der Google-Suche Werbung eingeblendet, das Handy zeigt Werbeanzeigen beim Abrufen der Emails an, und digitale Werbetafeln blinken überall auf und ab und belästigen uns mit immer mehr Sinnesreizungen. Die Wucht an einprasselnden Informationen macht es für hochsensible Menschen und Autisten immer schwerer, mit der Welt zurecht zu kommen, und auch der neurotypische Durchschnittsmensch leidet unter Reizüberflutung. Liegt die Zunahme von Burn-Out, Depressionen und psychischen Krankheiten aller Art auch daran?

Die ganze Marketing- und Werbebranche sollte einer kritischen Prüfung unterzogen werden. Hier wird nichts produziert, kein Mehrwert geschaf-

---

279 *https://de.scribd.com/document/265348695/Microsoft-Attention-Spans-Research-Report.*

fen. Geht es bei der Produktion von Gütern erstmal darum, Bedürfnisse zu decken, so betreibt Marketing das Geschäft der Bedürfnisweckung. Der Konsument bildet sich vielleicht ein, dieses oder jenes Ding zu „brauchen" – doch wäre dieses Ding nie erfunden worden oder würde er von dessen Existenz nicht wissen, hätte er nie etwas vermisst. Sie glauben, Schokolade des Herstellers A der des Herstellers B zu bevorzugen, aber vielleicht hat nur Hersteller A Sie zur richtigen Zeit mit guter (d.h. erfolgreich manipulierender) Werbung erwischt. Die Werbestrategie von Hersteller B passt nicht so gut zu Ihrem Charakter, oder kam zu einem Zeitpunkt im Fernsehen, wo sie wenig anfällig für Manipulationen waren. Ansonsten wäre heute Sorte B Ihre Lieblingsmarke, und bestimmt wären Sie überzeugt davon, dass Sie Ihre Kaufentscheidung ganz individuell nach Ihrem persönlichen Geschmack treffen. Das zeigt, dass ein großer Teil der heutigen Wirtschaft völlig perfide ist. Die Wirtschaft dient schon lange nicht mehr dem Menschen zur Befriedigung seiner materiellen Bedürfnisse, sondern der Mensch ist zum Konsumenten degradiert, der im Interesse der Wirtschaft geformt, beworben und manipuliert werden muss. Die Werbung ist auch eine Beschäftigung des Kapitals mit sich selbst: Firma A investiert 1 Million Euro in eine Kampagne, um dem Mitbewerber B einen Marktanteil abzuringen. Kurze Zeit später investiert Firma B auch eine Million und holt sich den evtl. identischen Marktanteil wieder zurück. Soviel Geld, soviel menschliche Arbeitskraft – Werbeagenturen, die aufwendige Marktanalysen durchführen, die einen CUSTOMERS BUYER entwerfen und Präsentationen für den Marketing-Vorstand entwerfen, Werbespots drehen, Flyer drucken und vieles mehr – dafür, dass am Ende die Marktanteile gleichbleiben. Die Marketingbranche ist in ihrem Wesen eine kriegerische – das Verpulvern von Manpower, das Reinstecken von Arbeit und Stress ohne irgendeinen Effekt erinnert an den sinnlosen Stellungskrieg in den Schützengräben des ersten Weltkriegs. Auch wenn der heutige „Wirtschaftskrieg" Gott sei Dank ohne Blutvergießen auskommt – die heutigen „Kriegsverletzungen" heißen Dauerstress, Burn-Out, Bluthochdruck und Herzinfarkt. Auch sie enden vielfach tödlich.

Doch wie funktionieren die Mechanismen der Werbung eigentlich? Zum einen erfüllt sie die klassische Funktion der Verbraucherinformation.

Dass es ein bestimmtes Produkt überhaupt gibt, muss bekannt gemacht werden. Durch technologischen Fortschritt werden stets neue Dinge auf den Markt gebracht, die für manche Menschen einen echten Mehrwert liefern. Bis hierhin hat die Werbung einen objektiven Nutzen. Zum anderen aber werden Produkte auf eine Art und in einer Auswahl angeboten, die den Konsumenten suggeriert, sie bräuchten das Produkt, um glücklich zu sein, ohne dass unbedingt ein Nutzen vorliegt. Bedürfnisse müssen gezielt kreiert werden, nicht Bedarfsdeckung, sondern Bedarfsweckung steht im Fokus. Die psychologischen Mechanismen haben wir im Kapitel 2.7 bereits angeschaut. Viele Produkte stehen in einem solchen Kontext zueinander, dass mit dem Erwerb eines Produkts weitere Produkte als erforderlich angesehen werden. Mit der Befriedigung eines Bedürfnisses werden also neue Bedürfnisse erzeugt, die gestillt werden müssen. Zum anderen werden Produkte durch Innovationen und Erweiterung der Auswahl ständig ab- und entwertet, sodass die Kunden dazu animiert werden, die veralteten Produkte durch neue zu ersetzen. Das Versprechen der Befriedigung bleibt nur so lange verführerisch, wie das Verlangen ungestillt ist.[280]

In der Werbeindustrie werden global jährlich Hunderte Milliarden Euro umgesetzt. Dieser Geldmittelfluss wird von Unternehmen nicht selbstlos zur objektiven Verbraucherinformation eingesetzt, sondern soll gezielt Konsumenten beeinflussen und zum Kauf bewegen. Ein kleiner Einblick in psychologische Mechanismen der Werbebranche soll dies veranschaulichen. Eine wichtige Rolle spielen Farben. Grün steht für Frische, Wachstum und Gesundheit, weshalb es bei Biomarken eine wichtige Rolle spielt. Blau steht für Vertrauen und Sicherheit, weshalb vor allem Banken damit werben. Protagonisten in Werbespots nehmen das Produkt stets in die rechte Hand, weil das Nützlichkeit suggeriert. Der Blick des Protagonisten geht stets in die Richtung, in die der Zuschauer auch hinsehen soll. Der gleiche Wein schmeckt Probanden in Studien besser, wenn er in teuren Gläsern serviert wird.[281] Oft wird zunächst ein hoher Preis genannt, um einen Anker zu setzen, im Anschluss wird dann der eigentliche Preis

---
280 Vgl. Erich Fromm (2005).
281 *https://youtu.be/dyvkuG-JqWo*.

genannt. Durch diesen Effekt wird der Normalpreis als Schnäppchen wahrgenommen. Die Kunden werden in bestimmte Zielgruppen definiert, zum Beispiel unterscheidet man den Denker- und den Harmonietypen. Je nachdem, welcher Typ in der Zielgruppe gehäuft ist, werden die Adjektive angepasst, mit denen ein Produkt beworben wird. *Hochwertig* spricht eher den Denkertypen an, *ganzheitlich* oder *perfekt abgestimmt* sind Adjektive, die den Harmonietypen zum Kauf anregen. Moderne Marketingkampagnen zielen darauf ab, ein Brand Image zu erzeugen. Je öfter wir eine bestimmte Werbung sehen und je besser die Marketingstrategie auf unsere Persönlichkeit abgestimmt ist, desto mehr Vertrauen bekommen wir zu einer Marke. Marlboro machte früher stets TV-Werbung, in der Cowboys und an den Wilden Westen erinnernde Wüstenlandschaften abgebildet wurden. Zigaretten kamen oft gar nicht vor. Es ging darum, ein Image aufzubauen, in dem Männlichkeit und ein Gefühl von grenzenloser Freiheit vermittelt wird. Es ist die Sehnsucht nach Freiheit und Abenteuern, die den Käufer dann für die Marke begeistert. Dass das Einatmen von giftigem und süchtig machendem Rauch wohl das Gegenteil von Freiheit und Männlichkeit ist, ändert nichts am Erfolg dieser Marketing-Strategie.

Wie erwähnt, leidet bereits die menschliche Aufmerksamkeitsspanne erheblich unter der Reizüberflutung. Die Werbebrache ist für diesen Trend mitverantwortlich. Menschen, denen ständig bewusst und unbewusst Werbebotschaften eingeflüstert werden, können nicht wirklich freie Menschen in einer freien Gesellschaft sein. Deshalb schlage ich vor, dass Werbung stärker vom Gesetzgeber reguliert wird. Für Produkte, die nachweisbar einen schädlichen Einfluss auf Gesundheit und Umwelt haben, sollte Werbung massiv eingeschränkt oder ganz verboten werden. Werbung für Suchtmittel gehört definitiv dazu. Tabak und Alkohol, doch auch Energy Drinks und Glücksspiel haben ein Suchtpotenzial. Schon heute gibt es hier Regularien und Warnhinweise, und dennoch motiviert Tabakwerbung einige Konsumenten zum Rauchen (sonst gäben die Tabakkonzerne nicht so viel Geld für Werbung aus – die Markenbindung der meisten Raucher ist sehr hoch, weshalb das Abwerben eines Rauchers zu einer anderen Marke kaum funktioniert). Ein generelles Werbeverbot für Tabak und Alkohol wäre angezeigt.

Für ungesunde Nahrungsmittel wie Süßigkeiten oder stark fetthaltige Produkte sollte Werbung beschränkt werden, etwa durch ein TV- und Radio-Werbeverbot. Über ein Werbeverbot für Luxusgüter, die besonders umweltschädlich sind, ist nachzudenken. Exemplarisch zu nennen sind Kreuzfahrtreisen, die als die umweltschädlichste Form des Reisens gelten.[282] Umgekehrt könnte man Werbung für alle Produkte, die ökologisch und gesundheitlich von Nutzen sind, durch Vorteile bei der steuerlichen Absetzbarkeit der Marketingmaßnahmen begünstigen. Dadurch könnte z. B. man für Fahrräder, regionale Urlaubsangebote mit der Bahn, gesunde Nahrungsmittel und Sportkurse einen dezenten Wettbewerbsvorteil erzeugen.

Ein ökologisches Desaster ist die 24-Stunden-Schaufensterbeleuchtung in vielen Geschäften. Ein Verbot von nächtlicher Beleuchtung in Geschäften wäre eine einfache und wirkungsvolle Maßnahme. Auch überdimensionierte Bildschirme an den Außenwänden großer Märkte, insbesondere bei Elektrofachmärkten häufig anzutreffen, sind eine Energieverschwendung ersten Ranges, die abgeschafft gehört. Generell sind Maßnahmen zu ergreifen, die den Konsumenten in die Lage setzen, selbst zu entscheiden, ob er Werbung sehen möchte oder nicht. Den TV oder das Radio kann man abschalten, die Werbeanzeigen neben der E-Mail schon nicht. Die Außenwerbung an Bahnhöfen und Litfaßsäulen gehört zu den Werbeformen, die einen Eingriff in unsere Persönlichkeit bedeuten: Wir können uns nicht dagegen entscheiden, sie wahrzunehmen, wenn wir daran vorbeilaufen. Ist Werbeeinwirkung, derer sich der Einzelne unmöglich durch Willensäußerung widersetzen kann, nicht ein Eingriff in unsere Freiheitsrechte?

---

282 https://utopia.de/ratgeber/kreuzfahrten-kreuzfahrtschiffe/.

## 4.5 Wachstum, Wachstum über alles: How dare you?

*„Menschen leiden! Menschen sterben! Ganze Ökosysteme kollabieren! Wir stehen am Anfang eines Massenaussterbens und alles, worüber ihr reden könnt, ist Geld und das Märchen von einem für immer anhaltenden wirtschaftlichen Wachstum – wie könnt ihr es wagen?"*

— GRETA THUNBERG

Wenn unsere Eliten sich zwischen hohem Wirtschaftswachstum und dem Weiterleben der Menschheit entscheiden müssten, würde den meisten unter ihnen diese Entscheidung nicht schwerfallen. Der zentrale Maßstab zur Bewertung erfolgreicher Wirtschaftspolitik ist das Bruttoinlandsprodukt bzw. dessen Wachstum. Das war nicht immer so. Viele Dinge im BIP werden schlichtweg nicht berücksichtigt. Die unentgeltlichen Arbeiten wie Ehrenämter, Kinderbetreuung oder Hausarbeit fließen in die BIP-Berechnung nicht mit ein. Gleichwohl würde kaum jemand die wirtschaftliche Bedeutung von freiwilliger Feuerwehr, Jugendsporttrainern und ehrenamtlichen Seelsorgern unterschätzen. Einige Länder versuchen, die Schattenwirtschaft zu schätzen und dies in die Berechnung des Bruttoinlandsproduktes mit einfließen zu lassen. Das griechische BIP steig binnen eines Jahres um 25 %, nachdem die Statistiker den Schwarzmarktanteil erfassten, 1987 wuchs auf diese Weise das italienische BIP um 20 %.[283] Gleichzeitig ist es ein weitverbreiteter Irrglaube, dass ökonomisches Wachstum automatisch gut sei. 1953 setzte in den Niederlanden ein wirtschaftlicher Aufschwung ein. Grund dafür war eine Sturmflut, die fast zweitausend Menschen das Leben kostete und enorme Kraftanstrengungen für den Wiederaufbau benötigte, der nebenbei die Wachstumszahlen in die Höhe schnellen ließ. Die Überflutung großer Gebiete im Südwesten löste ein jährliches Wachstum von 2–8 % aus. Allen dürfte noch die Tsunami-Katastrophe in Japan in Erinnerung sein. Ein Seebeben der Stärke 9 auf der Richter-Skala löste am 11. März 2011 eine der größten Naturkatastro-

---

283 Bregman (2017), S. 106.

phen aller Zeiten aus, in deren Gefolge ca. 20 000 Menschen starben und es zu einer Kernschmelze in einem Reaktor in Fukushima kam. In den Jahren vor der Katastrophe schrieben die Wirtschaftsexperten die japanische Wirtschaft schlecht, das Wachstum stagnierte. Die Naturkatastrophe sorgte für einen ökonomischen Boom. Durch den Schaden in Höhe von 235 Milliarden Dollar musste ein Wiederaufbau eingeleitet werden, der 2012 und 2013 den Japanern ein grandioses Wirtschaftswachstum bescherte.[284] In Deutschland gab es in den 1950ern bis Mitte der 1960ern das berühmte Wirtschaftswunder, das vor allem auf dem Wiederaufbau nach den Schrecken des Krieges basierte.

Auch Drogenmissbrauch, Ehescheidungen und schwere Krankheiten sind Goldminen für Suchtkliniken, Scheidungsanwälte und Pharmariesen. Der ideale Bürger zur Erhöhung des BIP wäre „*ein Spielsüchtiger mit Krebs, der einen nicht enden wollenden Scheidungskrieg führt, den er nur ertragen kann, indem er sich mit Prozac vollstopft und am Black Friday in einen Kaufrausch verfällt.*"[285]

Manche Kampagnen zeigen eine Geringschätzung von Familie, während das Single-Leben inklusive exorbitantem Konsumismus gehypt wird. In einem Artikel des STERN wird behauptet, Kinderkriegen sei unökologisch, besser kaufe man sich 20 BMW.[286] Für das Wachstum ist es gut, wenn Familien zerstört werden und möglichst viele Menschen Single sind. In China, wo viele Männer dauerhaft alleinstehend bleiben, gibt es einen jährlichen Singles Day, wo die Online-Händler 25 Milliarden US-Dollar umsetzten.[287] Zahlreiche Studien belegen: Singles sind die besseren Konsumenten, sie gehen öfter und spendabler shoppen. Vor allem unnütze Konsumprodukte, die nur der Status- und Imagepflege dienen, werden fast nur von Singles gekauft. Führt man sich dies zu Gemüte, dann ist es naheliegend, dass die Wirtschaft ein Interesse daran haben könnte, dass möglichst viele alleinstehend bleiben. Interessant ist es schon, dass in den beiden bekanntesten

---

284 Bregman (2017), S. 103f.
285 Bregman (2017), S. 107.
286 https://www.stern.de/panorama/wissen/umweltstudie---20-bmw-schaedigen-das-klima-weniger-als-ein-baby-7539938.html
287 https://www.tagesschau.de/wirtschaft/kaufrausch-in-china-101.html.

Dystopien des 20. Jahrhunderts, SCHÖNE NEUE WELT von Aldous Huxley und 1984 von George Orwell, die Liebe vom totalitären Staat gezielt zerstört wurde. Im Buch 1984 gibt es die Anti-Sex-Liga, die dafür sorgt, dass Liebe und Sexualität streng vom Staat kontrolliert wird. In SCHÖNE NEUE WELT fordern die gesellschaftlichen Normen von den Bürgern zahlreiche sexuelle Kontakte, die ausschließlich dem Vergnügen dienen sollen, Liebe und Romantik gefährden nach Meinung der Weltregierung hingegen die Stabilität.

Wir stellen fest: Vieles, was Menschen glücklich macht, ist aus neoliberaler Perspektive schlecht: Gesunde Umwelt, Glück in Beziehung und Familie, Gesundheit, soziale Gleichheit, materielle Zufriedenheit ohne suchtartigen Konsum. Das BIP misst nicht die Umweltzerstörung, die unser Lebensstil mit sich bringt, es misst nicht die immer größer werdende Ungleichheit und schon gar nicht kann es die Lebenszufriedenheit oder das Glück von Menschen messen.

Bevor wahnsinnige Wirtschaftsexperten noch auf die Idee kommen, eine Anti-Sex-Liga zu gründen, Naturkatastrophen gezielt herbeizuführen oder einen Weltkrieg vom Zaun zu brechen, um sich anschließend über gewaltige Wachstumsraten zu freuen, sollten wir uns lieber fragen, ob wirtschaftliches Wachstum wirklich ein geeigneter Gradmesser für menschliches Wohlergehen ist.

Zahlreiche Alternativen stünden uns zur Verfügung. Es gibt den Human Development Index (HDI), den Indikator wirklichen Fortschritts (Genuine Progress Indicator, GPI) und den Index des nachhaltigen wirtschaftlichen Wohlergehens (Index of Sustainable Economic Welfare, ISEW). Die beiden letztgenannten Indizes messen auch Kriminalität, Ehrenämter und Ungleichheit. Der GPI sinkt in den USA seit 1970 kontinuierlich, das heißt mit anderen Worten: Würde man das BIP nicht als alleinigen Maßstab menschlichen Wohlergehens verwenden, so müsste man konstatieren, dass es vielen US-Amerikanern heute schlechter geht als vor 50 Jahren!

Es gibt noch weitere Messinstrumente wie den Better Life Index (BLI) der OECD oder den Happy Planet Index (HPI), der versucht, menschliches Glück zu messen. Da die Lebenszufriedenheit durch den ökologischen Fußabdruck dividiert wird, werden beide Komponenten gleichwertig gewichtet. Der HPI ist demnach kein direkter Indikator für Lebenszufriedenheit oder den ökologischen Fußabdruck, sondern für die ökologische Effizienz der Generierung von Zufriedenheit. Er erhält maximale Werte, wenn die Lebenszufriedenheit möglichst hoch und der ökologische Fußabdruck möglichst gering ist. Diese Kombination liegt in der realen Welt allerdings selten vor, da eine hohe Zufriedenheit meistens mit einem hohen ökologischen Fußabdruck einhergeht. Umgekehrt wird ein niedriger ökologischer Fußabdruck in der Regel durch niedrigen Wohlstand des Landes bedingt.

Der Happy Planet Index lohnt näher betrachtet zu werden.[288] Obwohl eine Vielzahl an Faktoren die individuelle Lebenszufriedenheit bestimmt, kann das eigene Denken und Handeln den größten Einfluss darauf haben. Der Index stellte in diesem Kontext ein Konzept auf, nachdem die Lebenszufriedenheit zum einen von der Erfahrung abhängt, sich gut zu fühlen. Diese positiven Erfahrungen werden generiert über Gefühle wie Fröhlichkeit, Zufriedenheit und Vergnügen, sowie über Neugierde und Beschäftigung. Zum anderen ist die eigene Funktionalität für das Wohlbefinden entscheidend. Dazu zählen funktionierende zwischenmenschliche Beziehungen, die Kontrolle über das eigene Leben, sowie einen Sinn im Leben zu sehen.

Der Happy Planet Index kristallisierte fünf wesentliche Faktoren heraus, die für den Menschen umsetzbar sind und zu mehr Lebenszufriedenheit verhelfen.

1. *Connect* – Soziale Beziehungen sind entscheidend für das individuelle Wohlbefinden und senken das Risiko für psychische Krankheiten.
2. *Be Active* – Körperliche Aktivität steigert die Glücksgefühle und vermindert das Depressionsrisiko und Angstgefühle.
3. *Take Notice* – Achtsamkeit gegenüber der Umwelt und den eigenen Gefühlen führt zu mehr innerer Zufriedenheit. Durch Aufmerksamkeit reflektierte Erfahrungen können aufzeigen, was im Leben Priorität hat.
4. *Keep Learning* – Beständiges Lernen verbessert das Selbstwertgefühl und bringt ein soziales und aktives Leben mit sich.

---

288 *https://de.wikipedia.org/wiki/Happy_Planet_Index#Verh%C3%A4ltnis_zu_Wohlstand_und_Lebensqualit%C3%A4t*.

5. *Give* – Geben baut eine positive Verbindung zu den Mitmenschen auf, was einen Mehrwert für die eigene Zufriedenheit darstellt.

Mittels dieser fünf Faktoren lässt sich die Lebenszufriedenheit mit einfachen Mitteln steigern, ohne der Natur schaden zu müssen. Mein Vorschlag zu einem intelligenten Umgang mit Wirtschaftswachstum besteht aus drei Prämissen: Erstens muss der Wachstumszwang überwunden werden. *Ökologisches* Wachstum *darf* weiterhin existieren, aber wir müssen das perverse System überwinden, dass die Wirtschaft aus Profitgründen immer weiterwachsen *muss*. Zweitens sollte massiv in grüne Technologien, Kreislaufwirtschaft und das Cradle-to-Cradle-Konzept investiert werden. Drittens benötigen wir eine Konversion, d.h. eine Verschiebung der Branchenanteile am Welt-BIP in Richtung Nachhaltigkeit.

Doch selbst, wenn man materiellen Fortschritt als alleinigen Indikator menschlichen Wohlergehens ansähe: Dieser kann durch die BIP-Messung nur unzureichend abgebildet werden. Elektronische Geräte werden ständig besser und günstiger. Das BIP-Wachstum zeigt ungefähr an, wieviel mehr produziert wird, aber nicht, um wieviel besser die Produkte ständig werden. Außerdem gibt es bestimmte Wirtschaftsbereiche, in denen Automatisierung nicht zu Produktivitätsgewinnen führt. Folgerichtig wächst der prozentuale Anteil dieser Bereiche immer stärker, was als Rückschritt empfunden wird, obwohl es Fortschritt anzeigt. In allen Industrieländern steigen die Kosten für Gesundheit und Bildung an, was höhere Staatskosten bedeutet. Dies ist jedoch einfach zu erklären. Für das Streichquartett in G-Dur (KV 387) von Mozart wurden im Jahr 1782, als das Genie das Werk komponierte, vier Musiker gebraucht. Heute ist deren Zahl ebenso hoch. Im Wettlauf mit der Maschine ist es völlig natürlich, dass wir immer weniger Geld für Produkte ausgeben, die immer effizienter hergestellt werden können, und prozentual immer mehr für die Dinge, bei denen die Produktivität nicht oder nur gering erhöht werden kann. Die Schulausbildung kann nicht beliebig effizienter gemacht werden, deshalb machen Länder wie Schweden und Finnland alles richtig, die eine hohe Summe öffentlicher Gelder in die Bildung investieren. Auch die innere Sicherheit, Kunst und Gesundheitsversorgung kann nicht so schnell effizienter gestaltet werden wie technologische Produkte. Deshalb ist es folgerichtig, dass der Staatsanteil an der Wirtschaftsleistung mit der Zeit steigt. Skandinavische Länder haben nicht nur mit den höchsten Staatsanteil an der Wirtschaftsleistung, sie liegen auch bei Alternativen zur BIP-Messung wie dem HDI oder dem GPI auf Spitzenplätzen.

Wir können also erkennen, dass das BIP als alleiniger Indikator nichts taugt. Das heißt nicht, dass das BIP nicht weiterhin einer von vielen Indikatoren bleiben darf. In unterentwickelten Regionen wie Subsahara-Afrika wird hohes Wirtschaftswachstum noch dringend benötigt, damit sich die dort lebenden Menschen aus der Armut befreien können. Für die entwickelten Industriestaaten jedoch braucht es eine Abkehr von der Wachstumsideologie, und bessere Instrumente zur Messung des Fortschritts sollten überlegt werden. Ich empfehle, dabei folgende Kriterien mit einfließen zu lassen:

1. Absolute Zahl der verursachten Umweltschäden/Jahr
2. Gesundheitszustand der Bevölkerung
3. Bruttoinlandsprodukt/Jahr
4. Kriminalitätsrate, insbesondere Straftaten gegen das Leben und die Gesundheit
5. Prozentualer Anteil von Kindern, die von zwei Elternteilen erzogen werden
6. Gini-Koeffizient: Grad der ökonomischen Ungleichheit
7. Fortschritt von Tierrechten: Grad an ethischem Umgang mit den Mitgeschöpfen
8. Subjektive Zufriedenheit, etwa Happy Planet Index

Wachstumskritik ist nicht gleich Wachstumsfeindlichkeit. Wenn es uns gelingt, durch steten Fortschritt irgendwann jedem Menschen einen Lebensstandard zu ermöglichen, wie ihn heute nur Reiche haben, und das ohne Zerstörung der Natur möglich ist, so können nur Dummköpfe etwas dagegen haben. Nicht-ökologisches Wachstum sollte angesichts des Naturzustands aber tatsächlich in vertretbaren Rahmen gebremst werden, zumindest in den Industrieländern. Ein Flächenmoratorium wäre eine Option hierfür, also das Verbot, weitere Grünflächen zu versiegeln. Einen

Vorschlag in diese Richtung gab es übrigens in den 1970er Jahren bereits bei den Grünen. Ausnahmen für dringende menschliche Bedürfnisse wie Wohnraum müssen natürlich möglich sein. Für den Bau weiterer Shopping-Malls oder Industriestandorte muss weiterer Fläschenverbrauch aber dringend gestoppt werden.

Wichtig für die ökologische Umstellung wäre die Konversion der Wirtschaft, das heißt wofür wir Geld ausgeben. So sind manche Geldausgaben ökologisch unbedenklich, andere schädlich. Wer vorher 2000 Euro netto im Monat verdiente und nun 100 % Lohnerhöhung bekommt, kann mehr Wohlstand genießen, ohne die Umwelt zu belasten. Wenn dieses Mehr an Geld für Restaurantbesuche, Wellness, Solarzellen auf dem Dach und Ökourlaub mit der Bahn ausgegeben wird, genießt die Person einen doppelt so hohen Wohlstand wie vorher, ohne die Umwelt mehr zu belasten. Wer hingegen das zusätzliche Geld in einen SUV und in Flug- und Kreuzfahrtreisen investiert, hat dadurch seinen ökologischen Fußabdruck mindestens verdoppelt, wenn nicht vervielfacht. Es liegt also an uns, wie wir unser Geld ausgeben, um die Umwelt zu schonen. Eine deutliche Wohlstandsmehrung der Menschheit ohne Zerstörung der Mitwelt ist durch Konversion erreichbar. Politisch kann darauf hingewirkt werden, indem z. B. Restaurantbesuche, Bahnfahrten, Ökotourismus, Wellnesseinrichtungen und andere Wirtschaftszweige, die ökologisch verträglich sind, eine Steuererleichterung erfahren und umgekehrt ökologisch schädliche Wirtschaftszweige höher besteuert werden. Bei massiv umweltzerstörenden und wenig sinnvollen Dingen wie Inlandsflügen oder Massentierhaltung müssen auch Verbote als Ultima Ratio in Erwägung gezogen werden.

Seit den 1970ern gibt es Debatten über das Für und Wider von Wirtschaftswachstum. Der Club of Rome gab damals in *Die Grenzen des Wachstums* Horrorvisionen heraus und beschrieb, dass durch die Bevölkerungsexplosion Milliarden Menschen verhungern würden. Es wurde auch prognostiziert, dass im Verlauf der nächsten hundert Jahre die planetare Grenze erreicht würde.[289]

---

289 Schlussfolgerung aus Meadows u. a. (1987): Die Grenzen des Wachstums 1972.

Auch die Grünen waren in ihrer Anfangszeit sehr wachstumskritisch. Heute ist es im deutschsprachigen Raum unter anderem Niko Paech, der die Postwachstumsökonomie und sogar einen Degrowth, also eine Schrumpfung der Wirtschaftsleistung, fordert.

Andere Autoren wiederum, wie etwa Steven Pinker oder Nick Bostrom, gehen davon aus, dass es ein grünes Wachstum geben könne, welches potenziell unendlich sei. Das CRADLE-TO-CRADLE-Konzept von Michael Braungart und William McDonough will den Weg in eine ökologische Überflussgesellschaft aufzeigen, in der Abfallprodukte wiederverwertet werden und dabei kein ökologischer Fußabdruck entsteht.[290] Angesichts der Armut in vielen Teilen der Welt ist die Menschheit noch nicht überall an einem Punkt, an dem man auf weiteres Wachstum verzichten könnte. Gleichzeitig ist absehbar, dass es in einer endlichen Welt eine Grenze von wirtschaftlichem Wachstum geben wird. Die Ressourcenverschwendung muss sofort drastisch zurückgefahren werden. Kreislaufwirtschaft, die bessere Nutzung von Flächen, etwa durch den Bau von begrünten Hochhäusern, gehören ebenso dazu wie eine unverzügliche Dekarbonisierung.

## 4.6 Wirtschaften im Einklang mit der Natur – ein Ausblick

*„Das Problem sind nicht die neuen Ideen. Das Problem ist, wie wir uns von den alten Ideen lösen können."*

— JOHN MAYNARD KEYNES

Kurze Zeit nach der Ratssitzung in Venedig, in der man *gegen* Maßnahmen zum Klimaschutz stimmte, wurde der Raum, in dem das Gremium tagte, überflutet. Das ist eine gute Pointe. Und sie macht das komplette Ausmaß der Realitätsverweigerung sichtbar. Man weigert sich, etwas gegen den Klimawandel zu tun, buchstäblich bis zu dem Augenblick, wo man absäuft. Eine öffentliche Empörungswelle etwa gegen Automobilkonzerne, die Betrugssoftware verwenden, gibt es nicht. Die Umweltzerstörung durch

---
290 Braungart, Donough (2013): Intelligente Verschwendung.

die Wirtschaft gilt als so normal, so notwendig und so natürlich, dass wir sie gar nicht mehr wahrnehmen.

Schon immer hatten Naturschützer es schwer, ihren Ansichten Gehör zu verschaffen. Alexander von Humboldt beobachtete auf seiner Entdeckungsreise in Südamerika, dass zunehmende Dürreperioden, die den Menschen vor Ort zu schaffen machten, auf menschliches Tun zurückzuführen waren. Damals, um 1800, berichteten die Einheimischen Humboldt, dass der Wasserspiegel des Sees rasch abfiel und in Folge dessen das umliegende Land immer trockener wurde. Humboldt erkannte, dass die Waldrodungen die Ursache für den Abfall des Wasserspiegels waren und war damit einer der Ersten, die den menschlichen Einfluss aufs Klima erkannten:

> *„Zerstört man die Wälder, wie die europäischen Ansiedler allerorten in Amerika mit unvorsichtiger Hast thun, so versiegen die Quellen oder nehmen doch stark ab. Die Flußbetten liegen einen Teil des Jahres über trocken und werden zu reißenden Strömen, so fot im Gebirge starker Regen fällt. Da mit dem Holzwuchs auch Rasen und Moos auf den Bergkuppen verschwinden, wird das Regenwasser im Ablaufen nicht mehr aufgehalten; statt langsam durch allmähliche Sickerung die Bäche zu schwellen, furcht es in der Jahreszeit der starken Regenniederschläge die Bergseiten, schwemmt das losgerissene Erdreich fort und verursacht plötzliches Austreten der Gewässer, welche nun die Felder verwüsten."*[291]

Viele Zeitgenossen glaubten dem Klimaforscher Alexander von Humboldt damals nicht, und priesen im Gegenteil sogar die Abholzung der Wälder. Einige nordamerikanische Philosophen behaupteten, dass mit jedem abgeholzten Baum die Luft gesünder und milder geworden wäre. Trotz fehlender Beweise erfreute sich diese Theorie gewisser Popularität.[292] Die Parallelen von damals zu heutigen Klimawandelleugnern sind offensichtlich.

---
291 Humboldt (1859–1860), Bd. 2, S. 207, zitiert nach: Wulf (2016), S. 85.
292 Wulf (2016), S. 87f.

Worte wie Kohlekompromiss bedienen eine manipulative Sprache, denn sie suggerieren, wir könnten für das Abwenden der Klimakatastrophe irgendwelche Kompromisse verhandeln. Kompromisse sind notwendig für das Zusammenleben der Menschen untereinander. Wer nicht in der Lage ist, Kompromisse mit seinen Mitmenschen auszumachen, wird wohl ziemlich einsam dastehen. Doch es ist absurd, einen Kompromiss mit den Naturgesetzen schließen zu wollen. Die Physik ist knallhart, sie kennt kein Appeasement.

Klar ist eines: So wie bisher dürfen wir nicht mehr weitermachen, wenn wir auf diesem Planeten weiter existieren wollen. Zwei mögliche Wege gibt es, der ökologischen Krise zu begegnen. Der eine wird von Leuten wie Niko Paech und Ernest Callenbach vorgeschlagen. Er ist antikonsumistisch und schlägt unter anderem vor, dass wir alle unseren materiellen Konsum zurückfahren. Eine Welt mit weniger Flugzeugen, mit weniger Autos und viel weniger technischen Schnickschnack wird kombiniert mit einer naturromantischen Weltsicht, in der die Menschheit zurück kehrt zu ihren natürlichen Wurzeln. Im Einklang leben mit Mutter Erde statt gegen Mutter Erde, einfacher, schlichter, simpler – das ist die grundlegende Weltsicht von Postwachstumsökonomen und Naturromantikern. Ernest Callenbachs Roman ÖKOTOPIA aus 1974 spielt im Jahr 1999, 25 Jahre in der Zukunft aus seiner Sicht und besteht aus einer Mischung aus Reportagen und Tagebucheinträgen des Reporters *WILLIAM WESTON*. Ökotopia ist eine Gesellschaft, in der die Menschen im Einklang mit der Natur leben. Es gibt keine Autos, die Menschen konsumieren entsprechend ihren Bedürfnissen und nicht entsprechend dem Motto „Immer noch mehr". Im Laufe des Buches erfährt der Leser gemeinsam mit dem Ich-Erzähler Weston mehr über Land und Leute, ihr Verkehrswesen, den Lebensstil, die Politik, die Geschlechterrelationen, sexuelle Freiheit, nachhaltige Energieproduktion, Landwirtschaft und Bildung.

Die andere Sichtweise belächelt die eben Genannten als *Ökologisten*. Dazu zählen Autoren wie Steven Pinker mit seinem Bestseller AUFKLÄRUNG JETZT!, Diamondis ÜBERFLUSS – DIE ZUKUNFT IST BESSER ALS SIE DENKEN! und Braungarts INTELLIGENTE VERSCHWENDUNG. THE UPCYCLE: AUF DEM WEG IN EINE NEUE ÜBERFLUSSGESELLSCHAFT. Diese Wissenschaftler gehen davon aus, dass unsere aktuelle Produktionsweise, mit der wir materiellen Wohlstand erzeugen, gegen die Natur gerichtet ist, nicht aber der Wohlstand an sich. Diese Weltsicht, vor allem im Silicon Valley beheimatet, besticht durch einen ungeheuer ansteckenden Optimismus.

Der technische Fortschritt führt bereits jetzt zu einer Dematerialisierung und damit zur Schonung natürlicher Grundlagen. In der Verwaltung der Stadt Ingolstadt wurde das papierlose Büro eingeführt, alle Unterlagen werden in der *eAkte* gespeichert, Archive voller aus Bäumen hergestelltem Papier gehören der Vergangenheit an. Ein Smartphone ersetzt heute Dutzende Geräte: Benötigte man früher einen Taschenrechner, ein Thermometer, eine Wasserwaage, einen Computer für Mails und Internet, ein dickes Telefonbuch, ein Adressbuch und eine Taschenlampe, so sind heute diese Funktionen und ungezählte weitere in einem kleinen Smartphone vereint. Überhaupt ist das oft beschimpfte Smartphone ein Fortschrittsmotor in den Entwicklungsländern – der Zugang zum Internet und damit zur Welt. Ein eigenes Bankkonto, kostenlose Kommunikation mit Verwandten und Freunden auf anderen Erdteilen, der Zugang zu riesigem Wissen und zu Verdienstmöglichkeiten z. B. über Online-Marketing wurde damit selbst für die Armen der Welt möglich. Wo es keine geteerten Straßen und Beschilderungen gibt, sind Navigationsdienste teils überlebenswichtig. Dies gilt auch für Flüchtlinge, wenn sie sich auf eine gefährliche Reise durch die Wüste Richtung Europa begeben. Außerdem ist das Smartphone das Tor zur Welt und gleichzeitig die Rückbindung zur weit entfernten Familie, sowie Deutschlehrer in Form kostenloser Sprachlern-Apps und Zugriffsort auf wichtige Dokumente, die in der Cloud gespeichert sind und die man schlecht als Ordner übers Mittelmeer transportieren kann. Für Flüchtlinge ist ein Handy weit mehr als Luxus, auch wenn es zu den beliebtesten Hobbys wütender, blaubrauner Bösmenschen gehört, auf die *„faulen Flüchtlinge mit ihren teuren Smartphones"* zu schimpfen.

Kreislaufwirtschaft und Upcycling können den Weg in eine Zukunft öffnen, die noch mehr Wohlstand ohne Umweltschäden ermöglicht. Michael Braungart und William McDonough weisen darauf hin, dass Ameisen fünfmal so viel Biomasse haben wie wir Menschen und dabei auf diesem Planeten gedeihen, ihre Ressourcen umverteilen und sie nicht aufbrauchen, wie es die Menschen derzeit tun. Wenn es uns durch andere Technologien gelänge, Ressourcen umzuverteilen, so ist absolut möglich, dass „*10 Milliarden Menschen in einer cradle-to-cradle-Welt ein bequemes und ersprießliches Leben führen*" können.[293] Es ist der Plan von einer intelligenten Verschwendung, an einem ökologischen und umsichtigen Überfluss. Die Natur kann uns dabei Vorbild sein. Wie viele Samen erblühen am Ende zu einer neuen Pflanze? Etwa 99 % aller Samen in der Natur werden verschwendet, viele Früchte vergären. Die Natur ist Überfluss statt Mangel. Tatsächlich sollten wir die Zukunft in Fülle denken und den Mangel hinter uns lassen. Wenn die Wirtschaft auf Upcycling beruht, dann bedeutet ökologisches Wirtschaften nicht mehr nur, einen kleineren ökologischen Fußabdruck zu hinterlassen. Es bedeutet, Fülle und Überfluss für alle Menschen zu schaffen und gleichzeitig einen positiven ökologischen Fußabdruck zu hinterlassen. Braungart sagt:

> „*Unbeschwerter und üppiger Überfluss kann bewusst herbeigeführt werden und den Zustand des Mangels ersetzen, der unsere Zeit beherrscht.*"[294]

Ein gutes Beispiel für enorme Verbesserungspotenziale ist die heutige Form der Holzkohlenherstellung: Bäume werden gefällt, das Holz zu Pellets und schließlich zu Kohle verarbeitet. Das Upcycle-Modell schlägt hingegen folgendes vor: Das Holz eines Baumes wird im ersten Schritt zu hochwertigen, stabilen Möbeln verarbeitet. Irgendwann bricht das Möbelstück auseinander oder wird unansehnlich, dann kann das Holz zu einer Spanplatte verarbeitet werden, wobei ausschließlich biologisch abbaubare Klebstoffe Verwendung finden. Danach könnte das Altholz in Form von mehrfach recyceltem Papier seine Bestimmung finden, um schließlich verbrannt zu werden und dieselbe Wärmeenergie freizusetzen, wie wenn direkt Holzkohle verbrannt worden wäre. Das Resultat wäre eine gesunde Asche, die Nährstoffe in den Boden zurückgibt. Vielleicht stehen schon bald kostengünstige Technologien bereit, um den Rauch einzufangen und das enthal-

---

[293] Braungart (2013), S. 48.
[294] Ebd., S. 49.

tene Kohlenstoffdioxid nicht in die Atmosphäre abzugeben, sondern zu Düngemittel oder Biotreibstoff für Flugzeuge weiterzuverarbeiten. Upcycling schafft das Konzept Abfall ab. Es gibt in einer solchen ökologischen Wirtschaftsweise keine giftigen Abfallprodukte.

Vielleicht mögen uns solche Ideen heute fern und unrealistisch erscheinen, doch es sei Greta zitiert: *„When we start to act hope is everywhere. So instead of looking for hope — look for action. Then the hope will come."*[295]

In gewisser Weise wird die Zukunft uns beide vorgestellten Konzepte näherbringen – Ökotopia mit einer nicht primär auf materiellen Wohlstand ausgerichteten Gesellschaft und die neuen Technologien mit ihrer Überflussgesellschaft. Die partizipatorische Marktwirtschaft muss die Sucht nach Konsum und den Wachstumszwang überwinden, sie wird aber nicht den Wohlstand der Menschen reduzieren. In den PROPHEZEIUNGEN VON CELESTINE wird eine Gesellschaft beschrieben, in der materielle Erwägungen keinerlei Rolle mehr spielen und die Menschen sich voll auf ihre geistigen und seelischen Anlagen konzentrieren können. Damit dies gelingt, gibt es in nächster Nähe zu den natürlichen Dorfgemeinschaften High-Tech-Städte, in denen Menschen nicht wohnen, aber arbeiten und ökonomisch und medizinisch im Überfluss versorgt werden. Neue Technologien werden kommen, die unseren Wohlstand erhöhen und unser Leben vereinfachen, doch gleichzeitig werden wir unseren Fokus verschieben: Weg vom Materialismus, hin zu mehr sozialen Beziehungen, mehr Familie und Freunde, mehr Selbstverwirklichung. Üppiger Wohlstand darf uns ein Mittel zum Zweck sein, um unser Sein zu verwirklichen, aber Geld und der Besitz von Dingen wird in der partizipatorischen Marktwirtschaft kein Selbstzweck mehr sein.

Nehmen wir als Beispiel des deutschen liebstes Kindes, das Auto. In Callenbachs Ökotopia wurden Autos gänzlich abgeschafft. So surreal das wirken mag, doch die Abschaffung des Autos als massenhaftes Privateigentum ist tatsächlich in greifbarer Nähe. Heute haben nicht wenige Mittelschicht-Familien gleich zwei Fahrzeuge, was noch vor zwei Jahrzehnten als dekadente Verschwendungssucht gegolten hätte. Grund dafür ist der

---

[295] *https://twitter.com/gretathunberg/status/1054048784844505098?lang=de.*

Wunsch nach unbeschränkter Mobilität, wenn etwa der Papa zum Stammtisch und die Tochter zum Sportverein muss. Für diese Mobilität nehmen heute viele Menschen horrende Kosten in Kauf, die der Besitz eines Autos in der Regel mit sich bringt. Gerade hier wird die Zukunft Fortschritt, Kostendegression und Ökologie vereinen: Durch autonome Fahrzeuge wird jeder nach Bedarf per Handy-App ein Auto herbestellen können, das binnen Minuten da ist und einen von A nach B bringt. Dadurch werden insgesamt viel weniger Autos hergestellt werden müssen, ein autonomes Fahrzeug kann bis zu 10 herkömmliche ersetzen. Die Mobilität der Menschen wird durch selbstfahrende Autos massiv verbessert werden, gleichzeitig wird diese Mobilität zum Bruchteil der Kosten eines eigenen Autos zur Verfügung stehen und für die Umwelt wird die neue Technik ein Segen sein, zum einen wegen der geringeren Menge an insgesamt produzierten Fahrzeugen und zum anderen, da zukünftige Fahrzeuge elektrisch oder mit Wasserstoff betrieben werden.

Für die notwendige Transformation der heutigen umweltzerstörenden Industriegesellschaften in eine ökologische Überflussgesellschaft wird die Bereitschaft, sich auf Neues einzulassen, erforderlich sein. Die derzeitigen Muster sind so festgefahren, so „alternativlos", dass ein Herumdoktern an den Symptomen allein nicht ausreichen wird. Verschiedene Ideen für das politische Handling der Klimakrise liegen vor. So etwa die Idee, als vierte Staatsgewalt die Szientative einzuführen, also die wissenschaftliche Gewalt. So wie heute Exekutive und Legislative unabhängig von den gewählten Politikern agieren – agieren müssen! – so würde die Szientative unabhängig von Wahlergebnissen die technologischen und ökologischen Maßnahmen einleiten, die notwendig sind, um die Klimakatastrophe abzuwenden. Diese Idee halte ich deshalb für sehr attraktiv, weil der aktuellen Politik nach zu urteilen die repräsentative Demokratie zu träge ist, um rechtzeitig die nötigen Schritte zur Klimarettung durchzusetzen.

Die taz-Wirtschaftskorrespondentin Ulrike Herrmann hat in einem Artikel beschrieben, wie eine konsequente ökologische Wirtschaftspolitik durch eine Art Klimanotstandsgesetzgebung aussehen könnte. Ihr Vorbild ist die britische Kriegswirtschaft. Ihr Modell ist radikal und wenig adrett:

> *„Es gibt keine Alternative zum Ökostrom, aber dieser wird immer knapp und kostbar bleiben. [...] Wenn die Menschheit überleben soll, müssen die Industrieländer ihren Verbrauch schrumpfen. Es gibt bereits ein historisches Schrumpfungsmodell, an dem man sich orientieren könnte: die britische Kriegswirtschaft zwischen 1940 und 1945. Damals standen die Briten vor einer monströsen Herausforderung. Überrascht vom Ausbruch des Zweiten Weltkriegs mussten sie in kürzester Zeit ihre Friedenswirtschaft auf Krieg umstellen, ohne dass die Bevölkerung hungerte."*[296]

Anders als Frau Herrmann schreibt, wird Ökostrom nicht immer knapp und teuer bleiben, sondern ist heute bereits die günstigste Elektrizitätsvariante. Und solche extremen Ideen wird kaum jemand umsetzen wollen. Umso dringender muss appelliert werden: Wir müssen *jetzt* handeln, nicht erst in fünf Jahren. Je länger die westliche Welt dem steigenden $CO_2$-Anteil in der Atmosphäre zuschaut, desto radikaler müssen in wenigen Jahren die Maßnahmen ausfallen, um das Klima noch zu retten. Je früher wir beginnen, desto sanfter wird die Transformation ausfallen – mit ambitionierten, aber unter gemeinsamer Kraftanstrengung machbaren Übergangszeiten für Wirtschaft und Verbraucher.

In der Psychologie spricht man von Belohnungsaufschub. Vielleicht müssen wir unsere aktuellen Jahre als kollektiven Lehrjahre der gesamten Menschheit begreifen. Die Menschheit hat in den vergangenen 150 Jahren Erstaunliches geleistet. Wir sind auf dem Mond geflogen, haben Autos, Flugzeuge, Kreuzfahrtschiffen und ein Internet erschaffen. Aber wir haben diesen Wohlstand auf Pump aufgebaut. Wir haben ihn auf der Zerstörung der Natur aufgebaut, auf der Zerstörung unseres Planeten und damit unserer eigenen Lebensgrundlagen. Die Lösung lautet nicht, zurück ins Zeitalter der vorindustriellen Zeit zu gehen. Die Lösung heißt Transformation. Die Menschheit muss in den kommenden 10 Jahren lernen, menschliche Bedürfnisse nach Wohlstand, Hedonismus und Komfort nicht mehr gegen, sondern im Einklang mit der Natur zu erreichen. Einige der unzähligen

---

[296] https://www.ruhrbarone.de/in-schoenheit-schrumpfen/174370.

Ideen hierfür wurden in den letzten Kapiteln vorgestellt. Bis es so weit ist – bis wir die notwendigen Technologien dafür flächendeckend einsetzen können – sollten wir uns das Sprichwort „Lehrjahre sind keine Herrenjahre" zu Eigen machen. Wir dürfen optimistisch sein, dass in einigen Jahren leidfreies Fleisch aus dem Labor in Metzgereien ausliegt, für das niemand mehr sterben muss. Die Technologien sind vorhanden, sodass wir in nicht allzu ferner Zukunft klimaneutral nach Australien fliegen können. Fällt es nicht leichter, auf Fleisch zu verzichten und vielleicht auch die Weltreise auf später zu verschieben, wenn wir daran glauben, dass wir in 10 Jahren Steak essen können, soviel wir wollen, ohne einem Tier damit weh zu tun und per Flugzeug die Schönheit unseres Planeten bestaunen zu können, ohne unseren schönen Planeten kaputt zu machen? Für Klimaaktivisten wäre es ratsam, die Chancen neuer Technologien noch stärker zu betonen.

Fast scheint es, als ob die Corona-Pandemie ein Weckruf ist, ein warnender Appell, dass unsere Zerstörungswut aufhören muss. Das SARS-CoV-2 ist ein Feind der Menschheit, das Tod und Leid bringt. Doch könnte man Mephistos Ausspruch in Goethes Faust auf die Pandemie übertragen: *Corona ist die Kraft, die stets das Böse will und doch das Gute schafft*. Es ist erstaunlich: Wegen des Lock-Downs werden nun die Klimaziele für 2020 doch noch erreicht. In China wurden alle Pelztierfarmen geschlossen – etwas wofür Tierrechtler jahrzehntelang vergebens kämpften, hat ein Virus nun geschafft. Die Luft ist so sauber wie seit Jahrzehnten nicht mehr, und in Venedig sieht man in den Kanälen wieder Fische schwimmen. Covid-19 greift die Atemwege von uns Menschen an – die Natur erhält gerade eine Verschnaufpause, kann endlich wieder frei durchatmen. Vielleicht sind wir es, die Mutter Erde wie ein Virus zusetzten. Wie der der tanzende Shiva, der mit dem rechtem Bein Leben erschafft und mit dem linkem Bein wieder zerstört, zeigt uns der Corona-Virus, dass die Natur stärker ist als wir. Wir sollten uns besser wieder als ein Teil der Natur begreifen und die Natur schützen, statt weiter Raubbau zu betreiben und damit letztlich unserem Planeten den Krieg zu erklären. Ein tödlicher Virus, schlimmer als Covid-19, genügt, und die Natur würde diesen Krieg gegen uns gewonnen haben.

# 5 Quo vadis, Kapitalismus – Ist das Ende der Geschichte schon erreicht?

*„Utopia taucht am Horizont auf. Ich gehe zwei Schritte darauf zu, und es entfernt sich zwei Schritte. Ich gehe weitere zehn Schritte darauf zu, und der Horizont zieht sich zehn Schritte zurück. Soweit ich auch gehe, ich werde ihn nie erreichen. Welchen Sinn hat dann die Utopie? Ganz einfach: Dafür zu sorgen, dass wir weitergehen."*

— Eduardo Galeano

Greta Thunberg und die Fridays for Future Bewegung bringen neue Ideen in eine erstarrte westliche Gemeinschaft, die dachte, das Ende der Geschichte sei schon erreicht. Ideen haben schon immer die Welt verändert, und sie werden es auch weiterhin tun.

Sieht man sich die Gesellschaften in den westlichen Industrienationen an, so gewinnt man vordergründig den Eindruck, das Ende der Geschichte sei erreicht. Der Kapitalismus ist das nicht hinterfragbare Momentum unserer Zeit.

Die einzige Konstante in der Menschheitsgeschichte ist aber die, dass es einen steten Wandel gibt. So hätte wohl noch 1788 niemand in Frankreich das Ende des Feudalismus erwartet; der Kampf für die Abschaffung der Sklaverei galt Linksintellektuellen lange als menschliche Geste, die mehr dem Gewissen dient als dass sie irgendeine Aussicht auf Erfolg hat; den Siegeszug der Demokratie über Tyrannei und Diktatur haben nach den Gräueln des Zweiten Weltkriegs nur hartgesottene Optimisten für möglich gehalten;[297] und der Zusammenbruch der DDR-Diktatur kam wohl am überraschendsten für die Ostdeutschen selbst, die für Freiheit und Demokratie kämpften. Wenn sich gesellschaftliche Verhältnisse ändern, dann geschieht dies oft überraschend spontan und schnell. Es gibt Anzeichen, dass ein solcher Umbruch, eine Wende hin zum Besseren erneut bevorsteht. Das ist paradox, weil viele das Gefühl haben, dass alles immer schlimmer würde. Doch gemäß dem Sprichwort „Bevor es besser wird, muss es erstmal schlechter werden" können Rechtsruck, Klimanotstand und Terrorismus auch als ein letztes Aufbäumen alter, überkommener Kräfte verstanden werden, die ihren baldigen Untergang schon erkennen. Heimlich, still und leise wurde der Veganismus von einer Randerscheinung zu einem Massenphänomen, und mit ihm die Sorge um das Wohl unserer Mitgeschöpfe. Niemand kann heutzutage mehr die Leiden unserer Tiere in der Massentierhaltung und den Laboren kleinreden, ohne als herzlos zu gelten. Die Digitalisierung wird von vielen als bedrohlich erlebt, weil sie vielleicht Jobs kosten wird. Aber sie eröffnet uns die Chance auf Wohlstand mit weniger Arbeit und mehr selbstbestimmter Arbeit. „Im

---

297 Vgl. Steven Pinker (2018).

Schweiße deines Angesichts" gehört vielleicht bald der Vergangenheit an. Die Corona-Pandemie erzeugt ein Momentum, in dem Vieles möglich wird. Herkömmliche Wirtschaftsweisen brechen ein, Alternativen wie Home Schooling und Geschäftstermine via Zoom und Skype werden eifrig angewandt. Angesichts einer drohenden Wirtschaftskrise wächst die Angst vieler Menschen vor Jobverlust, und eine schon lange unterschwellige Unzufriedenheit mit den herrschenden Modellen kommt an die Oberfläche. Diese Unzufriedenheit und wirtschaftliche Rezession kann dazu führen, dass mehr Menschen als bisher sich nach Alternativen sehnen. Neue Ideen gewinnen an Zustimmung. Der Unterstützerkreis der von Christian Felber initiierten Gemeinwohlökonomie wächst weiter, und Ideen wie das bedingungsfreie Grundeinkommen sind mittlerweile im Mainstream angekommen. Die Partizipatorische Marktwirtschaft ist vielleicht näher, als viele denken.

# Literatur

Ashlee, Vance (2015): Elon Musk: Wie Elon Musk die Welt verändert – Die Biografie. FinanzBuch Verlag.

Bonnett, Alastair (2019): Die seltsamsten Orte der Welt: Geheime Städte, Wilde Plätze, Verlorene Räume, Vergessene Inseln. C.H.Beck.

Braungart, Michael; McDonough, William (2013): Intelligente Verschwendung: the Upcycle: auf dem Weg in eine neue Überflussgesellschaft. München: Oekom.

Bregman, Rutger (2017): Utopien für Realisten: Die Zeit ist reif für die 15-Stunden-Woche, offene Grenzen und das bedingungslose Grundeinkommen. Reinbek bei Hamburg: Rowohlt Taschenbuch Verlag.

Creutz, Helmut (2012): Das Geld-Syndrom 2012: Wege zu einer krisenfreien Wirtschaftsordnung. Aachen: Mainz.

Dikötter, Frank (2014): Maos Großer Hunger: Massenmord und Menschenexperiment in China. Klett-Cotta.

Elias, Norbert (2007): Die höfische Gesellschaft: Untersuchungen zur Soziologie des Königtums und der höfischen Aristokratie. Suhrkamp Taschenbuch Wissenschaft.

Erhard, Ludwig (2009): Wohlstand für alle. Köln: Anaconda.

Eucken, Walter (2004): Grundsätze der Wirtschaftspolitik. 7. Aufl. Tübingen: Mohr Siebeck.

Eucken, Walter (1989): Die Grundlagen der Nationalökonomie. Berlin: Springer.

Fresin, Alfred (2005): Die bedürfnisorientierte Versorgungswirtschaft: Eine Alternative zur Marktwirtschaft. Peter Lang GmbH.

Felber, Christian (2018): Gemeinwohlökonomie. Komplett aktualisierte und erweiterte Ausgabe. München: Piper.

Fromm, Erich (2005): Haben oder Sein: die seelischen Grundlagen einer neuen Gesellschaft. München: Dtv.

Gain, Glen C & Wissoker, Douglas (1988): A Reanalysis of Marital Stability in the Seattle-Denver Income Maintenance Experiment, Institute for Research on Poverty.

Golinger, Eva (2006): Kreuzzug gegen Venezuela – der Chávez-Code: Entlarvung der US-Intervention gegen Hugo Chávez und die bolívarische Revolution; Analyse und Dokumente. Aus dem Engl. von Christiane Gerhardt. Frankfurt am Main: Zambon.

Habeck, Robert (2018): Wer wir sein könnten: Warum unsere Demokratie eine offene und vielfältige Sprache braucht. Kiepenheuer&Witsch.

Han, Byung-Chul (2014): Psychopolitik: Neoliberalismus und die neuen Machttechniken. S. Fischer.

Hanlon, J. (2010): Just Give Money to the Poor (Englisch). Kumarian Press.

Heim, Heinrich (1980): Monologe im Führerhauptquartier: 1941–1944; die Aufzeichnungen Heinrich Heims. Hrsg. von Werner Jochmann. Hamburg: Knaus.

Kasser, Timothy (2018): Hyper-capitalism: the modern economy, its values, and how to change them. New York, London: The New Press.

Karasek, Laura (2012): Verspielte Jahre. Köln: Bastei Lübbe.

Keynes, Maynard (2017): Allgemeine Theorie der Beschäftigung, des Zinses und des Geldes. Berlin: Duncker & Humblot.

Kurnaz, Murat (2007): Fünf Jahre meines Lebens: Ein Bericht aus Guantanamo. Reinbek bei Hamburg: Rowohlt.

Mazzucato, Mariana (2014): Das Kapital des Staates: eine andere Geschichte von Innovation und Wachstum. München: Verlag Antje Kunstmann.

Meadows (1987): Die Grenzen des Wachstums 1972, Übersetzung von Hans-Dieter Heck, 14. Aufl., Stuttgart: Deutsche Verlags-Anstalt.

Medina, Eden (2011): Cybernetic revolutionaries: technology and politics in Allende's Chile. Cambridge, Massachusetts; London, England: The MIT Press.

Mehrtens, Philip (2014): Staatschulden und Staatstätigkeit. Zur Transformation der politischen Ökonomie Schwedens. Frankfurt, New York, kein Verlag angegeben.

Milgram, Stanley (1982): Das Milgram-Experiment: zur Gehorsamsbereitschaft gegenüber Autorität. Reinbek bei Hamburg: Rowohlt.

Miller, Alice (1983): Am Anfang war Erziehung. Frankfurt am Main: Suhrkamp.

Müller-Armack, Alfred (1990): Wirtschaftslenkung und Marktwirtschaft. München: Kastell.

Müller, Dirk (2018): Showdown: Der Kampf um Europa und unser Geld. München: Droemer.

Nierth, Claudia (2019): Kollektive Intelligenz. Einer für alle – oder jeder für jeden? Mdmagazin.

Pilgrim, Volker Elis (1988): Muttersöhne. Aktualisierte Neuauflage. Düsseldorf: Claassen.

Pinker, Steven (2018): Aufklärung jetzt: Für Vernunft, Wissenschaft, Humanismus und Fortschritt. Frankfurt am Main: S. Fischer.

Renz-Polster, Herbert (2019): Erziehung prägt Gesinnung: wie der weltweite Rechtsruck entstehen konnte – und wie wir ihn aufhalten können. München: Kösel.

Rosling, Hans (2019): Factfulness: Wie wir lernen, die Welt so zu sehen, wie sie wirklich ist. Berlin: Ullstein Taschenbuch Verlag.

Russell, Nathan J. (2006): An introduction tot he overtone window of Political Possibilities. Mackinac Center for Public Policy, online auf mackinac.org.

Scheub, Ute (2017): Demokratie. Die Unvollendete. Plädoyer für mehr Teilhabe. Mehr Demokratie e.V.

Scholl-Latour, Peter (2017): Der Fluch der bösen Tat: Das Scheitern des Westens im Orient. Berlin: Propyläen-Verlag.

Sibley, Douglas u.a. (2008): Political Attitudes Vary with Physiological Traits, in: Science 19 (Vol. 321).

Spät, Patrick (2016): Die Freiheit nehm ich dir: 11 Kehrseiten des Kapitalismus. Zürich: Rotpunktverlag.

Srnicek, Nick; Williams, Alex (2016): Die Zukunft erfinden: Postkapitalismus und eine Welt ohne Arbeit. Berlin: edition TIAMAT.

Straubhaar, Thomas (2017): Radikal gerecht: Wie das bedingungslose Grundeinkommen den Sozialstaat revolutioniert. Hamburg: edition Körber-Stiftung.

Wagenknecht, Sahra (2013): Freiheit statt Kapitalismus: Über vergessene Ideale, die Eurokrise und unsere Zukunft. Campus Verlag.

Weber, Max (2016): Die protestantische Ethik und der Geist des Kapitalismus. Wiesbaden: Springer VS.

Wolff, Ernst (2017): Finanz-Tsunami: wie das globale Finanzsystem uns alle bedroht. Berlin: edition e. wolff.

Wulf, Andrea (2016): Alexander von Humboldt und die Erfindung der Natur. München: C. Bertelsmann.

Wünsche, Horst Friedrich (2007): Ludwig Erhards Soziale Marktwirtschaft: Wissenschaftliche Grundlagen und politische Fehldeutungen. Lau-Verlag.

Zbigniew, Brzezinski (1997): Die einzige Weltmacht: Amerikas Strategie der Vorherrschaft. Weinheim, Beltz.

Žižek, Slavoj (2017): Das Kommunistische Manifest. Die verspätete Aktualität des Kommunistischen Manifests. Fischer Taschenbuch.

Zitelmann, Rainer (2018): Kapitalismus ist nicht das Problem, sondern die Lösung: Eine Zeitreise durch 5 Kontinente. FinanzBuch Verlag.

# Danksagung

Dieses Buch wäre nicht in dieser umfangreichen Form entstanden ohne die Mithilfe vieler Personen.

Sebastian Gruber hat enorme Arbeit in die Formatierung des Buchs gesteckt. Seine Mithilfe bei der Auswahl der Schriftart und des Klappentexts war unverzichtbar. Christian Felber hat sich dankenswerter Weise bereit erklärt, ein Vorwort zu verfassen. Wertvolle Denkanstöße und Fehlerberichtigungen gingen von ihm aus. Einen unschätzbar wichtigen Anteil zur Erstellung des Buchs gab Prof. Dr. Carlos Watzka, der sich bereit erklärte, das Buch zu lektorieren und ein ausführliches Feedback gab.

Nicht zu vergessen sind Tino Veitengruber, der in Telefongesprächen wichtige Impulse für einige Themen setzte. Auch Xaver Gebert hat mir spannende Impulssetzungen gegeben.